Hans-Jürgen Twisselmann

Der Wachtturm-Konzern der Zeugen Jehovas

Hans-Jürgen Twisselmann

Der Wachtturm-Konzern der Zeugen Jehovas

Anspruch und Wirklichkeit

BRUNNEN
VERLAG GIESSEN

ABCteam-Bücher erscheinen in folgenden Verlagen:
Aussaat Verlag Neukirchen-Vluyn
R. Brockhaus Verlag Wuppertal
Brunnen Verlag Gießen und Basel
Christliches Verlagshaus Stuttgart
(und Evangelischer Missionsverlag)
Oncken Verlag Wuppertal und Kassel

Die Deutsche Bibliothek – CIP-Einheitsaufnahme

Twisselmann, Hans-Jürgen:
Der Wachtturm-Konzern der Zeugen Jehovas:
Anspruch und Wirklichkeit /
Hans-Jürgen Twisselmann. –
Giessen: Brunnen-Verl., 1995
(ABC-Team)
ISBN 3-7655-1056-4

Umschlaggestaltung: Friedhelm Grabowski
Satz: Rücker & Schmidt, Langgöns
Herstellung: St.-Johannis-Druckerei, Lahr
ISBN 3-7655-1056-4

Die Wahrheit richtet sich nicht nach uns,
wir müssen uns nach ihr richten.
Matthias Claudius

Es ist fast unmöglich,
die Fackel der Wahrheit durch ein Gedränge zu tragen,
ohne jemandem den Bart zu versengen.
Lichtenberg

Kann man sagen, es sei lieblos, wenn jemand Menschen vor einer drohenden Gefahr, die sie nicht wahrnehmen, warnt oder wenn er sie darauf aufmerksam macht, daß sie von Personen irregeführt werden, die sie als ihre Freunde betrachten? Sie mögen es vorziehen, die Warnung in den Wind zu schlagen ...
Enthebt ihn das aber der Verantwortung,
die Betreffenden zu warnen?
Möchtest du, daß ... Tatsachen unter den Teppich
gekehrt werden ...?
Der Wachtturm vom 15. April 1974

Inhalt

Einführung

Bitte nicht stören

Es ist Sonntagmorgen. Die Familie sitzt zu Tisch. Das einzige gemeinsame Frühstück in der Woche. Nach arbeitsreichen Tagen endlich eine Ruhepause!

Da läutet die Türglocke. Die Gespräche am Tisch verstummen. Einer schaut den andern an. Nein, wir lassen uns jetzt nicht stören! sagen die Blicke.

Wenige Augenblicke später wird der Familienvater dann aber doch in ein intensives Gespräch an der Haustür verwickelt. Mit entwaffnender Freundlichkeit, mit offenem Blick und einem gewinnenden Lächeln – so wird er später erklären – haben die beiden unerwünschten jungen Damen jeden Widerstand gebrochen. Der völlig überraschte Mann, der sich Zeugen Jehovas so nicht vorgestellt hatte, hört gespannt zu, als die netten „Störenfriede" von Gottes neuer Ordnung sprechen, die nun in ganz naher Zukunft das „alte böse System der Dinge" ablösen werde. „Nur wahre Christen", sagen sie, „werden in diesem irdischen Paradies leben können – für immer und ewig. Sie müssen freilich zuerst ihre Treue und Lauterkeit Gott gegenüber beweisen." Heute schon und dann noch einmal in einer ganz besonderen „Prüfung am Ende des Tausendjährigen Reiches Christi".

Schon drücken sie ihrem einzigen Zuhörer eine Zeitschrift in die Hand, den neuesten *Wachtturm*, in dem der etwas hilflos blättert. „Sie erhalten ihn kostenlos", so wird ihm höflich versichert, „wenn Sie ihn wirklich lesen wollen."

Er verspricht's und überfliegt auch sogleich die erste Innenseite. Seine Augen bleiben am Impressum hängen: Durchschnittliche Auflage jeder Ausgabe: 16 400 000. Er staunt: „Das ist ja enorm!"

Und dann heißt es: Druck und Verlag Wachtturm Bibel- und Traktatgesellschaft. Nun will er dazu Genaueres wissen.

Aber die liebenswürdigen Besucherinnen müssen passen. Sie können ihren Glauben bezeugen, ihre Schriften geschickt an den Mann und an die Frau bringen. Sie wissen, was nach mehr als tausend Jahren noch auf sie zukommt. Aber über die Gesellschaft, deren Schriften sie verbreiten – unter Umständen lebenslänglich –, können sie wenig sagen, sieht man von ein paar allgemeinen Sätzen ab, die dem allmählich skeptischer werdenden Wohnungsinhaber „wie einstudierte Formeln aus einem Lehrbuch" erscheinen.

„Einblick in die Wachtturm-Gesellschaft" ist wegen der defensiven Öffentlichkeitsarbeit schwierig zu erlangen. Interna werden kaum publik gemacht. Während missionarisch sehr aktiv der Glaube der Zeugen Jehovas öffentlich verkündigt wird, ist über Struktur und Bilanzen des Konzerns, der ja auch Spendengelder entgegennimmt, ebensowenig zu erfahren wie über die Inhalte erheblicher interner Auseinandersetzungen in der New Yorker Zentrale.

Wie schnell durch Uniformiertheit über die Ziele der Wachtturm-Gesellschaft bei Außenstehenden falsche Erwartungen entstehen können, zeigt bereits ein Erlebnis, das ich in meiner Jugendzeit hatte:

Das mißverstandene Plakat

Es ist in den ersten Jahren nach dem Zweiten Weltkrieg. Überall hat er seine blutigen Spuren zurückgelassen. Viele Stadtteile, ja ganze Städte liegen in Trümmern.

Dem äußeren Erscheinungsbild entspricht die innere Verfassung der Menschen: überwiegend Frauen, Kinder und ältere Männer. Von den jüngeren Männern und Vätern haben viele im Inferno des totalen Krieges ihr Leben gelassen – irgendwo zwischen der französischen Atlantikküste und Stalingrad, zwischen Narwik und Nordafrika. Andere warten noch in den Kriegsgefangenenlagern – vor allem in der damaligen Sowjetunion – auf eine baldige Heimkehr.

Da erregen eines Tages frisch geklebte Plakate die Aufmerksamkeit besonders der Frauen und Mütter. In großen Lettern steht es da, schwarz auf weiß: „FREIHEIT DEN GEFANGENEN! Zu diesem Thema wird ein Beauftragter der Wachtturm-Gesellschaft sprechen."

Einige Betrachter wollen es schon genauer wissen: „Diese Gesellschaft hat ihren Sitz in Amerika. Sie heißt eigentlich Watch Tower Society oder so ähnlich ..."

Schon bricht unter den auf die Heimkehr der Kriegsgefangenen wartenden Müttern und Ehefrauen *Hoffnung* auf, die Hoffnung derer, die sich an den Strohhalm klammern: Haben diese Amerikaner mit den Russen über die deutschen Kriegsgefangenen verhandelt? Wie könnten sie sonst so sicher verkünden: „Freiheit den Gefangenen!"?

Wo immer dieser Vortrag in diesen Tagen gehalten wird, erleben die Veranstalter zu ihrer Freude einen noch nie erlebten Andrang. Aber die Frauen und Mütter, die ihrer Einladung gefolgt sind, zeigen sich danach enttäuscht wie selten: Die Redner der Wachtturm-Gesellschaft haben über ihre Glaubenslehre gesprochen, vom nahen Weltende und der „großen Befreiung durch Gottes Königreich". Von Freiheit für Kriegsgefangene und von deren Heimkehr jedoch kein Wort! In den Redeplänen der amerikanischen Zentrale der Wachtturm-Gesellschaft, die auch für den deutschen Zweig und dessen Redner maßgeblich sind, ist das nicht vorgesehen ...*

Unterschiedliche Anliegen

In teilweise erregten Debatten am Rande der Vortragsabende erhalten die besorgten Ehefrauen und Mütter die Auskunft: Wichtiger als das persönliche Wohlergehen des einzelnen sei doch das „Vorhaben Gottes mit seinem auserwählten Volk", und das seien – in Klartext übersetzt – die Anhänger der Wachtturm-Gesellschaft, früher „Bibelforscher" genannt, seit 1931: „Zeugen Jehovas" (in Anlehnung an Jesaja 43,12).

Die hier kurz skizzierte Erfahrung weist auf einen Sachverhalt hin, der jedem begegnet, der sich eingehender mit der Wachtturm-Gesellschaft beschäftigt: Zwischen den Sehnsüchten der suchenden Menschen, die den Einladungen der Wachtturm-Gesellschaft folgen, und den Interessen dieser Gesellschaft besteht ein erheb-

* Weil die Redepläne für die ganze Weltorganisation gelten, entfällt der anfängliche Verdacht der Werbung durch „Plakate mit doppeltem Boden". Der Slogan „Freiheit den Gefangenen" wurde übrigens schon Jahrzehnte früher verwendet, z.B. auf der letzten Seite des „Goldenen Zeitalters" (heute: „ERWACHET!") vom 15. 3. 1927 und vom 1. 4. 1927.

licher Unterschied. Darum gehen die meisten der damals und später von der Wachtturm-Gesellschaft Enttäuschten längst ihre Wege. Doch selbst diejenigen, die damals und in den inzwischen vergangenen Jahrzehnten *geblieben* sind und die zusammen mit den vor ihnen Gewonnenen die heutigen Zeugen Jehovas-„Versammlungen" bilden, haben größtenteils ganz andere Anliegen als die Wachtturm-Gesellschaft. Darum ist zwischen ihnen und ihr sehr deutlich zu unterscheiden! Sie suchen hier in all ihren – heute sicherlich ganz anderen – Ängsten ein Stück Geborgenheit,

- in ihrer Einsamkeit ein wenig mitmenschliche Gemeinschaft,
- in scheinbarer oder tatsächlicher Hoffnungslosigkeit eine Hoffnung, die nicht trügt,
- nicht zuletzt wohl auch in der scheinbaren Sinnlosigkeit des Daseins eine fruchtbare Tätigkeit, die dem Leben Sinn verleiht.

Offen ist, ob die suchenden Menschen das Gesuchte gefunden haben. Auf jeden Fall aber hat die Wachtturm-Gesellschaft es verstanden, deren Ängste, Sehnsüchte und Hoffnungen für sich zu nutzen und sie so zu kanalisieren, daß diese Menschen ihr vertrauen, ja sich ihr geradezu unterwerfen. Waren es 1945 ganze 141 606 Personen, so erreichte nach dem Jahresbericht 1965 die Zahl ihrer Anhänger – genauer: der „aktiven Verkündiger" – weltweit bereits die Millionengrenze; 1975 zählte man schon zwei Millionen, 1985 drei Millionen und heute, im Jahre 1995 mehr als viereinhalb Millionen predigende Zeugen Jehovas in etwa 70 000 Versammlungen in 212 Ländern der Erde! In Deutschland gibt es etwa 160 000 „aktive Verkündiger". Nicht mitgezählt sind also die Interessierten und Sympathisanten. Ihre Zahl dürfte in Deutschland doppelt so hoch wie die der Verkündiger, weltweit dreimal so hoch liegen.

Die Wachtturm-Gesellschaft bezeichnet diese „Mehrung der Theokratie" (interne Fachsprache) gern als Beweis des Segens „Jehovas". Noch mehr: Sie schließt aus den beachtlichen Erfolgen, daß das von ihr geleitete Werk *Christi* eigenes Werk sein müsse. Der Wachtturm vom 1. 5. 1993, S. 11, Abs. 5, nennt es „... das gewaltige Werk ..., das die Klasse des treuen und verständigen Sklaven durchführt, deren sich *Jesus* ... bedient."

Die Frage drängt sich auf: Wer leitet denn nun eigentlich dieses Werk? Die Wachtturm-Gesellschaft? Oder der „treue und verständige Sklave", von dem sie in ihren Schriften immer wieder spricht? Wer ist das überhaupt? Und wer die Wachtturm-Gesellschaft?

Wer ist die Wachtturm-Gesellschaft?

Es gibt Pressestimmen, die – meistens in Verbindung mit den großen internationalen „Wachtturm-Kongressen" – von einem *Mammutkonzern* sprechen, der Bücher und Zeitschriften in Millionenauflage produziert. Etwas positiver ist die Einstufung als „Einrichtung zur Hebung der Volksmoral". Für ihre Anhänger gilt die Wachtturm-Gesellschaft als Avantgarde des „Königreiches Gottes" oder gar als dessen Repräsentantin. Infolge ihrer inneren Ungewißheit in der Sache vermischen Zeugen Jehovas Glaubensaussagen und historische Fakten, Anspruch und Wirklichkeit der Wachtturm-Gesellschaft. Wen wundert es? Macht doch die Wachtturm-Gesellschaft selbst höchst unterschiedliche Aussagen zum eigenen Selbstverständnis, wie im folgenden deutlich wird. Wie sie jeweils ausfallen, hängt ganz davon ab, ob wir ihre Schriften aus der Feder ihres Gründers, Charles Taze Russell (1852-1916), befragen, oder die seines Nachfolgers im Amt des Präsidenten, Joseph F. Rutherford (1869-1942), oder aber die Wachtturm-Schriften zur Zeit der Präsidentschaft Nathan H. Knorrs (1905-1977) und seiner Nachfolger.

Hängen aber Entwicklung und Selbstverständnis der Wachtturm-Gesellschaft in so hohem Maße von ihren Präsidenten ab, dann ergibt sich daraus für das vorliegende Buch die Aufgabe, jedem einzelnen von ihnen – entsprechend seinem jeweiligen Gewicht in der Wachtturm-Gesellschaft-Geschichte – einen *mehr oder weniger* breiten Raum zu gewähren. Auf jeden Fall mehr, als sie es nach Ansicht von Führern und Gefolgschaft verdienen. Denn in den Augen der Wachtturm-Gesellschaft spielen sie angeblich kaum eine Rolle, da ihre Organisation „von *Gott* geleitet wird".[1]

Jedoch eine kurze Gegenüberstellung schon vermag zu zeigen, wie stark die einzelnen Präsidenten ihre Gesellschaft und deren Selbstverständnis geprägt bzw. umgeprägt haben.

[1] Der Wachtturm vom 1. 5. 1993, S. 18, Abs. 13; Ausg. vom 1. 1. 1957, S. 26, Abs. 11.

Selbstdarstellung der Wachtturm-Gesellschaft im Wandel der Zeiten

Am Anfang offiziell ein Geschäftsbetrieb

Charles Taze Russell, der die Wachtturm-Gesellschaft im Jahre 1881 gegründet hat, stellt in den sechs Bänden der „Schriftstudien" – jeweils im Anhang – seine Gesellschaft mit den Worten vor:

> Wacht-Turm
> Bibel- und Traktat-Gesellschaft.
>
> Das ist der Name einer Geschäftsfirma, die sich mit der Herausgabe von wichtigen religiösen Büchern und Zeitschriften und anderen nützlichen Hilfsmitteln zum Bibelstudium befaßt.[2]

Tatsächlich handelt es sich ursprünglich um ein Verlagsunternehmen zur Herausgabe und Verbreitung (vor allem) *seiner* Bücher, Zeitschriften und *Traktate.* Daher der ursprüngliche Name: ZION'S WATCH TOWER TRACT SOCIETY, ab 1896 geändert in: WATCH TOWER BIBLE AND TRACT SOCIETY. Diesem bis heute beibehaltenen Namen werden 1955 die Worte „of Pennsylvania" angehängt (wohl zur Unterscheidung von einer der inzwischen entstandenen Tochtergesellschaften: „WATCH TOWER BIBLE AND TRACT SOCIETY of New York, INC."[3]

Schon bald hat die Wachtturm-Gesellschaft besondere Funktionen wahrgenommen, von denen noch im einzelnen die Rede sein wird. Die Charakterisierung der Wachtturm-Gesellschaft als „Geschäftsfirma" ist allein schon legitim, weil sie am 15. Dezember 1884 den Status einer eingetragenen Aktiengesellschaft erlangte. Jeder konnte für zehn Dollar pro

[2] In den Ausgaben von 1912 fehlt der Zusatz: „... die sich mit der Herausgabe ... befaßt; in den Ausgaben von 1926 tritt an die Stelle des eindeutigen Begriffs „Geschäftsfirma" das weniger deutliche Wort „Gesellschaft".

[3] INC. ist die Abkürzung des amerikanischen Wortes „Incorporated" und bezeichnet eine Aktiengesellschaft.

Watch Tower-Firmengruppe (Kurzform: Wachturm-Gesellschaft) als „gemeinsame Herausgeber“ des „Jahrbuches der Zeugen Jehovas“

JAHRBUCH
DER
ZEUGEN JEHOVAS
1988

mit dem Bericht über das Dienstjahr 1987

Gemeinsame Herausgeber:
WATCH TOWER BIBLE AND TRACT SOCIETY OF PENNSYLVANIA
WATCHTOWER BIBLE AND TRACT SOCIETY OF NEW YORK, INC.
INTERNATIONAL BIBLE STUDENTS ASSOCIATION
25 Columbia Heights, Brooklyn, N.Y. 11201, U.S.A.

Zweigbüros siehe letzte Seite

Verantwortlicher Herausgeber für Deutschland:
WACHTTURM BIBEL- UND TRAKTAT-GESELLSCHAFT
Deutscher Zweig, e. V.
Selters/Taunus

Made in Germany
Druck: Wachtturm-Gesellschaft, Selters/Taunus

Aktie Mitgliedschaft und Stimmrechte erwerben für die Wahlen ihrer „Direktoren und Beamten“.[4]

Russell wird zu seinen Lebzeiten (und in den ersten Jahren nach seinem Tod) als der „kluge und treue Knecht des Herrn“ bezeichnet, doch weist er jeden Versuch, ihm oder seiner Gesellschaft eine heilsvermittelnde Rolle zuzuschreiben, entschieden von sich. Ebenso lehnt er es ab, eine zweite Autorität in Glaubensfragen neben die Bibel zu stellen:

---

4 Vgl. die zitierten Auszüge aus dem Wachtturm vom Dezember 1945. Die darin erwähnten Statuten der Wachtturm-Gesellschaft von 1884 enthalten die Bestimmung: „Each Donation of ten dollars ... shall entitle the contributor ... to one ... share, and to one vote for every such share ...“ (Jede Schenkung von zehn Dollar soll dem Beisteuernden ein Anrecht auf eine Aktie geben und auf eine Stimme für jede solche Aktie.)

„WIR alle tun wohl daran, im Gedächtnisse zu halten, dass alle geistlichen Gnadengaben, alle Fortschritte, die wir in der Erkenntnis göttlicher Dinge gemacht haben, und die uns behilflich gewesen sind, näher zu Gott und zur Heiligung zu gelangen, uns durch die Schriften des Alten Testamentes und durch die Worte unseres Herrn und seiner inspirierten Apostel vermittelt worden sind, und dass wir nie genötigt sein werden, andere Kanäle zu suchen, um die wahre Weisheit zu erlangen, die uns zubereitet für die verheissene Errettung."[5]

Die starke Bindung an C. T. Russell als den „klugen und treuen Knecht des Herrn" (heute spricht man vom „treuen und verständigen Sklaven") hat jedoch die Voraussetzungen dafür geschaffen, daß nach Russells Tod sich eine autoritäre zentralistische Leistung etablieren kann. Schon unter seinem Nachfolger J. F. Rutherford – Präsident der Wachtturm-Gesellschaft seit 1917 – wird dies Wirklichkeit.

Die Wachtturm-Gesellschaft ist „der Kanal Jehovas" ...

Im Widerspruch zur Russellschen Mahnung, „wir werden nie genötigt sein ..., andere Kanäle zu suchen" (als die Schriften des Alten und Neuen Testaments), fordert der zweite Wachtturm-Präsident Anerkennung der Wachtturm-Gesellschaft als alleinigen „Kanal Jehovas". Er beruft sich dabei sogar auf Russell. Der Fortsetzungsartikel „Neuzeitliche Geschichte der Zeugen Jehovas", Teil 9, im Wachtturm vom 15.7.1955, S. 426, nimmt auf einen von Rutherford redigierten Wachtturm vom August 1920 bezug, in dem gezeigt worden sei „... daß selbst Bruder Russell im Jahre 1884 und danach sehr darauf drang, die Watch Tower Society als das Instrument oder den Kanal zu betrachten, den Jehova dazu gebraucht, sein Volk auf Erden zu belehren".[6]

---

5 C. T. Russell in „Himmlisches Manna" (Andachtsbuch), „Tagestext" für den 21. Mai.

6 Bezugnahme auf den Wachtturm von 1920, S. 116ff. (und die „nachfolgenden Studienartikel"); sowie auf Russells Ausführungen im engl. Watch Tower von 1909, S. 293, die nach Ansicht des Autors das Behauptete nicht aussagen.

Wer die Zitate aus den beiden Wachtturm-Ausgaben von 1920 und 1955 im Zusammenhang liest, bekommt den Eindruck, daß Rutherford gegen eine bestimmte „Front" schreibt. Es handelt sich offensichtlich um die Kritiker in den eigenen Reihen, die ihn Schlimmes befürchten lassen für die Wachtturm-Gesellschaft und seinen Präsidentenstuhl. Wie Politiker und Staatsmänner, die um ihren „Thron" bangen, sich möglichst unumschränkte Machtbefugnisse sichern, um Parlament und Opposition in Schach zu halten oder gar auszuschalten, so bereitet Rutherford – Zug um Zug – eine (religiöse) Diktatur vor. Aber der gelernte Jurist ist klug genug, nicht nur seine nach und nach erweiterten Machtbefugnisse einzusetzen, sondern auch plausible Gründe dafür ins Feld zu führen. Für „Bibelforscher", die stets nach einem „Schriftbeweis" fragen, müssen diese Gründe daher biblisch-christlicher Natur sein, zumindest jedoch an das bisher Geglaubte anknüpfen: Das Königreich Gottes, so argumentiert Rutherford, steht unter der Leitung des von Gott eingesetzten Königs, Jesus Christus. Es ist somit eine Theokratie (Gottesherrschaft), also keine Demokratie (Volksherrschaft). Demgemäß geht alle Gewalt „von oben nach unten", nicht „von unten nach oben".

... „der sichtbare Vertreter des Herrn auf Erden"

Mögen in demokratischen Einrichtungen Kritik, Opposition und das Ringen um Mehrheiten legal und legitim sein; in der „Theokratie" haben sie keinen Platz mehr. Kritik und Opposition an der Wachtturm-Gesellschaft gelten als Kritik am Herrn: „Wenn wir des Herrn Knechte bekritteln, so bekritteln wir den Herrn selbst dafür, daß er solche Knechte auswählt und gebraucht."[7]

Opponenten „wurden offene Gegner der Gesellschaft und ihres Werkes ...; ihr Schicksal ist durch den Herrn Jesus angekündigt ..., daß sie zermalmt werden".[8]

---

[7] Der Wachtturm 1924, S. 136.

[8] Der Wachtturm 1926, S. 359.

Wer hier die Autorität hat, ist fortan klar. In einem Leserbrief wird betont, daß „der Wachtturm von dem Herrn als Lehrer und unsere Autorität eingesetzt ist“.[9]

Mehrheitsentscheidungen durch Abstimmungen sowie die bisher durchgeführten *Wahlen* von „Ältesten“ werden abgeschafft. Für den Verzicht auf ihre demokratischen Rechte allerdings dürfen die Bibelforscher-Versammlungen 1938 selbst eine entsprechende Resolution beschließen. Eine Wachtturm-Nummer über das Thema „Organisation“ hat dafür den Boden bereitet. Danach wurde dann diese Resolution „von allen Versammlungen angenommen, die wünschten, unter der theokratischen Führung der Gesellschaft zusammengeschlossen zu werden“, berichtet der Wachtturm fast zwei Jahrzehnte später (die *anderen,* die dies nicht wünschten, werden nicht erwähnt).[10] Dann zitiert der Wachtturm die Resolution im Wortlaut, in der es u.a. heißt:

> „Wir, die Gruppe des Volkes Gottes ... in ... anerkennen, daß Gottes Regierung eine reine Gottesherrschaft ist, daß Christus Jesus sich im Tempel befindet und den vollen Befehl und die volle Gewalt über die sichtbare Organisation Jehovas wie auch über die unsichtbare innehat, und daß ‚DIE GESELLSCHAFT‘ der sichtbare Vertreter des Herrn auf Erden ist. Daher stellen wir das Gesuch, daß ‚Die Gesellschaft‘ unsere Gruppe für den Dienst organisiere und deren verschiedene Diener bestelle, damit wir alle in Frieden, Gerechtigkeit, Eintracht und vollständiger Einheit zusammenwirken können. Wir legen hier die Namenliste derjenigen Personen unserer Gruppe bei, die uns als gereifter und darum am geeignetsten scheinen, die betreffenden Dienstposten auszufüllen.“

Administration der Theokratie

Zwei Jahre nach Annahme dieser Resolution kann die solcherweise zu Ehren gekommene Wachtturm-Gesellschaft in ihrer Zeitschrift „Consolation“ (Trost; zuvor: „Das Goldene Zeitalter“, heute: „ERWACHET!“) vom 4.9.1940, S. 25 verkünden:

---

[9] Der Wachtturm, 1926, S. 31.
[10] Der Wachtturm vom 1.8.1955, S. 461.

„Die Theokratie ist die verheißene Regierung der Angelegenheiten der Erde durch Jehova Gott, den Schöpfer, durch ... Christus Jesus. Jene Theokratie ist jetzt auf Erden in Funktion ... Die Theokratie wird gegenwärtig regiert (engl.: ‚administered') durch die WATCH TOWER BIBLE AND TRACT SOCIETY, von der Richter Rutherford der Präsident und Chefmanager ist." (Nur in der engl. Ausgabe von „Consolation" erschienen.)

Russells Aktiengesellschaft, von ihm einst bescheiden als „Geschäftsfirma" bezeichnet, gilt nun nicht nur als der alleinige „Kanal Jehovas", sondern auch als Regentin der Theokratie, des Königreiches Gottes, und als (STELL-)„VERTRETER DES HERRN AUF ERDEN"!

Insider wie Außenstehende konnten über eine solche Karriere der Wachtturm-Gesellschaft nur den Kopf schütteln. Rutherford hatte zwar ohne Zweifel durch die Selbsterhöhung seiner Gesellschaft den angestrebten tiefen Respekt und den Gehorsam vieler Blindgläubiger erlangt und abgesichert, das Vertrauen anderer Christen wie Nichtchristen aber entweder nicht gewonnen oder gar bald verspielt.

Die Wachtturm-Gesellschaft als „Werkzeug"

Als nach Rutherfords Tod (1942) der damals 37jährige, in Geschäftsangelegenheiten bestens bewanderte Nathan Homer Knorr den Präsidentenstuhl bestieg, war ihm offensichtlich klar, daß sich eine *Aktiengesellschaft* als „Vertreter des Herrn" und Administration der Theokratie nicht gut verkaufen ließ. Er begann eine anfangs kaum durchschaubare Doppelstrategie, um einerseits dieses anstoßerregende Paradoxon aus der Welt zu schaffen, andererseits aber den für die Wachtturm-Gesellschaft so nützlichen Respekt und den erforderlichen Gehorsam der Anhänger zu *bewahren*: Schon zwei Jahre nach seinem Amtsantritt, im Oktober 1944, erwirkte er eine Satzungsänderung, die eine Abschaffung des Aktienwesens zum Ziel hatte. Die revidierten Statuten der Wachtturm-Gesellschaft traten am 1. Oktober 1945 in Kraft: Von nun an kann niemand mehr durch Erwerb von Anteilscheinen Mitgliedschaft und Stimmrechte – je nach Anzahl der Anteilscheine! – erlangen.

Eine solche Regelung, bei der letztlich der Einfluß eines Menschen auf die Wachtturm-Gesellschaft von der Höhe seines finanziellen Einsatzes abhängig war, ließ sich leicht als mit der „theokratischen Ordnung" unvereinbar erklären. Auf welche Weise er den menschlich begreiflichen Widerstand potenter Aktionäre zum Schweigen gebracht hat bzw. ihre Ausgleichsforderungen erfüllen konnte, ist niemals bekannt geworden.

Weit schwieriger aber noch als diese an sich schon komplizierte Aufgabe dürfte es für N. H. Knorr gewesen sein, nach den Jahrzehnten der Selbsterhöhung für die Wachtturm-Gesellschaft eine realistische Beschreibung zu finden. Was sollte nun mit den genannten Hoheitstiteln und Würdenamen werden, mit denen sie sich bisher so vorteilebringend – aber auch so abstoßend geschmückt hatte? Knorr schaffte sie nicht etwa ab. Er bedauerte und korrigierte sie nicht. Sie wurden vielmehr einfach „umadressiert": Was die Wachtturm-Gesellschaft bisher sich selbst zugeschrieben hat, überträgt sie von nun an und bis heute auf den „gesalbten Überrest" und auf die „leitende Körperschaft dieses Überrests",[11] die im Bethel (Zentrum der Wachtturm-Gesellschaft) in Brooklyn, New York, „wohnt", wie der Wachtturm vom 15.7.1955, S. 443 versichert (Die Wachtturm-Gesellschaft ist von nun an nur „Diener" und Werkzeug):

BLEIBE IN ENGER VERBINDUNG
MIT DEM KANAL

„Die Anzeichen sind ... überwältigend, daß der gesalbte christliche Überrest inmitten der Zeugen Jehovas heute den kollektiven Kanal der Mitteilungen bildet ... Immer noch sind etwa 17 000 dieser Gesalbten auf Erden, und eine leitende Körperschaft dieses Überrests wohnt im Bethel in Brooklyn, New York. Mit ihnen verbunden gibt es über 560 000, anderer

[11] Im Dezember-Wachtturm 1955, S. 1-14 wird die Änderung der Statuten ausführlich begründet; gleichzeitig der Begriff „leitende Körperschaft" durch ständige Wiederholung nicht nur publik gemacht, sondern geradezu „eingehämmert".

Schafe'. Die kleine Klasse der Gesalbten, der ,treue und verständige Sklave', wie sie bezeichnet wird, hat einen gesetzlichen Diener, der als die im Jahre 1884 organisierte Watch Tower Bible and Tract Society bekannt ist; diesen benutzen sie als ihren Vertreter.

Ein offizieller Wortführer dieser Klasse des ,Sklaven' ist die Zeitschrift *The Watchtower* [Der Wachtturm] ..."

Fragen über Fragen

Wenn der Leser sich nach solcher Kostprobe aus dem Wachtturm überfordert fühlt, so überrascht dies nicht. Neue Fragen drängen sich auf: Wer ist der sogenannte „Überrest", zugleich der „treue und verständige Sklave", als dessen „Diener" und „Vertreter" sich die Wachtturm-Gesellschaft bezeichnet – gelegentlich auch als dessen „Werkzeug"? Und wer ist die „leitende Körperschaft dieses Überrests", von der die Wachtturm-Gesellschaft später erklärt, sie habe schon seit den Tagen Russells bestanden, ja Russell und Rutherford hätten ihr angehört?[12]

Der Leser wird diese Behauptungen an den im vorliegenden Buch dargestellten historischen Fakten und an den eigenen Aussagen Russells und Rutherfords zu messen haben. Er wird dann selbst beurteilen können, ob in der extrem auf seine Person bezogenen Russell-Administration oder auch in der absoluten Präsidentendiktatur Rutherfords *Raum* war für so etwas wie „kollektive Führung" oder für eine Art geistliches Gremium neben oder gar über der Watch Tower-Geschäftsführung, wie dies der Begriff „leitende Körperschaft" und die zahlreichen gewundenen Erklärungen der Wachtturm-Gesellschaft andeuten. Diese Fragen finden oftmals auch in solchen Passagen dieses Buches eine Beantwortung, in denen sie *nicht* ausdrücklich wiederholt werden.

Das gilt auch für eine weitere Frage, eine Frage, die angesichts des wechselnden Selbstverständnisses der Wachtturm-Gesellschaft sich aufdrängt: Sind derartige „Sprünge" als zufällig oder als folgerichtig anzusehen? Die Wachtturm-Gesellschaft selbst erklärt den häufigen Wechsel – in diesem wie in unzähligen anderen Punkten

---

12 Der Wachtturm vom 1. 4. 1977, S. 207, Abs. 15.

vor allem auch der *Lehre* – als eine göttlich überwaltete „fortschreitende Erkenntnis“ und verweist dabei auf ein Wort in den „Sprüchen Salomos“ (4,18): „Der Pfad der Gerechten ist wie das glänzende Licht, das heller und heller wird, bis es voller Tag ist.“[13]

Ist aber eine solche stetige Entwicklung in der Lehrentwicklung der Wachtturm-Gesellschaft festzustellen?

Eng verknüpft mit diesen Fragen und gleichsam „hinter“ ihnen steht noch eine weitaus wichtigere – weil existentielle – Frage, von der weltweit Millionen von Zeugen Jehovas und Sympathisanten bewegt werden: Verdient die Wachtturm-Gesellschaft, die für sich (bzw. für den durch sie vertretenen „Überrest“) beansprucht, der „treue und verständige Sklave des Herrn“ und der „Prophet Jehovas“ zu sein, das Vertrauen, den Gehorsam und die unbedingte Loyalität, die sie verlangt? Bestätigt eine eingehendere Beschäftigung mit ihrer Geschichte, daß die Zugehörigkeit zu ihrer Organisation tatsächlich Bedingung und Voraussetzung ist für jeden „Fortschritt auf dem Weg zum Leben“? – wie sie es formuliert: „Wenn wir nicht mit diesem Mitteilungskanal ... in Verbindung stehen, werden wir auf dem Weg zum Leben keine Fortschritte machen, ungeachtet dessen, wie häufig wir in der Bibel lesen.“[14]

---

[13] Sprüche 4,18 nach der von der Wachtturm-Gesellschaft (1950 zunächst in engl.) herausgegebenen „Neuen-Welt-Übersetzung der Heiligen Schrift“, revidierte deutsche Ausgabe von 1986, zitiert und im oben beschriebenen Sinne gedeutet im Wachtturm vom 15. Mai 1982, S. 21-31.

[14] Wachtturm vom 15. Mai 1982, S. 27, Abs. 4.

Frühe Geschichte

Die geistesgeschichtlichen Wurzeln

Ohne einen Blick auf die geistesgeschichtlichen Wurzeln bleiben Geschichte und Lehrentwicklung der Wachtturm-Gesellschaft unverständlich. Sie hat bewußt oder unbewußt manche Impulse ganz unterschiedlicher, ja gegensätzlicher Art aufgenommen.

Als 1620 die frommen Pilgerväter an den Küsten Nordamerikas an Land gingen, waren sie erfüllt von dem Traum, fern von dem an Irrungen und Verwirrungen reichen „alten" Europa hier so etwas wie die „Gemeinde der Heiligen" zu errichten. Diese sollte Vorläufer des kommenden Gottesreiches sein und Sammelpunkt aller wahrhaft Gläubigen.

Die Wirklichkeit des täglichen Lebens und der gesellschaftlichen Entwicklung der „neuen Welt" nahm jedoch ganz andere Formen an. In ihrem Gefolge breitete sich in den folgenden Jahrhunderten der Geist der sogenannten *Aufklärung* aus, der von seinen Gegnern als Bedrohung des christlichen Glaubens empfunden und teilweise leidenschaftlich und erbittert bekämpft wurde. Als Gegenschlag zu diesem „Rationalismus", der ganz auf die „aufgeklärte" und autonome „Vernunft" (lat. ratio) setzte, kam es im 18. und 19. Jahrhundert in Nordamerika zu den *Erweckungen*. Besonders „die große Erweckungsbewegung seit 1734 gab den amerikanischen Kirchen das eigentümliche praktische, individualistische und aktive Evangelisationsgepräge"; Baptisten und Methodisten bekamen dadurch zahlenmäßig den Vorrang „und sind besonders im Süden und im ‚Mid-West' ein bedeutender Faktor geworden".[15] Eine weitere große Erweckung („revival") erfolgte um 1799.

Gemeinsames Kennzeichen der „Erweckten" ist die persönliche Umkehr zum Glauben an Jesus Christus („Bekehrung"), dessen Frucht ein geheiligter Lebenswandel, missionarische Aktivität und eine lebendige Erwartung der Wiederkunft Christi sind.

---

15 Die Religion in Geschichte und Gegenwart („RGG"), 3. Auflage 1957, Bd. 1, zum Stichwort „Amerika", S. 315.

Aus einer dritten großen Erweckung (um 1840) ging die Bewegung der Adventisten hervor, als deren Begründer der frühere Baptistenprediger William Miller (1782-1849) gilt. Miller hatte – wie vor ihm andere herausragende Gestalten der Kirchengeschichte – als ein ganz nahe bevorstehendes Ereignis die *Wiederkunft Jesu Christi* angekündigt und dafür anhand biblischer Zahlen einen festen Termin errechnet, den 21. März 1844, dann den 21. Oktober 1844.

Als beide Male der erwartete Advent Christi (lat. adventus = Ankunft; daher der Name: Adventisten) ausblieb, zerfiel die enttäuschte Anhängerschaft Millers in mehrere adventistische Gruppen, die auf unterschiedliche Weise die Erfahrung von 1844 aufzuarbeiten versuchten. Unter den adventistischen Gemeinschaften, die im Gefolge der großen Krise nach 1844 entstanden sind, hat heute nur noch die „Gemeinschaft der Siebenten-Tags-Adventisten“ (STA) eine nennenswerte, ja eine herausragende Bedeutung.[16]

Eine von den STA abgespaltene weitere adventistische Gruppe, die „second adventists“, die auch „Age-to-come-Adventists“ genannt wurden, ist jedoch zum Verständnis der Wachtturm-Gesellschaft und ihrer Lehre bedeutsam: Trotz der Erfahrung von 1844 hatten die „second adventists“ zunächst für 1873, dann für 1874 eine sichtbare Wiederkunft Christi vorhergesagt. Aus den erneuten Enttäuschungen, Spannungen und Spaltungen, die das Ende der „second adventists“ bedeuteten, ist die Wachtturm-Bewegung hervorgegangen. Es überrascht daher nicht, daß „ihre Grundlehren größtenteils adventistisch vermittelt“ sind.[17] Zu ihnen gehören u.a.:

- die von der wörtlichen göttlichen Eingebung der Bibel („Verbalinspiration“),
- die von der Sterblichkeit der menschlichen Seele,
- die Ablehnung der Lehre von der ewigen Höllenqual,
- die Erwartung des Tausendjährigen Reiches auf Erden, das den

---

[16] Twisselmann, Sieben Glaubensgemeinschaften, gedruckt Itzehoe 1993, S. 3-11 (näheres unter Literaturhinweise am Schluß).

[17] Neidhard, Die Zeugen Jehovas, Akademische Bibliothek Altenberge 1982, S. 12; Hellmund, Geschichte der Zeugen Jehovas (Kurztitel), Kap. II (vgl. Literaturhinweise).

in Sünde Verstorbenen eine letzte Chance zur Bewährung bietet.[18]

Charles Taze Russell – Entwicklungen, Einflüsse, Trends

Russells Werdegang

Charles Taze Russell wurde am 16. Februar 1852 in Allegheny im Gebiet der heutigen Stadt Pittsburgh im Bundesstaat Pennsylvania (USA) geboren. Seine Ahnen waren schottisch-irischer Herkunft. Seine Mutter starb, als er neun Jahre alt war. Sein Vater, Besitzer eines Textilwarengeschäftes, schickte den begabten Jungen in staatliche Schulen, zeitweilig auch in Privatunterricht, und ließ ihn für den kaufmännischen Beruf ausbilden. Ein College hat C. T. Russell nicht besucht, ist also, was seine spätere religiöse Wirksamkeit und seine schriftstellerische Tätigkeit betrifft, Autodidakt.

Schon als Elfjähriger tritt er in das Geschäft seines Vaters ein, wurde in der Folgezeit Teilhaber einer wachsenden Kette von Herrenbekleidungsläden und erwirtschaftete an der Seite seines Vaters schon in ganz jungen Jahren ein beträchtliches Vermögen. In seiner Seele aber regte sich ein ganz anderes Interesse: ein religiöses. Nach eigenen späteren Berichten schloß er sich früh dem Christlichen Verein Junger Männer (CVJM) an.[19]

Andere Darstellungen sprechen davon, daß er als Teenager mit Kreide Bibelsprüche auf den Bürgersteig geschrieben habe, um die Menschen vor der Hölle zu warnen. Später wurde ihm die traditionelle Höllenfeuerlehre fragwürdig; er trat aus der Kirche der Presbyterianer aus, in der er erzogen worden war, und schloß sich der liberalen Kongregationalistenkirche an. Dort jedoch wurde nicht nur die Lehre von einer ewigen Qual für die Verlorenen vertreten, sondern zugleich die von der Prädestination (Vorherbestimmung)

---

[18] Neidhard, Zeugen Jehovas, S. 12, Anm. 7 mit weiteren Quellennachweisen.

[19] Der Wachtturm 1916, S. 133.

zum Heil bzw. zum Verlorengehen. „Diese Vorstellung war dem aufrichtigen Herzen des jugendlichen Charles zuwider.“[20]

Russell trennte sich deshalb 1869 von dieser Kirche.

Obwohl er, wie er später betont, „seit seiner Kindheit an Jesus als seinen Erlöser geglaubt hat“,[21] begannen in dieser Zeit Zweifel an seiner Seele zu nagen. Er wurde, „von Natur zum Nachforschen veranlagt, gar schnell eine Beute der Vernunftlehre des Unglaubens, sobald ich anfing, selbständig zu denken ... Doch das, was zuerst ein völliger Schiffbruch des Glaubens an Gott und die Bibel zu werden drohte, wurde unter Gottes Vorsehung zum Guten gewendet ...“

Russell berichtet dann weiter, wie er eines Abends in ein staubiges, düsteres Versammlungslokal in Allegheny kam, um zu sehen, ob die paar dort versammelten Leute „etwas Vernünftigeres zu bieten hätten“ als die Glaubensbekenntnisse der großen Kirchen. Er lernte die Ansichten der „second adventists“ kennen. Deren Prediger, Jonas Wendell, gelang es, Russells „erschütterten Glauben an die göttliche Eingebung der Bibel wieder zu befestigen“.[22] Russell wandelte sich vom liberalen Kritiker zum Fundamentalisten und blieb es bis an sein Lebensende.[23]

Russell als Adventist

Russells Begegnung mit Jonas Wendell und den „second adventists“ bedeutete jedoch für ihn und die spätere Wachtturm-Gesellschaft eine weitere grundlegende Weichenstellung, die sich nach Russells eigenem Bekenntnis in drei Richtungen auswirkte:

– im Erwarten des nahen Endes des „Evangeliumszeitalters“ und dieser gegenwärtigen Welt;

– im Glauben an einen in sich geschlossenen „Plan Gottes“, der auf der Grundlage des Verdienstes Jesu Christi eine große „Wiederherstellung“ der Menschheit vorsieht, eine Rückführung der

[20] Jehovas Zeugen, Verkündiger des Königreiches Gottes (1993), S. 43.
[21] The Watch Tower 1910, S. 291-292.
[22] Der Wachtturm 1916, S. 133f., zitiert in „Vorhaben“, S. 14.
[23] Vgl. Neidhard, Zeugen Jehovas, S. 15.

Glaubenden und Gehorsamen in volle Harmonie mit Gott während des 1000jährigen Reiches Christi, das eine läuternde Funktion hat;

– in der Überzeugung, daß im 1000jährigen Reich (Russell spricht meistens vom „Millenium") *alle* verstorbenen Menschen auferweckt werden und unter günstigeren Bedingungen als in der Jetztzeit eine Gelegenheit erhalten, an Gott und Jesus Christus zu glauben und das ewige Leben zu erlangen. Verglichen mit dem allgemeinen Heilsweg für diese Millionen und Abermillionen von Menschen, die einmal ewig auf *Erden* leben werden, stellt dann die „kleine Herde" derer, die in den *Himmel* kommen, eine göttliche Ausnahmeregelung dar. Die „Zwei-Klassen-Lehre" der heutigen Wachtturm-Gesellschaft zeichnet sich schon damals in ihren Umrissen ab.

Damals freilich dominierte der Glaube an den universellen Heilswillen Gottes, dessen „Charakter" durch Liebe, Weisheit und Gerechtigkeit gekennzeichnet war. Eine Feuerhölle für die Verlorenen hat in Russells Glaubenssystem des „Planes Gottes" keinen Platz. Verloren gehen werden – nach Russell – nur die unbelehrbaren Sünder, die auch die gnädige Zeit der Bewährung und der Prüfung im Millenium nicht nutzen. Da es für Russell – wie für alle adventistisch geprägten Gruppen – keine unsterbliche Seele gibt, kann ihr „Verderben" nur totale Vernichtung bedeuten.[24]

Alle diese ansatzweise vom Adventismus übernommenen Vorstellungen erfuhren in einer 1870 in Allegheny und Pittsburgh von Russell gegründeten Bibelstudiengruppe („Bible Study Group") eine Vertiefung und Präzisierung. Russell selbst und diese Gruppe scheinen mit Jonas Wendell und den „second adventists" eine lokkere Verbindung gepflegt zu haben; sie nahmen daher auch an deren Hoffnungen und Enttäuschungen Anteil.

Als die „second adventists" für die Jahreswende 1872/73 das „Verbrennen der Welt" – also das Weltende – erwarteten, lernte Russell sozusagen hautnah kennen, wie sehr eine solche Naherwartung Menschen innerlich aufzuwühlen vermag. Als die erwarteten Ereignisse ausblieben und ein neues Datum für die sichtbare Wiederkunft Christi und den Untergang dieser Welt errechnet wurde –

---

[24] Neidhard, Zeugen Jehovas, S. 15.

1874 –, scheint Russell diese Erwartung geteilt und für richtig gehalten zu haben.[25]

Nach der zweimaligen Enttäuschung von 1872/73 und 1874 begann unter den „second adventists" das große Rätselraten: Wo liegt der Fehler? Russell selbst neigt mehr und mehr zu dem Gedanken, daß nicht der Zeitpunkt, sondern die Art und Weise, *wie* die Wiederkunft des Herrn erwartet wurde, falsch waren. In seiner Erstlingsschrift „The Object and Manner of Our Lord's Return" (1874) führt er diese Gedanken näher aus.

Schon ein Jahr später findet er sie bestätigt in der Zeitschrift „The Herald of the Morning", die der Adventist Nelson H. Barbour herausgab. Dieser verbreitete, 1874 sei der Herr tatsächlich wiedergekommen und seither unsichtbar gegenwärtig. In seiner Autobiographie schildert Russell, wie Barbour zu seiner Theorie kam:

> „Es scheint, daß nicht lange nach den damaligen Enttäuschungen der Adventisten, im Jahre 1874, ein Leser des ‚Herold des Morgens', der die Diaglott-Übersetzung besaß, darin etwas bemerkte, das ihm merkwürdig vorkam – daß nämlich in Matth. 24:27, 37 und 39 das griechische Wort ‚parusia', welches in unsern gewöhnlichen Übersetzungen mit ‚Kommen' wiedergegeben ist, im Diaglott mit ‚Gegenwart' übersetzt war – offenbar die richtige Übersetzung des Griechischen. Das war der Leitfaden ..."

Russell berichtet dann, wie er auf diese Information reagierte: Er lud Barbour zu einer Begegnung in Philadelphia ein, wo er im Sommer 1876 geschäftlich zu tun hatte. Die Reisekosten wollte er ihm gern erstatten. Russell erwartete von Barbour „völlige" und schriftgemäße Beweise dafür, „daß die Weissagungen auf 1874 als auf die Zeit hindeuteten, mit der des Herrn „Gegenwart und die ‚Ernte' angefangen" hätten. Russell zum Ergebnis des Gesprächs:

> „Er kam, und seine Beweise befriedigten mich. Positiv überzeugt und dem Herrn völlig geweiht, erkannte ich sofort, daß der Einfluß von größter Tragweite sei, den die besonderen Zeiten, in denen wir lebten, auf unsere Pflichten und Wirksamkeit

[25] ebenda, S. 16, Hellmund, Geschichte der Zeugen Jehovas, Anmerkung 54.

als Christi Jünger ausübten. Ferner erkannte ich, daß, weil wir in der Erntezeit leben, das Erntewerk getan werden müsse und daß die gegenwärtige Wahrheit die Sichel sei, durch welche der Herr uns ein Einsammlungs- und Erntewerk allenthalben unter seinen Kindern anvertraue. Ich fragte Herrn Barbour, wie er und der ‚Herold des Morgens' dazu ständen? Er antwortete, daß in dieser Hinsicht nichts geschehen könne."[26]

Fortan sollte es anders werden: Russell wurde Mitherausgeber des „Herald of the Morning", ermöglichte dessen Weitererscheinen durch Geldzuwendungen, und die bisher von ihm selbst geführte Bibelstudiengruppe schloß sich mit der größeren Gruppe um Barbour in Rochester zusammen.

Bezüglich der Verkündigung der neuerkannten Wahrheit von der „Gegenwart Christi seit 1874" ergriff Russell die Initiative: Im Jahre 1877 lud er alle Pastoren und Prediger von Pittsburgh und Allegheny ein, um ihnen die Schrifttexte zu zeigen, „die auf unseres Herrn Gegenwart hinwiesen".

„Sämtliche Prediger beider Städte fanden sich ein, doch alle weigerten sich, diese neuerkannte Wahrheit anzunehmen", so berichten die späteren Russell-Anhänger Woodworth und Fisher und bringen eine Entscheidung Russells von allergrößter Tragweite damit in Zusammenhang: „Im gleichen Jahre entschloß sich dann Pastor Russell, seine irdischen Geschäfte aufzugeben und seine ganze Zeit und sein Vermögen dem in der Schrift angedeuteten Schlußwerk (Erntewerk) des Evangeliumszeitalters und der Verkündigung des bevorstehenden Zeitalterwechsels zu widmen."[27]

Diese nachträgliche Zusammenordnung der Ereignisse dürfte dem Zweck gegolten haben, eine Begründung für den künftigen „Alleingang" Russells zu liefern. Denn im Jahre 1877 ist Russell noch eng mit dem Adventisten Barbour und seinen Anhängern verbunden. Gemeinsam geben die beiden das Buch „Three Worlds" mit einer Weiterentwicklung von Barbours Endzeitfahrplan heraus.

---

[26] Der Wachtturm 1907, S. 66-70, zitiert in Bd. 7 der „Schriftstudien", „Das Vollendete Geheimnis" (Ausgabe von 1917), S. 59.60 (in späteren Ausgaben S. 68).

[27] ebenda (Bd. 7), Ausgabe von 1917, S. 61.

In späteren Schriften Russells bzw. der Wachtturm-Gesellschaft wird eingeräumt, daß in diesem Buch folgende Erwartungen ausgesprochen wurden:

1874 sollte „Jesu Christi unsichtbare Gegenwart begonnen" haben;[28]

1878 sollten „die lebenden Heiligen plötzlich durch Wunderwirkung leiblich entrückt werden ..., um dann allezeit bei dem Herrn zu sein" (nach 1.Thess. 4,16ff und 1.Kor. 15,51f).[29]

Bis 1914 „... sollten ... die Heiden-Königreiche ... zerschmettert werden, und die Königreiche dieser Welt werden Königreiche unseres Herrn ... werden, denn die ‚Zeiten der Nationen' sind zuende."[30]

Das Jahr 1878 aber verging, ohne daß die erwartete leibliche Entrückung der Heiligen geschehen wäre, zu denen sich auch Russells und Barbours Bibelstudienkreis zählte.

Vergangenheitsbewältigung bei Russell

Nach dieser Enttäuschung zogen sich einige Gläubige zurück. Um die übriggebliebenen Anhänger bei der Stange zu halten, mußten Russell und Barbour entweder ihren Fehler eingestehen oder eine plausible Erklärung für die Panne finden. Russell entschied sich für das zweite, ging jedoch noch weiter, indem er aus der Not eine Tugend machte: Er deutete die Krise seiner Gruppe als eine göttliche Prüfung und „Sichtung". 1916 schreibt er rückblickend darüber im Wachtturm, aber auch im Gedenken an die um 1914 entstandene Krise:

> „Soweit war alles glatt gegangen; wir waren durch die Wahrheit reichlich gesegnet worden, hatten jedoch noch keine besondere Prüfung unserer Liebe und Treue zu ihr zu bestehen gehabt. Aber mit dem Sommer des Jahres 1878, der Parallelzeit zur Kreuzigung des Herrn und des Ausspruchs Seiner oben angeführten Worte, begann die Sichtung; und sie hat

---

28 Three Worlds, S. 175; Jehovas Zeugen-Verkündiger (deutsch 1993), S. 47.

29 Der Wachtturm 1916, S. 136; Vorhaben, S. 19.

30 Three Worlds, S. 83; Der Wachtturm 1955, S. 104.

seitdem ihren steten Fortgang genommen und muß früher oder später einen jeglichen prüfen, der das Licht der gegenwärtigen Wahrheit annimmt.

Der Zweck dieser Versuchung und des Sichtens ist offenbar der, alle herauszusuchen, deren innerste Beweggründe selbstlos sind, die völlig und rückhaltlos dem Herrn geweiht sind, denen es vor allem nur darum zu tun ist, daß des Herrn Wille geschehe, und deren Vertrauen in Seine Weisheit, Seine Wege und Sein Wort so groß ist, daß sie sich weigern, durch die Sophistereien anderer oder auch durch eigene Pläne und Gedanken von dem Worte des Herrn weggeführt zu werden. Solche werden in der Zeit der Sichtung gestärkt, und ihre Freude im Herrn und ihre Kenntnis Seiner Pläne werden zunehmen, selbst während ihr Glaube geprüft wird, indem Tausende auf jeder Seite in den Irrtum fallen (Psalm 91:7).“[31]

Wie aber erklärte Russell das Ausbleiben der Entrückung? Das Buch „Jehovas Zeugen in Gottes Vorhaben“ fährt fort, nachdem es diese Stelle aus dem Wachtturm (1910) zitiert hat:

„Dann erklärt Pastor Russell eine irrtümliche Ansicht, die bis zu dieser Zeit von allen gehegt worden ist. Gegründet auf die Äußerung des Paulus, die in 1. Korinther 15:51, 52 enthalten ist, erwartete man, daß ‚die lebenden Heiligen plötzlich durch Wunderwirkung leiblich entrückt werden würden, um dann allezeit bei dem Herrn zu sein‘. Da sie glaubten, daß dies im Jahre 1878 geschehen würde, waren einige enttäuscht, weil sie nichts Sichtbares geschehen sahen. Pastor Russell sah sich jedoch veranlaßt, die Schrift erneut zu untersuchen, wobei ihm klarwurde, daß ihr ‚Fehler in der Erwartung lag, alle lebenden Heiligen auf einmal verwandelt zu sehen, ohne daß sie sterben müßten, welche irrige Ansicht von der ganzen Namenkirche geteilt wurde und die wir noch nicht als solche erkannt oder verworfen hatten‘. Russells nochmalige Prüfung dieses Textes enthüllte die wahre Bedeutung der Worte des Apostels, nämlich, daß jene, die zum Leib Christi gehören

---

[31] Der Wachtturm 1916, S. 135f.; zitiert in „Vorhaben“, S. 19. Zum Begriff „Parallelzeit“ vgl. im vorliegenden Buch S. 38.

sollten und bei seiner Gegenwart oder nach seiner Wiederkunft noch am Leben wären, nicht bewußtlos im Grabe liegen würden, wie das bei jenen der Fall war, die vor der Wiederkunft Christi lebten. Statt dessen würden sie bei ihrem Tode sogleich verwandelt werden, um bei ihm zu sein. Dies war in der Tat eine wichtige Offenbarung der Schrift ..."

Der aufmerksame Leser dürfte über diese Darstellung des Buches „Vorhaben" aus dem Jahre 1960 überrascht sein: War nicht Russell Mitherausgeber des Buches „Three Worlds" gewesen und somit auch mit verantwortlich für dessen Inhalt? Wie kann es dann aber in dem Buch „Vorhaben" heißen: Russell habe über eine irrtümliche Ansicht aufgeklärt, „die bis zu dieser Zeit *von allen* gehegt worden ist"? Sie war doch von Barbour und von *ihm selbst* in die Welt gesetzt worden!

Fünfzehn Jahre nach dem Erscheinen des Buches „Vorhaben" bezeichnet das Jahrbuch der Zeugen Jehovas 1975 nur noch *Barbour* als den, der für 1878 die Entrückung erwartete (obwohl das Jahrbuch kurz vorher die gemeinsame Herausgabe von „Three Worlds" durch Russell und Barbour erwähnt).

Außerdem stellt es theologische Differenzen zwischen den beiden in diesen Gesamtzusammenhang, wobei die Ansichten Barbours – wie schon zuvor durch Russell selbst – nachträglich verzeichnet werden:

„Eine Zeitlang ging alles gut. Dann kam der Frühling des Jahres 1878 herbei. Barbour erwartete, daß die auf Erden lebenden Heiligen dann in ihrem Leib entrückt würden, um für immer mit dem Herrn im Himmel vereinigt zu sein. Aber nichts dergleichen geschah. Wie Russell berichtete, ‚schien Mr. Barbour zu fühlen, daß er notwendigerweise etwas Neues finden müsse, um die Aufmerksamkeit von der Enttäuschung hinsichtlich der Entrückung der Gesamtheit der lebenden Heiligen, abzulenken'. Und das tat er bald. ‚Zu unserer schmerzlichen Überraschung', so heißt es in Russells Bericht, ‚schrieb Mr. Barbour bald darauf einen Artikel für den *Herald*, in welchem er die Lehre von der Versöhnung leugnete – leugnete, daß der Tod Christi der Loskaufspreis Adams und seines Geschlechtes sei. Er sagte, daß unseres Herrn Tod nicht mehr nützen könnte für die Bezahlung der Strafe für die Sünden der Menschen, als das Durchstechen einer Fliege mit einer Nadel, wodurch sie leiden und sterben würde, von irdischen Eltern als eine gerechte Sühnung für Verfehlungen ihres Kindes betrachtet werden würde.'

In der September-Ausgabe des *Herald* erschien ein Artikel Russells mit der Überschrift ‚Das Sühnopfer', in dem er für das Lösegeld eintrat und dem Irrtum Barbours widersprach. Bis zum Dezember 1878 wurde die Kontroverse in den Seiten der Zeitschrift fortgesetzt. ‚Es war klar', schrieb Russell, ‚daß eine weitere finanzielle Unterstützung einer Sache, die irgendwelchen gegnerischen Einfluß auf die Grundlagen unseres allerheiligsten christlichen Glaubens ausübte, nicht nach dem Willen des Herrn sei, desgleichen auch ein weiteres Zusammengehen damit.' Was tat C.T. Russell deshalb? Er schreibt weiter: ‚Nachdem ich daher einen sehr sorgfältigen, aber erfolglosen Versuch gemacht hatte, den Irrenden zurückzubringen, zog ich mich gänzlich von dem *Herald of the Morning* und von weiterer Gemeinschaft mit Mr. Barbour zurück.' Aber das genügte ihm noch nicht, um seine ‚unveränderte Treue unserem Herrn und Erlöser gegenüber' zu beweisen. Und so folgten weitere Maßnahmen. Russell schreibt: ‚Ich erkannte es daher als des Herrn Willen, ein anderes Blatt zu gründen, in welchem das Banner des Kreuzes hochgehalten, die Lehre des Lösegeldes verteidigt und die gute Botschaft großer Freude so weit wie nur möglich verbreitet werden würde.“[32]

---

[32] Jahrbuch der Zeugen Jehovas, 1975, S. 34f. Von einer „Verzeichnung“ muß deshalb gesprochen werden, weil Barbour *nicht* das Erlösungswerk Christi als solches leugnete, sondern lediglich ein anderes *Verständnis* darüber hatte als Russell. Erst im neuesten Geschichtswerk „Jehovas Zeugen – Verkündiger des Königreiches Gottes“ (1993) wird dies anerkannt und zugleich zugegeben, Barbour habe daran geglaubt, „daß Christus *für* uns starb“. Er verwarf jedoch den Gedanken der „Stellvertretung“, daß Christus *anstelle von* uns gestorben ist ...“ (S. 131 Fußnote).

„Des Herrn Wille“, ein anderes Blatt zu gründen? Sollte wirklich aus dem geistigen Bankrott dieser Ableger des (second) Adventismus eine neue endzeitorientierte Zeitschrift „unter dem Banner des Kreuzes“ sich erheben, gleichsam wie ein Phönix aus der Asche? Russell selbst hat offenbar die kritischen Anfragen der (eingeweihten) Zeitgenossen im Auge und noch im Ohr, wenn er elf Jahre nach der Panne von 1878 schreibt: „... sobald von prophetischer Zeit, oder von irgend etwas die Rede ist, das sich auf den zweiten Advent des Herrn bezieht, da rufen viele aus, ‚Adventist!‘, als ob sie sagen wollten: ‚Kann aus Adventismus etwas Gutes kommen?‘ ... Wir haben tiefes Mitgefühl ... für die ‚Zweiten Adventisten‘ ...“

Nach einer kurzen Aufrechnung ihrer „falschen Erwartungen“, obwohl sie doch „der Wahrheit so nahe“ waren, fährt Russell fort:

> „Da sie solche Ideen hatten, so benutzten sie die Zeitprophezeiungen als eine Peitsche, um damit zu geißeln und die Welt so zu Gott zu treiben. Allein die Welt schaute ruhig darein und sagte: Das sind unvernünftige Schwärmer und, wenn es einen Gott gibt, so ist er jedenfalls viel vernünftiger und gerechter als das. Der Spott der Welt steigerte sich mehr und mehr, als sie immer und immer wieder einen Zusammenbruch der Materie und eine Zertrümmerung der Welt vorhersagten, und ihre Vorhersagungen wieder und wieder im Sande verliefen – bis endlich die bloße Erwähnung von Zeitweissagung ganz allgemein mit einem ungläubigen Lächeln oder mit offener Verachtung entgegengenommen wurde, und das selbst von Christen, die wohl gut genug wissen, daß Weissagung und Zeitrechnung einen großen Teil der Offenbarung Gottes ausmachen.“[33]

Das erstaunliche ist, daß C. T. Russell trotz dieser Einschätzung der Lage an der von Barbour übernommenen Lehre festhält, wonach der zweite Advent – das zweite Kommen – Christi schon 1874 sich ereignete und daß der Herr seither „unsichtbar gegen-

33 „Die Zeit ist herbeigekommen“, Band 2 der „Schriftstudien“ (1889 in engl., deutsch 1900), in der deutschen Ausgabe von 1900: S. 26.

wärtig" sei.[34] Er gibt deshalb seiner 1879 gegründeten Zeitschrift „ZION'S WATCH TOWER" sogar den Untertitel: „AND HERALD OF CHRIST'S PRESENCE" (und Verkünder der Gegenwart Christi).

Im oben zitierten Band 2 der „Schriftstudien" geht Russell sogar so weit, daß er die schon erwähnte Umdeutung und Neufüllung des „Entrückungs"termins 1878 noch ausweitet. Trotz der ausgebliebenen und dann von ihm umgedeuteten Entrückung spricht er hier mit Nachdruck davon, „daß 1878 ein bedeutungsvolles Datum ... ist".[35]

Das freilich „wissen" nur die treuen Anhänger Russells, die sich ja als die letzten noch auf Erden befindlichen Glieder des „Leibes Christi" verstehen, als ein Überrest der „kleinen Herde". Welch eine Auszeichnung! Russell schreibt dazu weiter:

„Nur wenige wissen ..., daß wir jetzt im Ende oder in der ‚Ernte' des christlichen Zeitalters stehen, und daß 1878 einen so wichtigen Zeitpunkt bezeichnete ... Noch war es beabsichtigt, daß andere als die wenigen Glaubenstreuen es sehen und wissen und nicht mit der Welt in Finsternis sein sollten – ‚*Euch* ist es gegeben zu wissen, sprach unser Herr'."[36]

Das Jahr 1878 brachte nach Russells Lehre also nicht nur die Auferstehung der entschlafenen Heiligen und seither die Verwandlung der jetzt noch lebenden (in ihrer jeweiligen Sterbestunde) wie bereits ausgeführt. 1878 – das Jahr der Enttäuschung und des Rückzugs einiger Russell- und Barbour-Anhänger aus der bis dahin gemeinsamen „Bible-Study-Group" – ist nun für Russell nicht nur ein Jahr der Prüfungen und Sichtungen (wie oben erwähnt), sondern gewinnt den Charakter eines Fixpunktes in seiner endzeitlichen neuen Heilsgeschichte: Diese ist durch die Ereignisse in der etwa dreieinhalbjährigen irdischen Dienstzeit Jesu – von seiner Taufe bis zur Kreuzigung gerechnet – gleichsam „vorgeschattet".

---

34 ebenda, S. 165: „Das nächste Kapitel wird den biblischen Nachweis liefern, daß 1874 das genaue Datum des Anfangs der ‚Zeiten der Wiederherstellung' ist und folglich der Wiederkunft unseres Herrn." Vgl. auch S. 227, 234, 235.

35 ebenda, S. 216.

36 ebenda, S. 217.

Nun ist die Zeit da für die mathematisch genau berechnete Parallele:

„Zum jüdischen Hause kam er am Anfang der damaligen Ernte (am Anfang seiner Amtstätigkeit) als Bräutigam und Schnitter; und gerade vor seiner Kreuzigung stellte er sich als ihren König vor, indem er in der Gerichts-Ankündigung gegen sie, da er ihr Haus der Verödung anheim gab, und in dem vorbildlichen Akt der Reinigung ihres Tempels, königliche Autorität ausübte. (Luk. 19:41-46; Mark. 11:13-17.) Gerade so war es in dieser Ernte: Die Gegenwart unseres Herrn als Bräutigam und Schnitter wurde während der ersten 3½ Jahre von 1874–1878 erkannt. Seit jener Zeit ist es mannigfach offenbar geworden, daß in 1878 die Zeit vorhanden war, da königliches Gericht am Hause Gottes beginnen sollte. Hier findet Offb. 14:14-20 Anwendung, wo unser Herr als der gekrönte Schnitter zu schauen ist. Da das Jahr 1878 die Parallele der Zeit ist, da er im Vorbilde seine Macht und Autorität in sich nahm, so bezeichnet es die Zeit für das tatsächliche Ansichnehmen der Gewalt als König der Könige von seiten unseres gegenwärtigen, unsichtbaren Herrn – die Zeit, da er seine große Gewalt an sich nahm, um zu herrschen, was in der Prophezeiung eng mit der Auferstehung der Getreuen und dem Anfang der Trübsal und des Zornes über die Nationen verbunden ist. (Offb. 11:17,18.) Hier, wie im Vorbilde, beginnt das Gericht an der nominellen Kirche mit der Verurteilung derselben ...“[37]

Wie das Jahr 1874, in dem die erwartete sichtbare Wiederkunft Christi ausblieb, zum Beginn seiner „unsichtbaren Gegenwart“ erklärt wurde, so erhebt Russell nun ausgerechnet das Jahr der ausgebliebenen Verherrlichung der Kirche Christi im Nachhinein – zum Termin für das „Kommen des Herrn zum Tempel“,[38]

---

37 ebenda, S. 231.

38 Seither ein bis heute immer wiederkehrender fester Terminus in den Publikationen der Wachtturm-Gesellschaft.

– für das „Ansichnehmen der Gewalt als König der Könige“ und
– für den Beginn des „königlichen Gerichts am Hause Gottes“ mit der „Verurteilung“ der „nominellen Kirche“!

Russell setzt diesen Gedanken fort mit dem Aufruf aus Offb. 18,4: „Gehet aus ihr hinaus, mein Volk …“, den weiterzusagen der besondere Auftrag der Russellanhänger seit 1878 gewesen sein soll.[39]

Neues Selbstbewußtsein und hoher Anspruch Russells und seiner Schüler

Tatsächlich rufen Russell und seine Anhänger mehr und mehr zum Austritt aus den christlichen Kirchen auf, die sie mit dem „Babylon“ der Johannesoffenbarung gleichsetzen. Im gleichen Maße aber festigt sich bei ihnen die Überzeugung, selbst „die Kirche“ zu sein.[40] Um es genauer zu sagen: Russell versteht unter *Kirche* die Gesamtheit der Gläubigen, die seit Christi Auferstehung und der Geistausgießung zu Pfingsten gelebt haben. Er setzt sie gleich mit den 144 000, die der Seher Johannes „auf dem Berge Zion“ schaute (Offb. 7,1-8; 14,1-5). Von ihnen lebt in der Gegenwart nur noch ein kleiner Rest. Wie gut kann sich die zahlenmäßig geringe Anhängerschaft Russells in den Bildern von der „kleinen Herde“ (Luk. 12,32) und in diesem „Überrest der 144 000“ wiederfinden! Noch mehr: Die kleine Zahl ist nun für sie kein Manko, sondern zusätzlicher Beweis der Erwählung und der Indienstnahme durch den – nur von ihnen erkannten – „gegenwärtigen König“.

Im Einführungsteil des vorliegenden Buches wurde die Frage aufgeworfen, wer denn der sogenannte „Überrest“ sei, zugleich der „treue und verständige Sklave“, als dessen Diener und „Vertreter“ sich die Wachtturm-Gesellschaft bezeichnet – gelegentlich auch als dessen „Werkzeug“. Hier nun wird klar: Es sind die Anhänger Russells bzw. die Leser seiner Schriften! Aber ist denn die Wachtturm-Gesellschaft deren Vertreter und Werkzeug? Zu der Zeit trifft es insofern zu: Als Russell 1881 die Wachtturm-Gesell-

39 a.a.O., S. 232.
40 Der Wachtturm von August 1914, S. 115-117.

schaft gründete und sie 1884 als „ZION'S WATCH TOWER TRACT SOCIETY" den Status einer Aktiengesellschaft erlangte, rekrutierten sich die Geldgeber und Mitglieder logischerweise aus der kleinen Schar eben dieser Russell-Anhänger.[41] Sie konnten daher in der Tat von *„ihrer"* Gesellschaft sprechen. Ob das auch heute noch „stimmt", steht auf einem anderen Blatt: Die zum allergrößten Teil hochbetagten, sich zum „Überrest" zählenden Anhänger – weltweit noch ca. 8 700 –, die irgendwo fast wie Außenseiter in den Zeugen Jehovas-„Königreichssälen" sitzen, haben keinerlei Einflußmöglichkeit auf die Weltorganisation der Zeugen Jehovas.

Die Wachtturm-Gesellschaft aber bedient sich immer noch des Rückgriffs auf die alten Verhältnisse und auf die Ereignisse des Jahres 1878, um einerseits die behauptete Erwählung und heilsgeschichtliche Bedeutung des „Überrests" zu begründen, andererseits Russells Alleingang in Richtung auf eine eigene „Denomination" zu rechtfertigen. Z.B. nimmt das Buch „Jehovas Zeugen in Gottes Vorhaben" auf die Erfahrung mit Barbour Bezug, die Russell bewußt gemacht habe, „daß die kleine Gruppe wahrer Christen die Veröffentlichung dieser Wahrheiten selbst fest in die Hand nehmen und ihre eigene Zeitschrift und andere Publikationen getrennt von allen anderen Gruppen herausbringen müßte". Nach einigen Hinweisen auf Einzel„wahrheiten" wie

- Verzicht der Russell-Anhänger auf Spendenaufrufe und „Bettel"-maßnahmen,
- Ablehnung der Dreieinigkeitslehre und
- beginnende Hervorhebung des „Jehova"-Names durch den Wachtturm

kommt das Buch zu der Feststellung:

> „Gottes Kanal wird erkennbar" (Überschrift) und „... daß Jehova von allen frühen Stimmen, die gehört wurden, die Publikation, die wir jetzt den *Wachtturm* nennen, dazu ausersah, als Mittel oder ‚Kanal' gebraucht zu werden, durch den

41 Nach der Satzung von 1884 konnte zwar jedermann Anteilscheine erwerben und dadurch Mitgliedschaft und Stimmrechte; in der Praxis aber machten davon natürlich (fast) ausschließlich Russell-Anhänger Gebrauch. Vgl. die Feststellung des Jahrbuchs 1975 der Zeugen Jehovas, S. 114, zu einem ähnlichen Vorgang.

der Menschenwelt eine Offenbarung des göttlichen Willens zuteil werden sollte ..." Noch mehr: an dem, was im Wachtturm steht, „sollten die Menschen der ganzen Welt geschieden werden ... in solche, die Gottes Willen tun, und solche, die ihn nicht tun. Somit war 1879 ein Wendepunkt in diesem Werk. Diese kleine Gruppe, welcher C. T. Russell vorstand, war nun geprüft und geeignet befunden ... den großen vorbereitenden Feldzug zu unternehmen, der dem Höhepunkt entgegenstrebte, der für 1914 erwartet wurde."[42]

Tatsächlich ist Russells Wirken nach der „Abnabelung" vom Adventismus von einer anderen Qualität und von ganz neuer Intensität.

Gleichwohl bleibt er dem Erbe der „second adventists" in viel höherem Maße zeitlebens verhaftet, als dies die spätere Wachtturm-Gesellschaft lange Zeit, bis in unsere Tage hinein, gelten lassen wollte. Alan Rogerson, der ebenso gründlich wie objektiv über die Watch Tower-Geschichte berichtet und zu diesem Zweck umfangreiches amerikanisches Quellenmaterial verarbeitet hat, stellt fest:

„In der ‚offiziellen Geschichte' der Zeugen Jehovas – ‚Jehovas Zeugen in Gottes Vorhaben' – und auch in ‚Faith on the March' wollen die Autoren offensichtlich die *Differenzen* zwischen Russell und den Adventisten betonen – diese hatten unrecht und er recht. Tatsache ist jedoch, daß fast alle von Russell verkündeten Glaubensgrundsätze – und ganz bestimmt die wichtigsten – von anderen aufgestellt wurden, und zwar in erster Linie von Adventisten. Dies wird deutlich, wenn wir Russells theologische Entwicklung untersuchen."[43]

Russell ist also weit weniger ein „Original", als ganze Generationen von Bibelforschern und Zeugen Jehovas angenommen haben.[44]

---

42 Vorhaben, S. 22.

43 A. Rogerson, Viele von uns werden nie sterben (deutsch 1971), S. 16f. Künftig verwendeter Kurztitel: „Rogerson, Viele".

44 ebenda, S. 210, Anm. 5. Rogerson betont: „... daß Pastor Russell kein einsamer Seher war ... Die meisten seiner Ideen hat er von Zeitgenossen entliehen."

Erst in ihrer neuesten offiziellen Darstellung ihrer Geschichte, in ihrem 1993 in deutscher Sprache erschienenen, 750 Seiten umfassenden Buch „Jehovas Zeugen – Verkündiger des Königreiches Gottes“ (erste Auflage in Englisch: 500 000 Exemplare!) wird der „Einfluß anderer“ auf C. T. Russell – zum erstenmal seit seinen eigenen (fragmentarischen) Äußerungen in dieser Sache – offen zugegeben:

> „C. T. Russell fühlte sich George Storrs, der etwa 56 Jahre älter war als er, sehr zu Dank verpflichtet. Russell hatte von ihm viel über die Sterblichkeit der Seele gelernt.“[45]

Russell schrieb sogar über Storrs' Gesundheitszustand im Watch Tower, obwohl Storrs Herausgeber einer anderen Zeitschrift, des „Bible Examiner“ (Bibelprüfer) war, die ihr Erscheinen wegen Storrs' schwerer Krankheit einstellen mußte.[46]

Ferner berichtet das genannte Buch über den Einfluß einer weiteren Persönlichkeit auf Russells Glauben und Denken:

> „C. T. Russell erkannte dankbar die Hilfe an, die ihm George Stetson aus Edinboro ... beim Studium der Heiligen Schrift geleistet hatte.“[47]

Noch mehr: Das Buch zitiert Russells eigene Worte, nach denen er sich ganzen „Denominationen“ zu Dank verpflichtet weiß:

> „Ich bekenne ..., daß ich sowohl den Adventisten als auch anderen Denominationen Dank schulde ...“[48]

Russell hatte – wie auch jene, von denen er so viel gelernt hat – offensichtlich Schritte und Fortschritte auf dem Weg zum Leben gemacht *ohne* irgendeinen „Mitteilungs- und Verbindungskanal“, für den die heutige Wachtturm-Gesellschaft Anerkennung fordert. Er hatte sogar noch ein Dankeschön für einige der heute pauschal verurteilten Kirchen, auch wenn er die Zeit, da Gott sich der „Evangeliumskirche“ bediente, für *„gewesen“* ansah. „Die Wahrheit wird nun durch andere Kanäle kommen.“

---

[45] Jehovas Zeugen – Verkündiger, S. 46, links im „Kasten“.

[46] ebenda.

[47] ebenda, S. 45, rechts im „Kasten“.

[48] ebenda, S. 44.

Auf dieses Russellwort, das im Widerspruch steht zu dem, was er im eingangs zitierten „Manna"-Text vom 21. Mai beteuert hat, können seine Nachfolger sich berufen ...

Russell ist von einem außergewöhnlichen Sendungsbewußtsein erfüllt, als er nach der Trennung von N.H. Barbour seine eigene Schriftenmissionsarbeit beginnt. Das allein jedoch begründet noch nicht seinen Erfolg.

Ein Wachtturm-Präsident mit Geld, Charme und Charisma

Zum Zeitpunkt der Trennung Russells von Barbour gab es nur „eine Handvoll" Russell-Anhänger, verteilt auf einige wenige Bibelstudiengruppen in den USA; bis zum Jahr 1914 aber war die Zahl der „Bibelklassen", wie man sie zu dem Zeitpunkt nannte, in den USA und im Ausland schon auf 1200 angewachsen. Beim einmal jährlich gefeierten „Gedächtnismahl" zur Erinnerung an Christi Tod zählte man 1915 bereits 15 430 Teilnehmer. Die Auflagenhöhe von Zion's Watch Tower – bei der Gründung der Zeitschrift 1879 ganze 6 000 Exemplare – war auf 55 000 pro Ausgabe angewachsen.[49]

Bis zu diesem Zeitpunkt waren Millionen von Traktate gedruckt und verbreitet. Russells sechs Bände der „Schriftstudien" – erschienen in den Jahren 1886 (deutsch 1888) bis 1904 – von der Wachtturm-Gesellschaft als „Schlüssel zur Bibel" angeboten, wurden noch bis in die 40er Jahre verbreitet, als ihr Inhalt schon für veraltet und „überholt" erklärt worden war.[50]

---

49 Zahlenangaben aus „Vorhaben", S. 50.

50 Z.B. wirbt das „Goldene Zeitalter" (heute: „ERWACHET!") vom 15. 3. 1927 auf seiner Rückseite (S. 96) noch für die Bände der „Schriftstudien" mit den Worten: „Lange Zeit ... wurden ... Menschen in Furcht und Knechtschaft gehalten durch ... Irr- und Aberglauben ... Gott hat jetzt die Grundwahrheiten der Bibel ans Licht gebracht. Pastor Russells SCHRIFTSTUDIEN, ein wunderbares Werk in sieben Bänden, erschließt die Schönheiten der Bibel in jedermann verständlicher Weise ..."

Gewiß, die heutige Statistik der Wachtturm-Gesellschaft stellt die damaligen Ergebnisse weit in den Schatten. Denken wir nur daran, daß der Wachtturm heute mit einer Auflage von 16,5 Millionen Exemplaren in insgesamt 112 Sprachen erscheint. Damit dürfte er die auflagenstärkste religiöse Zeitschrift der Welt sein. Dieser Erfolg wäre ohne die mehr als drei Jahrzehnte währende intensive und effektive Arbeit C. T. Russells überhaupt nicht möglich geworden.

Wo liegt das Geheimnis *seines* Erfolges? Meine These: Entscheidend für seinen und damit alle späteren Erfolge der Wachtturm-Gesellschaft ist alles das, was C. T. Russell als *Mensch*, als religiöse Führergestalt, als Schriftsteller und Lehrer, vor allem jedoch als Geschäftsmann in das junge Schriftenmissionswerk eingebracht bzw. einge*setzt* hat: seine überragenden Talente, sein beachtliches Vermögen und die Arbeitskraft seiner wachsenden Anhängerschaft – nicht zuletzt seine für viele Menschen anziehende, überzeugende *Lehre*. Im folgenden will ich versuchen, diese These zu begründen.

C. T. Russell, eine charismatische Persönlichkeit

Mehr als durch das, *was* er sagt und schreibt, wirkt Charles Taze Russell dadurch, *wie* er *ist*: Er beeindruckt im allgemeinen Sinn als charismatischer Führer, zu dem seine Anhänger aufblicken und dem selbst seine religiösen Gegner ihren Respekt kaum versagen können. Was Russell ausstrahlt, ist Güte, Freundlichkeit und würdiger Ernst. Der Hamburger evangelische Theologe Dr. Dietrich Hellmund schreibt nach Auswertung von – auch kritischen – Quellen über Russell, daß Menschen aus der Umgebung des ersten Präsidenten „manches Liebenswerte" über ihn berichten: „So bezeugen ihm seine Mitarbeiter tiefes Gottvertrauen und vollmächtiges Beten. Untergebenen begegnete er mit Herzensgüte. Bei notwendigen Zurechtweisungen verblüffte er durch Nachsicht und Milde. Mit den Jahren erwarb er sich durch die vielen Diskussionen, zu denen er einlud oder aufgefordert wurde, eine beachtliche Wortgewandtheit und Schlagfertigkeit."[51]

---

[51] Hellmund, Geschichte der Zeugen Jehovas, II.3: „Die Person des Gründers" (ohne Seitennumerierung).

Charles Taze Russell (16. Februar 1852 – 31. Oktober 1916) gründete 1881 die Wachtturm-, Bibel- und Traktatgesellschaft, deren Präsidentenamt er bis zu seinem Tod bekleidete.

Besonders in der ersten Zeit seines Wirkens zeichnet er sich – bei aller Entschiedenheit im Bekennen der von ihm erkannten „Wahrheiten" – als toleranter und flexibler Gesprächspartner aus, und in geschäftlichen Dingen kann er ausgesprochen großzügig sein. So beansprucht er z.B. die von ihm bezahlte Druckereianlage nach der Trennung von Barbour nicht für sich, sondern kauft 1879 für die Herstellung des Zion's Watch Tower und anderer Publikationen neue Druckmaschinen.[52]

Wohl infolge der Erfahrung der gescheiterten Kooperation mit Barbour legt er großen Wert darauf, „der *alleinige* Herausgeber des Wachtturms" zu sein, und zwar „von 1884 an bis zu seinem Tode" (1916).[53] Zahlreiche Artikel schreibt er selbst, jedoch sind neben ihm weitere fünf Mitarbeiter mit dieser Aufgabe befaßt: A.D. Jones (anfangs noch Angestellter in Russells Geschäft), J. H. Paton,

---

52 Rogerson, Viele, S. 19.

53 Erinnerungen an Pastor Russell, 1916 (?). Druck: Wachtturm Bibel- und Traktatgesellschaft Barmen.

W.I. Mann und H.B. Rice. Nach seiner Eheschließung mit Maria Francis Ackley 1879 schreibt auch sie häufig Beiträge für Zion's Watch Tower und wird nach der Gründung der Wachtturm-Gesellschaft im Jahre 1881 und der gesetzlichen Eintragung 1884 an der Seite ihres Mannes, des Präsidenten der Wachtturm-Gesellschaft, deren „Sekretär/Schatzmeister". Eine Position, die einem heutigen Geschäftsführer entspricht. Insgesamt verfügt die Wachtturm-Gesellschaft zu der Zeit über sieben Direktoren und drei leitende Angestellte, die von den Mitgliedern der jungen Aktiengesellschaft gewählt wurden.

Russell selbst ist ein unermüdlicher Prediger, reist zu Vorträgen und zur Betreuung der um 1880 herum etwa 30 Bibelstudiengruppen in den USA und Kanada und kommt bei seinen ausgedehnten Weltreisen auch wiederholt nach Deutschland, erstmals 1891. Hier erscheint 1897 die erste deutsche Ausgabe von „Zion's Wacht-Turm und Verkünder der Gegenwart Christi".

In den frühen 1880er Jahren konzentrieren sich die Russellschen Aktivitäten vor allem auf die amerikanischen „Ekklesias", wie sich zu der Zeit die locker verbundenen Gruppen von Lesern des Zion's Watch Tower nennen. Dieser erscheint zunächst monatlich, seit 1892 zweimal im Monat, und will in erster Linie Glaubensfragen und biblische Wahrheiten *diskutieren*. Ein „Wahrheitsmonopol" wird nicht beansprucht.

Russells Anhänger sind eifrige Bibelleser und wollen in der Regel alle Darlegungen *prüfen* nach dem Vorbild der Christen in Beröa (Apg. 17,10-12). Zwar ist Russell ihr ehrenamtlicher „Pastor", jedoch wählt jede „Ekklesia" ihre „Ältesten" selbst, die sowohl die geistliche Leitung innehaben wie auch die äußere Verwaltung. Hierin folgt man bis zu Russells Tod dem Vorbild der Kongregationalistenkirche der USA.

Zu „Pastor" Russell haben die Glieder der „Ekklesias" eine in der Regel fast *persönliche* Verbindung. Briefe werden an *ihn* gerichtet; die Wachtturm-Gesellschaft ist für sie Verlag und Druckerei, die übrigens 1889 in einem neuen Gebäude in Pittsburgh untergebracht werden.

Die Verbreitung der „gegenwärtigen Wahrheit" durch das gedruckte Wort wird von Russells Anhängern mit lebhaftem Interesse verfolgt, jedoch entfalten sie selbst kaum irgendwelche Aktivitäten. Für sie hat das Studium der Bibel und das Gebet absoluten

Vorrang, denn auf diese Weise erstreben sie geistliches Wachstum in Gnade und Erkenntnis, eine Durchheiligung ihres persönlichen Lebens – damals auch gern als „Charakterentwicklung“ bezeichnet – und sehen darin *ihren* Anteil an der Vorbereitung auf das himmlische „Erbe“. Dies entspricht auch der anfangs im Zion's Watch Tower vertretenen Linie C.T. Russells. Die allgemeinen Umstände jedoch und die Erfordernisse der Verlagsarbeit drängen ihn nach und nach in eine ganz andere Richtung.

Ein Präsident mit Geschäftssinn

Im ersten Jahrzehnt nach der Gründung von *Zion's Watch Tower* sieht sich diese junge Zeitschrift einer schon fast „etablierten Konkurrenz“ gegenüber: Es gibt viele Zeitschriften mit ähnlichem Inhalt und vergleichbaren Zielen. Da kann es nicht ausbleiben, daß die eine der anderen die Leser „abzujagen“ versucht, was unter Umständen weitgehende Folgen hatte. So war beispielsweise H.B. Rice, bevor er Russells Mitarbeiter bei *Zion's Watch Tower* wurde, selbst Herausgeber einer Zeitschrift, THE LAST TRUMP (Die letzte Posaune), die er infolge fehlender finanzieller Reserven aufgeben mußte. Russell erweist sich als geschickter Geschäftsmann, indem er Rice in seinen Redaktionsstab aufnimmt und im Gegenzug dafür die Kundenkartei der verstummten LAST TRUMP bekommt, und deren Beziehern fortan *Zion's Watch Tower* schickt.[54]

Diese neue Zeitschrift braucht ein Schicksal wie das der LAST TRUMP nicht zu fürchten, weil C.T. Russell, nachdem er die mit seinem Vater betriebene Ladenkette für eine Viertel Million Dollar verkauft hat (nach heutiger Währung ca. 1 Million Dollar), ein für damalige Verhältnisse steinreicher Mann ist. Einen großen Teil dieses Riesenkapitals brachte er in die neugegründete Wachtturm-Gesellschaft ein. Bei seinem Tode verfügte er über ca. 25 000 von ca. 150 000 Stimmrechten; der Rest war sehr breit auf etwa 600 Aktionäre verteilt.[55]

---

54 Berichtet in Rogerson, Viele, S. 21f.

55 Angaben von Neidhard, Zeugen Jehovas, S. 25; bei Hellmund, Geschichte der Zeugen Jehovas, unter II.2.B. Einen anderen Teil seines Vermögens investierte Russell in THE TOWER PUBLISHING Co. (Näheres dazu siehe Anm. 74 im vorliegenden Buch).

Dank seines Vermögens war Russell die Chance gegeben, zeitlebens den Kurs der Wachtturm-Gesellschaft zu bestimmen, und er konnte somit „durch beträchtliche verlorene Zuschüsse vor allem in den Anfängen ... die Kosten des Verlagswerkes und der vielen Gratisverteilungen von Broschüren decken. Endlich trug sich das Werk von selber."[56]

Nun kann aber kein Unternehmen sich damit zufrieden geben, daß es sich gerade eben „trägt". Der erfahrene Geschäftsmann Russell ist daher auf sparsame Haushaltsführung bedacht: Dazu gehört vor allem, daß die Kosten für die Produktion seiner Verlagserzeugnisse möglichst niedrig gehalten werden, also auch die für die im Betrieb arbeitenden Mitarbeiter. Darum werden sie zur „Bethelfamilie" zusammengefaßt, einer Art religiöser Kommune (um es in der Sprache der Gegenwart zu sagen). Sie erhalten kostenlose Unterkunft und Verpflegung und ein geringes Taschengeld – bei einer 44-Stunden-Woche. Nach der von der Wachtturm-Gesellschaft herausgegebenen Broschüre „Jehovas Zeugen – weltweit vereint, Gottes Willen zu tun", S. 25, hat sich daran bis heute nichts Wesentliches geändert.

Den Zweck dieser Einrichtung beschreibt die Wachtturm-Gesellschaft auf S. 20 so: „Seit 1920 bedient sich die Watch Tower Society freiwilliger Mitarbeiter aus den Reihen der Zeugen Jehovas, um Zeitschriften und Bücher herzustellen. Dadurch sind die niedrigsten Kosten gewährleistet ... Die gesamte Arbeit ist von einer *ständig steigenden Zahl von Freiwilligen* geleistet worden."[57]

Russell hat also einerseits die Produktionskosten von Anfang an äußerst niedrig gehalten; andrerseits gilt sein Bemühen der ständigen Steigerung der Produktionsziffern, der Auflagenhöhe seiner Bücher und Zeitschriften und der *Erschließung neuer Leserschichten*. Das gelingt ihm auch auf vielfältige Weise: Er stellt seine Predigten den großen Tageszeitungen zur Verfügung, die diese tatsäch-

---

56 Hellmund, Geschichte der Zeugen Jehovas, II.3; in der Anm. 20 ergänzt Hellmund: „Einmal gab [Russell] einen Zuschuß von 40 000 Dollar zu den Druckkosten einer Broschüre, in der die kirchliche Lehre von dem Höllenfeuer angeprangert wird."

57 Von *mir* durch Kursivdruck hervorgehoben.

lich in ungezählten Fällen abdrucken – mit Foto von „Pastor Russell"; andere bringen seine Predigten als Beilage.

„Rund 4 000 Zeitungen leisteten auf diese Weise Steigbügelhalterdienste. Dazu kamen Werbeplakate für Veranstaltungen. Erstaunlich bleibt die Ahnungslosigkeit, mit der mancher Geistliche Russell in seiner Gemeinde sprechen ließ. Die Reue kam meist zu spät. Film und (später) auch das Radio trugen Russells Botschaft in noch weitere Kreise. Ein besonders rabiates Werbemittel – typisch für die sich verschärfende Kampfsituation – war der ab 1900 erfolgende Druck besonderer Austrittserklärungen. Unter dem Briefkopf der Watchtower-Society war noch ein vorgedrucktes Zeugnis darüber beigegeben, daß der Austrittswillige diesen Schritt aufgrund vertiefter Bibelkenntnis tue."[58]

In den 1890er Jahren bemüht sich C. T. Russell auch verstärkt um die Erschließung neuer Absatzmärkte im Ausland, nachdem schon seit 1881 zwei seiner Mitarbeiter in Großbritannien mit Erfolg tätig waren und die Verteilung von 100 000 Flugschriften in London und 65 000 in Schottland berichteten. Im Jahre 1900 wird in London das erste Zweigbüro außerhalb der USA eingerichtet; drei Jahre später beginnt eine intensive Werbekampagne in Deutschland und in Australien. Russells Reisen machen ihn und seine „gegenwärtige Wahrheit" auch in vielen anderen Ländern bekannt.

Er verfügt jedoch noch über ein anderes Kapital als das, von dem bisher hier die Rede war – seine Anhänger!

Der Präsident und die Arbeitskraft von „1 000 Predigern"

Den Anfang macht Russell schon 1881, als er in *Zion's Watch Tower* „einen zündenden Aufruf" abdruckt, „durch den alle Leser ermuntert wurden, die Hälfte ihrer Zeit oder noch mehr ausschließlich dem Werk des Herrn zu widmen".[59] In diesem Appell spricht er die Leser und Freunde ganz persönlich an und ruft sie dazu auf,

---

[58] Hellmund, Geschichte der Zeugen Jehovas, II.2.B; in Anm. 70 Hinweis auf „Vorhaben", S. 40.

[59] „Vorhaben", S. 28.

„... daß ihr als Kolporteure oder Evangelisten in größere oder kleinere Städte geht, gemäß eurer Fähigkeit, und überall die ernsten Christen zu finden sucht. Ihr werdet viele finden, die Eifer für Gott haben, aber nicht nach Erkenntnis. Sucht ihnen den Reichtum der Gnade unseres Vaters und die Schönheiten seines Wortes kundzutun, indem ihr ihnen Traktate gebt und mit Güte und Liebe darauf hinwirkt, ihnen das Buch ‚Day Dawn' (‚Tagesanbruch') zu verkaufen oder bei ihnen ein Abonnement auf den ‚Watch Tower' aufzunehmen (oder ihr könnt es ihnen, falls jemand Interesse bekundet, aber zu arm ist, um etwas zu kaufen, als eine Gabe von Gott anbieten).

Da nur wenige es sich leisten könnten, ohne ein Einkommen zu haben, Reisekosten, Unterhalt und Kleidung zu bezahlen, schlagen wir vor, die ‚TRAKTATE' UND ‚DAY DAWNS' *kostenlos* zu liefern und allen zu gestatten, Abonnements auf den ‚WATCH TOWER' aufzunehmen und das durch diese beiden Einnahmequellen erhaltene Geld dafür zu verwenden, ihre notwendigen Auslagen zu bestreiten."[60]

Das ist die Geburtsstunde dessen, was später „Pionierdienst" genannt wurde und wozu die Wachtturm-Gesellschaft auch heute noch ständig einlädt.[61] Darüber hinaus: Das „gewaltige Werk" des Predigens und Schriftenverbreitens, von dem im Eingangsteil dieses Buches die Rede ist, *beginnt* mit diesem Aufruf.

Wenn auch aufgrund des Appells Russells nicht sogleich 1 000 Prediger oder Kolporteure bei ihm „auf der Matte" stehen und dann auch an den Haustüren derer, die geworben werden sollen, so ist damit doch ein Vertriebssystem geschaffen, das bis heute für die Wachtturm-Gesellschaft charakteristisch ist.[62]

Sein Geschäftssinn macht Russell sehr erfinderisch. Die Kolporteure der Wachtturm-Gesellschaft – so sein Ratschlag – brauchen ja nicht alles selbst zu besorgen. Z.B. können sie vorgedruckte Rundschreiben mit dem Bücherangebot durch Kinder verteilen lassen,

---

60 ebenda, S. 28.

61 „Pioniere" sind solche Zeugen Jehovas, die sich verpflichten – für eine begrenzte Zeit –, monatlich 90 Stunden im Predigtdienst zu verbringen.

62 Immerhin zählte man anläßlich der ersten großen Hauptversammlung (National Convention) von 1893 in Chicago 360 Kolporteure.

und sie selbst haben dann nichts anderes zu tun, als im Rahmen eines kurzen Besuchs bei den Leuten nachzufragen, ob sie davon Gebrauch machen wollen. Hier seine Instruktionen dazu, in der alle wesentlichen Grundsätze der modernen Werbepsychologie gleichsam vorweggenommen sind:

> „Diese Rundschreiben können durch vertrauenswürdige Jungen und Mädchen verteilt werden. Und wenn du nicht selbst alle deine Nachbarn besuchen kannst, um das Buch zu zeigen und Aufträge entgegenzunehmen, können dafür auch wieder diese Jungen und Mädchen eingesetzt werden (Mädchen werden im allgemeinen mehr Erfolg haben). – Du müßtest ihnen für den Verkauf pro Tag eine Provision zahlen – ein bestimmter Betrag für jedes verkaufte Exemplar ... Verbringe nicht mehr als zwei bis drei Minuten in einem Haus, und wenn die Leute nicht zu einem Abonnement bereit sind, sage einfach: ‚Ich nehme jetzt kein Geld an, sondern möchte nur einen Auftrag vormerken. Halten Sie das Geld am ... bereit', und nenne dann ein Datum, an dem dein Rundgang in der Stadt abgeschlossen sein wird ... Du kannst auch sehr gut sagen: ‚Wenn alle Ihre Nachbarn das Buch haben und sich darüber unterhalten, ist es für Sie mehr als 25 Cents wert, ebenso viel wie die Nachbarn über seinen Inhalt und die darin enthaltenen Lehren zu wissen. Dann werde ich aber nicht mehr hier sein, und Sie werden sich schämen, etwas zu *borgen*, was Sie jetzt für die geringe Summe von 25 Cents kaufen können. Wenn Sie das Buch gelesen haben, können Sie es als Altpapier verkaufen, und kaum etwas dabei verlieren."[63]

Russells Geschäftssinn und seine enorme schriftstellerische Produktivität – er soll nach Darstellung der Wachtturm-Gesellschaft insgesamt 50000 Druck-Seiten geschrieben haben – verschaffen ihm viele Bewunderer, die ihn auch manchmal *über*schätzen. Einer seiner Anhänger, P. S. L. Johnson meint einmal:

> „Er war wirklich ein Gelehrter, im wahrsten Sinne des Wortes ... Er hatte eine tiefe Kenntnis der Geschichte ... Seine Schriften zeigen, daß er vertraut war mit komplizierten Fragen der

---

[63] Zion's Watch Tower, Mai 1887, Reprints Bd. 1, S. 927.

Industrie, Wirtschaft, Soziologie, des Kapitals und der Arbeit. Das Gebiet der Philosophie wurde von ihm erforscht, und er war ein Fachmann in theoretischer und praktischer Psychologie und Phrenologie ... und wenn alle anderen Theologen verworfen sein werden, wird seine Autorität in dieser größten aller Wissenschaften (Theologie) allgemein anerkannt bleiben."[64]

Der Präsident mit der eindrucksvollen Lehre

Russells Wachtturm-Gesellschaft profitiert in hohem Maße vom Vertrauensvorschuß, den man ihm als Person entgegenbringt. „Die meisten Anhänger behaupten jedoch, von seiner Botschaft angezogen zu sein", betont Rogerson und fügt hinzu: „Obwohl Russells Schriften heute kaum noch Bewunderung erregen dürften, ist es doch vollkommen glaubhaft, daß sein direkter Prosa-Stil, seine offenen Überzeugungen und seine eingehenden Erörterungen politischer und wirtschaftlicher Fragen seine Zeitgenossen beeindruckt haben."[65]

Bei Russells Schriften handelt es sich offenbar um das Ergebnis einer auf die aktuellen Gegenwartsfragen eingehenden Laien-Theologie, die viele offene Ohren findet. Dabei kommt es Russell zugute, daß er zahlreiche Lehr-Elemente der verschiedensten christlichen Denominationen aufnimmt,[66] diese aber gleichzeitig *überbietet*.

---

64 Epiphany Study in the Scriptures, Bd. 9, S. 319f., zitiert bei Rogerson, Viele, S. 25.–Auch bei der (z.B. im Jahrbuch 1975, S. 77 und ERWACHET! vom 22.10.1989, S. 20) angegebenen Zahl von 50 000 Druck-Seiten handelt es sich um eine Übertreibung, wie Stuhlhofer nachweist in C.T. Russell und die Zeugen Jehovas, S. 46-51.

65 Rogerson, Viele, S. 25.

66 Im Buch Jehovas Zeugen, Verkündiger (S. 49) werden Russells eigene Worte zitiert: „‚Unser Werk ... besteht darin, diese seit langem verstreuten Bruchstücke der Wahrheit zusammenzusetzen und sie dem Volk des Herrn zu vermitteln – nicht als etwas *Neues*, nicht als *unser Eigentum*, sondern als das des Herrn. ... Wir dürfen es uns nicht einmal als Verdienst anrechnen, die Juwelen der Wahrheit gefunden und neu geordnet zu haben.'

Seine Lehre ist zumindest in der Anfangszeit der Wachtturm-Gesellschaft, was ihre Grundlagen angeht, im wesentlichen die der Erweckungsbewegung: Kein Christsein ohne persönliche Hinwendung zum Glauben an Christus und Abkehr vom Leben und Treiben der sündigen Welt. Russell überbietet aber die Erwekkungsfrömmigkeit in zwei Richtungen:

– Er bleibt nicht bei der persönlichen Heilserfahrung des frommen Individuums stehen: Christus starb für die ganze *Welt*. In der Konsequenz daraus reicht das durch ihn erworbene Heil bis in universale Dimensionen, die das traditionelle Schema „Himmel oder Hölle" als ein Relikt des Religionsunterrichts der Elementarschule erscheinen lassen.

– Russell betont mit allen „Erweckten" den Vorrang der Christusbotschaft, der Lehre vom „Lösegeld". Diese aber ist bei ihm *eingebunden* in das große Panorama des „Planes Gottes", des Vorhabens des Schöpfers mit seinen Geschöpfen, das sich für ihn wie ein roter Faden durch die ganze Bibel zieht.

Mit seiner Betonung des „Kreuzes Christi" überwindet Russell das anfängliche Mißtrauen der in der christlichen Tradition verwurzelten Bevölkerungsschichten; durch seine Überbietung dieser Tradition aber kommt er dem Bedürfnis nach Fortschritt, nach Neuentdeckung und Vervollkommnung entgegen. So empfiehlt sich Russells Lehre durch Übernahme des bewährten Ansatzes: Erst Buße und Glaube, dann Taufe – wie es Baptisten und Adventisten aller Schattierungen lehren –, drängt dann aber auf eine persönliche Ganzübergabe an Christus („Weihung") und auf Durchheiligung des Lebens („Charakterentwicklung").

Wer Russells Schriften liest, bemerkt jedoch noch eine Überbietung traditioneller kirchlicher Anliegen in eine weitere Richtung: Russell predigt nicht in der Sprache der Erweckungsbewegung, sondern argumentiert ausgesprochen rationalistisch. Er appelliert nicht an die Gefühle der Leute, sondern an ihren Verstand. 1881 verbreitet er ein Traktat „Speise für *denkende* Christen" und wen-

---

Außerdem sagte er: ‚Das Werk, für das der Herr unser bescheidenes Talent zu gebrauchen beliebt hat, ist weniger ein Werk des Hervorbringens als vielmehr ein Werk der Rekonstruktion, der Berichtigung und der Angleichung.'"

det sich auch sonst in seiner Werbung ausdrücklich an „denkende Leute ... insbesondere *denkende Christen*".[67]

Der Fundamentalist Russell *argumentiert* jedoch nicht nur rationalistisch; er übernimmt auch wesentliche „aufklärerische" Anliegen: Die Feuerhölle lehnt er ab unter Hinweis auf Bibel und *Vernunft*.[68]

Was er über den Menschen Jesus von Nazareth zu sagen hat, könnte teilweise aus der Feder großer „Aufklärer" stammen. Unter Hinweis auf die Logik verwirft er die kirchliche Lehre von der Trinität, ohne sich allzugroße Mühe zu machen, ihr Anliegen zu verstehen.[69] Die von ihm gegründete Wachtturm-Gesellschaft hat nicht nur diese Lehrentscheidungen bis zu diesem Tag festgehalten, sondern blieb auch dem dahinter verborgenen Denkansatz treu: „Jehova ist vernünftig" verkündet die Hauptüberschrift im ersten Wachtturm-Studienartikel der Nummer vom 1.8.1994. Nicht zuletzt hat Russell sich den *Fortschritts-* und *Entwicklungs*glauben der „Aufklärung" zueigen gemacht. In seinem Photo-Drama der Schöpfung (1914), schreibt er:

> „Daniel sagte nicht nur, daß unsere Zeit durch ein Hin- und Herrennen gekennzeichnet sein würde, sondern er sagte des weiteren: ‚Die Erkenntnis wird sich mehren.' Wahrlich, auch dieses hat sich erfüllt. Statt auf altmodische Weise zu pflügen,

---

67 Z.B. wendet sich Russell in Band V seiner „Schriftstudien" (Ausgabe von 1926), S. 53.54 ausdrücklich an den „denkenden Leser" und betont, es sei das „Satans Verfahren", die Bibel und ihre Lehren als vernunftswidrig darzustellen, damit dadurch die Menschheit verhindert werde, die erhabene Schönheit, Vernunftgemäßheit und Harmonie in Gottes Wort und Plan zu erkennen ..."

68 „Schriftstudien", Bd. V, S. 338-366.

69 Er unterstellt ihr sogar, daß sie lehre, „der Herr Jesus sei der Vater gewesen" (Bd. V, S. 33 und 66), denn er weiß nicht, daß das „Athanasianum" betont: „... eine andere ist die Person des Vaters, eine andere die des Sohnes, eine andere die des Heiligen Geistes ..." Er schreibt also der Trinitätslehre zu, was sie gerade zurückweist! Dasselbe gilt auch für Russells These, „das ... System des Irrtums stellte die Behauptung auf, der Messias sei überhaupt kein Mensch gewesen", er habe vielmehr „nur vorgegeben", ganz Mensch („Fleisch") zu sein ... (Bd. V., S. 282). In Wahrheit trat die frühe kirchliche Christologie dieser Lehre des „Doketismus" (Lehre vom „Scheinleib" Christi) entgegen!

haben wir heute moderne Dampfpflüge, die das Hundertfache an Arbeit leisten. Man vergleiche das so mühsame und kostspielige Schreiben auf Stein und Pergament mit unseren modernen Druckereien. Man vergleiche die ersten Erzeugnisse der Buchdruckerkunst mit den heutigen!

Keine Druckerei in der Welt illustriert zutreffender die Vollkommenheit dieser Kunst in unserer Zeit, als die Regierungsdruckerei zu Washington. Keine Bibliothek illustriert besser den Umfang der modernen Gelehrsamkeit, als die Kongreßbibliothek. Heute beschränkt sich die Bildung nicht, wie früher, auf wenige Reiche und Große, sondern sie ist allgemein. Die Schulen sind ein Gemeingut der zivilisierten Welt geworden, und auch aus dem Grunde mehrt sich die Erkenntnis ...

Wir sehen die Tatsache vor Augen! Wir leben offenbar in dieser Zeit des Endes und haben Ursache, uns des hereinbrechenden neuen Zeitalters zu freuen! Wir glauben nicht mehr, daß die Welt buchstäblich untergehen und zu einem Aschenhaufen verbrennen wird. Wir glauben dem Worte Gottes, daß er die Erde nicht geschaffen hat, um eine Öde zu sein, sondern daß er sie geschaffen hat, um bewohnt und das Paradiesesheim der Menschheit zu werden, die unter dem Messianischen Königreich wiederhergestellt werden wird. (Jesaja 45,18.)

Jahr um Jahr sehen wir, daß die Erde zubereitet wird, um völlig bewohnt zu werden. Erdbeben jüngeren Datums haben einige Kanäle des heißen Japanischen Stromes geschlossen und andere geöffnet, wodurch das Klima von Alaska und anderen Polargegenden stark beeinflußt wird. Allmählich verringern sich die Eiszonen durch äquatoriale Strömungen. Allmählich treiben die Gletscher in Form von Eisbergen südwärts und lösen sich in den wärmeren Gewässern auf. Allmählich wird der Fluch hinweggenommen, und Gottes Segen wird an dessen Stelle treten. (Jesaja 35,1.)“[70]

Zusammenfassend kann also gesagt werden: Der steile Aufstieg der Wachtturm-Gesellschaft, der sich nach Russells Tod fortsetzt und beschleunigt, ist in seiner entscheidenden Anfangsphase zurückzuführen auf die persönliche Ausstrahlung der „charismatischen“

[70] a.a.O., S. 91.

Persönlichkeit Russells, aber auch auf den geschickten Einsatz seines beträchtlichen Vermögens und seiner kaufmännischen Talente und nicht zuletzt auf seine *Lehre*, die bereits Fromme anspricht und die zugleich dem damaligen Zeitgeist entgegenkommt.

Eine Krise kündigt sich an

Mit der zahlenmäßigen Ausdehnung einer Glaubensgemeinschaft geht immer auch ein *Verlust* einher. Am Anfang der Wachtturm-Bewegung stand die kleine Zahl. Jeder kannte jeden in seiner Gruppe. Man freute sich der „Gemeinschaft unter dem Wort", vor allem im Hören auf die „gegenwärtige Wahrheit" in Russells Schriften. Weil jede Gruppe selbständig war, empfanden sich die Bibelforscher, wie sich sich mehr und mehr nannten, als von allen menschlichen und kirchlichen Zwängen befreite Christen. Ein gern zitiertes Lieblingswort unter „Bibelforschern" war das des Apostels Paulus von der herrlichen „Freiheit der Kinder Gottes", die *ihnen* schon jetzt geschenkt war und dereinst der ganzen Kreatur zuteil werden soll (Röm. 8,19-25).

Den Dienst Russells und der von der Wachtturm-Gesellschaft zur Betreuung der Ekklesias ausgesandten Pilgerbrüder ließ man sich gern gefallen als eine brüderliche Hilfe, die sich auf das eigene Glaubensleben und das der Gruppe befruchtend auswirkte.

Organisatorische Entwicklung

Mit dem bereits beschriebenen Versuch der Aktivierung der Russell-Anhänger seit 1881 beginnen sich die Dinge allmählich, aber fast unmerklich zu verändern. Seit 1894 bemüht sich Russell um eine straffere Erfassung der Einzelgruppen. Er entsendet von der Zentrale in Pittsburgh 20 Beauftragte, die an den Wochenenden bestehende Ekklesias betreuen und weitere gründen sollen, was sich jedoch nicht bewährt.

1897 erfolgt ein neuer Anlauf in diese Richtung: „Nur drei Vollzeitkräfte, sog. ‚Pilgrime', besuchten auf einer vorgeschriebenen Tournee ‚ihre' Gemeinden, blieben dort ein oder zwei Tage, hielten

Schulungsprogramme u.ä. Damit war die erste echte Zwischeninstanz zwischen der Zentrale und der einzelnen Versammlung da. Die Zahl der ‚Pilgerbrüder' nahm zu: 1905 waren es 25, 1917 schon 93."[71]

Unterdessen ist das Verhältnis zur Zentrale unpersönlicher und der groß und immer größer werdende „Apparat" an der Spitze der Bibelforscherbewegung fast undurchschaubar geworden. 1909 wird für das Hauptquartier der Watch Tower Bible and Tract Society ein neues „Bethel" – so der neue Name statt „Bibelhaus" – in *Brooklyn* (New York) eingeweiht mit einem Versammlungssaal für 800 Personen im zweiten Geschoß, einer Druckerei im Erdgeschoß und der Versandabteilung im Kellergeschoß.

Für Wohnraum werden zwei Jahre später zusätzliche Anbauten errichtet. Dieser „Umzug" in einen anderen Bundesstaat der USA ist jedoch mit Konsequenzen verbunden. Das Buch „Jehovas Zeugen in Gottes Vorhaben" erklärt in diesem Zusammenhang die Gründung mehrerer Tochtergesellschaften:

„EIN NEUES RECHTSINSTRUMENT WIRD GEBILDET

Damit Jehovas Zeugen Grundeigentum im Staate New York besitzen konnten, wurde es als ratsam erachtet, eine neue Körperschaft zu gründen. Die Watch Tower Bible and Tract Society of Pennsylvania war gewissen gesetzlichen Beschränkungen unterworfen. Deshalb kam nach ordnungsgemäßem Gesuch am 23. Februar 1909 die People's Pulpit Association (Volkskanzel-Vereinigung) gesetzlich ins Dasein, und dies gemäß Entscheid des Richters Isaac N. Miller vom New Yorker Obersten Gericht. Zweck und Ziel dieser Körperschaft werden in ihren Statuten wie folgt dargelegt:

Die Körperschaft dient wohltätigen, gemeinnützigen, wissenschaftlichen, geschichtlichen, literarischen und religiösen Zielen, ferner der moralischen und geistigen Hebung von Männern und Frauen, der Verbreitung von Bibelwahrheiten in verschiedenen Sprachen durch die Veröffentlichung von Traktaten, Druckschrif-

---

[71] Hellmund, Geschichte der Zeugen Jehovas, unter II.2. In einer Fußnote (85) ergänzt Hellmund: „Das sind die Vorläufer der heutigen „Kreisdiener" (bzw. Kreisaufseher).

ten, Zeitungen und anderen religiösen Schriften sowie der Durchführung eines religiösen Missionswerkes.“[72]

Aus ähnlichen Gründen kommt es 1914 in England zur Bildung einer weiteren Tochtergesellschaft. Dazu wieder das Buch „Vorhaben“:

„Auch in England verbietet das Gesetz einer ausländischen Gesellschaft, Grundbesitz dort zu haben. Das erforderte die Gründung der INTERNATIONAL BIBLE STUDENTS ASSOCIATION mit Statuten, die dem englischen Gesetz entsprachen. Daher kommt es, daß wir in den verschiedenen Ländern, in denen unser Werk durchgeführt wird, manchmal die eine und manchmal die andere Bezeichnung gebrauchen; doch sie vertreten im Grunde genommen alle die WATCH TOWER BIBLE AND TRACT SOCIETY [die pennsylvanische Körperschaft], an die alle Spenden überwiesen werden sollten.“[73]

Aus der kleinen Geschäftsfirma zur Verbreitung der Russellschen Schriften entsteht also im Laufe der Zeit eine internationale Firmengruppe, deren Funktionieren für den einzelnen immer schwieriger zu durchschauen ist. Das persönliche Verhältnis zu dem „lieben Bruder Russell“ ist für viele nur noch eine schöne Erinnerung. Dies alles ist keineswegs Grund und Ursache der sich ankündigenden großen Krise, schafft aber dazu die psychologischen Voraussetzungen.

Interne Streitigkeiten

Solange die Russell-Anhänger nur eine kleine Schar bildeten, hatten sie kaum Probleme mit der Einheit. Mit ihrem zahlenmäßigen

---

[72] Vorhaben, S. 48f. – Der Name People's Pulpit Association wurde 1939 umgewandelt in WATCHTOWER BIBLE AND TRACT SOCIETY INC.

[73] Vorhaben, S. 49. Das Buch weist darauf hin, daß alle drei Gesellschaften denselben Präsidenten haben: „Der Redakteur der Zeitschrift THE WATCH TOWER ist der Präsident aller dieser drei Gesellschaften“. Auf die Frage, ob „diese drei die einzigen Körperschaften“ seien, wird geantwortet: „Nein, seither hat die Gesellschaft in verschiedenen Ländern der Welt eine Anzahl Körperschaften gegründet, die aber alle unter der Leitung der pennsylvanischen Körperschaft eng zusammenarbeiten.“

Anwachsen jedoch ging die schöne Einmütigkeit mehr und mehr verloren. Eine weitere Ursache dafür: Weil die Bibelforscher unter Glauben das Bejahen und Weitertragen einer bestimmten „Wahrheits"-Erkenntnis – also eines Lehrsystems – verstehen, *muß* es geradezu zum Streit darüber kommen, was denn zu dieser „reinen Lehre" gehöre. Der Maßstab soll allein die Bibel sein; wer aber legt sie „richtig" aus?

Schon seit 1892 bringen vier prominente Russell-Anhänger eigenwillige Deutungen vor, denen Russell nicht zustimmen kann. Aus Lehrdifferenzen wird bald ein persönlicher Streit zwischen Adamson, Bryan, Rogers und von Zech einerseits und Russell andererseits. Der Konflikt weitet sich immer mehr aus und schlägt Wellen, die eine Katastrophe befürchten lassen. Russells Kritiker bezeichnen ihn unter anderem als „Papst"; er seinerseits sieht in ihnen „Verschwörer". Um wildwuchernden Gerüchten entgegenzutreten und schlimmeren Schaden zu verhüten, legt Russell in einer Sonderausgabe des Zion's Watch Tower vom 25. April 1894 unter der Überschrift „A Conspiracy Exposed" (Eine Verschwörung aufgedeckt) den ganzen Hergang aus seiner Sicht dar.[74]

Er wirft ihnen vor, sie wollten seinen Einfluß brechen, um *frei* zu sein von dem, was sie die Fesseln Russells nennen. Sie möchten die Spalten des Zion's Watch Tower zu ihrem eigenen Gebrauch und Mißbrauch erzwingen, und das mit der Begründung, es sei schließlich *Zion's* Watch Tower, und sie seien ja Glieder von Zion.[75]

Hier wenden sich also – um es in der Sprache der heutigen Wachtturm-Gesellschaft auszudrücken, Glieder des „gesalbten Überrests", des „treuen und verständigen Sklaven" gegen das Machtmonopol des damals amtierenden Watch Tower-Präsidenten! Eigentlich dürfte er sich ihrer Argumentation ja gar nicht ver-

---

74 Erschienen in der TOWER PUBLISHING CO. Allegheny, PA., von der C. T. Russell auf S. 61 erklärt, daß sie ihn in finanzieller Hinsicht repräsentiert: „THE TOWER PUB. Co. (which in a financial way represents myself) owns the Bible House, buys the paper, pays for the printing ... and fills the orders of the Tract Society at any time, and at much lower prices than any worldly firm would charge for much poorer service." Daß Russell als „Papst" bezeichnet wurde („Was denounced as a ‚pope' etc."), steht auf S. 8.

75 ebenda, S. 4.

schließen, denn die Wachtturm-Gesellschaft ist doch – wieder nach heutiger Darstellung – nichts als „Vertreter" und „gesetzliches Werkzeug" eben jenes Überrests! Muß nicht Russells Vorgehen gegen sie – er weigert sich bei einer Begegnung mit einem dieser ihm sehr vertrauten Brüder und Mitarbeiter, diesem die Hand zu geben – den Eindruck erwecken: Was der „Überrest" bzw. der „treue und verständige Sklave" zu tun und zu vertreten hat, bestimmt der Präsident, und wenn jemand vom „Überrest" anderer Meinung ist als er – und dies auch *sagt* –, so gilt er als „Verschwörer".

Das müssen auch einige einflußreiche „Überrest"-Mitglieder aus Russells unmittelbarer Umgebung erfahren, als sie ums Jahr 1911 gegen seinen dogmatischen und autoritären Führungsstil Einspruch erheben. Es handelt sich um eine Gruppe, zu der u.a. der Vizepräsident der Wachtturm-Gesellschaft, J. H. Giesey, Russells Privatsekretär A. E. Williamson und der Zweigstellenleiter E. C. Hennings gehörten. Letzterer verließ zusammen mit seinen Anhängern die Wachtturm-Gesellschaft, u.a. mit der Begründung, Russell habe „Schwestern gestreichelt".

Auf der einen Seite stehen also Kritiker auf gegen Russell, die ihm autokratisches Gehabe vorwerfen; auf der anderen Seite aber gibt es Bibelforscher – vor allem wohl Älteste –, die gern die Wachtturm-Gesellschaft und sich selbst mit mehr Macht und Autorität ausstatten würden und in diese Richtung agieren.

Russell nennt sie – unter Verwendung von Bibeltexten – egozentrisch, habgierig, prahlerisch und hochmütig:

> „Nebeneinander in denselben Gemeinschaften mit den demütigen, gläubigen, geweihten Heiligen – in denselben kleinen Versammlungen zusammen mit denen, welche aus der Knechtschaft Babylons entflohen sind, in denselben Haushaltungen und oft an demselben Tisch des Herrn ist eine Klasse von Personen entwickelt worden, welche eigenliebig (selbstsüchtig) sind, habsüchtig (nach Ehre und Ansehen und Ruhm bei Menschen), prahlerisch (als ob das Verdienst für die jetzt fällige und erhaltene Wahrheit in gewisser Beziehung ihnen gebühre, und als ob sie darum das Recht hätten, sie nach ihrem Belieben zu verändern), hochmütig (auf diese Erkenntnis, welche nur mit Demut und Dankbarkeit empfangen werden sollte, und welche nur unter diesen Umständen bewahrt wer-

den kann ..." Sie werden „... immer hochmütiger und prahlerischer auf ihre Errungenschaften – aufgeblasen, verwegen. Da sie sich nicht dem Haupt des Leibes, Christo Jesu, unterwerfen, streben sie danach, selbst das Haupt neuer Parteien zu werden."[76]

In einem Wachtturm-Artikel, den Russell neun Monate vor seinem Ableben veröffentlicht, warnt er eindringlich vor „Kundgebung eines lieblosen ... eines überstrengen, unbrüderlichen Geistes", von der er „von verschiedenen Seiten" erfahren habe.[77]

Verbirgt sich hinter diesen Kräften, die nach mehr „Zucht und Ordnung" streben, am Ende der Ruf nach dem starken Mann?

Persönliche Diffamierung Russells

Sowohl die interne Opposition zur Linken und zur Rechten, als auch die Kritiker außerhalb der Bibelforscherbewegung ziehen aus deren inneren Konflikten Nutzen. Man könne doch sehen, wie menschlich die ganze Sache sei. In der Presse wirft man Russell vor, er setze seine Anhänger zum Verkauf seiner Bücher ein, was leicht als Hinweis auf persönliche Bereicherung verstanden werden kann.

Die für den Präsidenten peinlichste und am meisten demütigende Erfahrung, die in der Öffentlichkeit genüßlich ausgeschlachtet wird, ist seine Ehescheidung. Obwohl er seine Ehefrau während ihrer längeren Krankheit hingebungsvoll gepflegt und versorgt hat, basiert die von Frau Russell eingebrachte Scheidungsklage auf der Anschuldigung der „seelischen Grausamkeit" und daß Russells Verhalten gegenüber anderen Frauen kompromittierend gewesen sei. Die von ihr an den Haaren herangezogenen Beispiele werden vom Gericht nicht einmal offiziell zur Kenntnis genommen. Dagegen wiegt ihre Anschuldigung gegen Russell schwerer, die sein Verhalten gegenüber ihrer adoptierten Tochter Rose Ball betrifft, er habe zu ihr gesagt: „Ich bin wie eine Qualle; ich schwimme überall herum. Ich berühre diese und jene, und

---

76 Der Wachtturm 1911, S. 42-45.
77 Der Wachtturm 1916, S. 28.

wenn sie reagiert, nehme ich sie zu mir – wenn nicht, schwimme ich weiter zu anderen."

Russell bestreitet, dies oder ähnliches je gesagt zu haben. Seine Frau selbst räumt gegenüber ihrem Anwalt ein, sie sei nicht der Meinung, ihr Mann habe Ehebruch begangen.

Tatsächlich rühren die Kontroversen zwischen den Ehepartnern vor allem von deren gemeinsamer Tätigkeit für die Wachtturm-Gesellschaft her.[78] Frau Russell, die in ihren ersten Ehejahren eine eifrige und treue Anhängerin des „Pastors" gewesen war, schrieb u.a. Artikel für den Watch Tower. Im Laufe der Zeit jedoch, so schildert Russell die Dinge, habe sie versucht, die Leitung des Watch Tower in ihre Hand zu bekommen. Russell habe sich geweigert, ihre Artikel weiterhin abzudrucken. Ab 1896 gehörte sie nicht mehr zum Herausgeber-Team. In der Folgezeit griff sie ihren Mann an und suchte in den Ekklesias andere auf ihre Seite zu ziehen. Als diese Versuche scheiterten, veranstaltete sie besondere Zusammenkünfte von Frauen, in denen sie zur Opposition gegen ihren Mann aufrief. Seit 1897 lebte sie von ihm getrennt, und nach sechs Jahren reichte sie in Pittsburgh die Scheidungsklage ein. Nach zweistündiger Verhandlung stimmten die Geschworenen dann der Scheidung zu.

Russells Ansehen hat durch die nachfolgenden verleumderischen Pressekampagnen, bei denen besonders die „Quallen"-Affäre hochgespielt wurde, sehr gelitten. Er soll wiederholt ohne Erfolg gegen das Scheidungsurteil Einspruch erhoben haben, wohl auch wegen dessen Begründung: „Sein Verhalten seiner Frau gegenüber zeigt einen derart ausgeprägten Egoismus und so extravagantes Eigenlob, daß die Geschworenen davon überzeugt sind, daß sein Verhalten ihr gegenüber von ständiger Herrschsucht geprägt war, so daß dadurch das Leben jeder christlichen Frau zu einer Last und ihre Lage unerträglich werden mußte."[79]

Rogerson hat im Anschluß daran das Scheitern der Russell-Ehe treffend kommentiert und läßt diesen ganzen Komplex ausklingen

---

[78] Der Wachtturm, Febr. 1917, S. 20: „Der Grund zu diesen Zwistigkeiten war die Herausgabe und Überwachung dieser Zeitschrift."

[79] Zitiert bei Rogerson, Viele ..., S. 37f.

mit dem Hinweis auf ein öffentliches „Gelübde“ des ersten Watch Tower-Präsidenten, das er in ähnlicher Form auch von all seinen Anhängern verlangte – vielleicht der Anfang des bis heute unter den Zeugen Jehovas lebendigen gesetzlichen Moralismus: „Er legte öffentlich ein ‚Gelübde‘ ab, daß er niemals einen Raum betreten wollte, worin sich ein weibliches Wesen allein befinde, es sei denn, es handele sich um ein Familienmitglied. Bis zu seinem Tode verlangte er von allen seinen Anhängern eine Unterschrift unter eine ähnliche Erklärung.“

Das Ansehen Russells und seiner Gesellschaft in der Öffentlichkeit erlitt auch durch zwei weitere Prozesse schweren Schaden: Der Pfarrer J. J. Ross hatte in einer kleinen Broschüre „den selbsternannten ‚Pastor‘ Russell“ angegriffen, weil er fortwährend griechische und hebräische Wörter zitierte und deren „richtige Bedeutung“ erklärte, obwohl er diese Sprachen nicht beherrschte. (Seine Kenntnisse in der Sache verdankte Russell jeweils Wörterbüchern oder mehrsprachigen Bibelausgaben.)

Russell verklagte Ross wegen Verleumdung. Er verlor den Prozeß. Doch das größte Vergnügen für sensationshungrige Journalisten war, daß Russell vor Gericht einen Meineid geschworen hatte. Auf die Frage, ob er mit dem griechischen Alphabet vertraut sei, antwortete er mit „ja“, doch als man ihm ein griechisches Neues Testament reichte und ihn bat, die oberen Buchstaben der aufgeschlagenen Seite vorzulesen, war er überfordert und mußte so zugeben, des Griechischen nicht mächtig zu sein.

Konflikte um die lehrmäßige Entwicklung

Auch im Bereich des Lehrmäßigen kommt es zu schweren Konflikten, die wie Stufen auf den Weg in die große Krise der Wachtturm-Gesellschaft wirken. C. T. Russell hat in seinen reiferen Jahren die oben angedeutete *Gemeinsamkeit* mit den aus der Erweckungsbewegung hervorgegangenen christlichen Kreisen in wesentlichen Punkten verlassen. Hier ist vor allem die Lehre des *„späten“* Russell zu nennen, wonach der „neue Bund“, von dem Jesus gesprochen hat – etwa in den Einsetzungsworten zum Abendmahl (Luk. 22,20) –, noch gar nicht in Kraft getreten sei. Diese und weitere Lehrentscheidungen Russells führen im Jahre 1909 dazu, daß einige besorgte Russell-Anhänger am 24. Oktober einen Offenen Brief schreiben. Sie sind es, die später ganz mit der Wachtturm-Gesellschaft brechen und die *New Covenant Fellowship* (Neue-Bund-Gemeinschaft) ins Leben rufen. Hier ein Auszug aus ihrem Offenen Brief:

„An alle, die die Notwendigkeit erkennen, inmitten der vielen feinen Versuchungen und Prüfungen der Gegenwart für den Herrn und Sein Wort festzustehen; an alle, die Jesus als ihren Mittler und sein Blut des Neuen Bundes als Grundlage für die Gnade des Evangeliumszeitalters anerkennen; an alle, die sich zu der Freiheit bekennen, allein durch das Wort Gottes zu stehen, ohne Vermittlung von Menschen oder menschliche Einrichtungen ...

Es ist in höchstem Maße bedauerlich, daß Umstände eingetreten sind, die eine gewisse Trennung erforderlich machen zwischen uns und vielen, die wir herzlich lieben und mit denen wir in der Vergangenheit innige Gemeinschaft hatten; aber die Zeit ist gekommen, wo wir erkennen, daß wir die Wahl zu treffen haben zwischen der Zugehörigkeit zu einem Bruder und seinen fehlbaren Lehren und der Loyalität gegenüber dem Herrn und Seinem unfehlbaren Wort (2. Tim. 3,16.17).

1. Das Loskaufopfer Jesu

Pastor Russell lehrt heute mündlich und durch die Spalten des Watch Tower, daß das Opfer Jesu selbst nur die Sühnung sei für den Haushalt des Glaubens in diesem Evangeliumszeitalter, daß es also nur ein Teil des Sühneopfers sei, das Gott dargebracht werden müsse zum Loskauf der Menschheit, und daß das Opfer der Kirche mit zur Versöhnung der Welt dienen solle.

2. Mittler der Versöhnung

Pastor Russell lehrt heute, daß die Kirche keines Mittlers bedürfe und bedurfte, und daß der wahre Mittler die gesamte Kirche sei – Haupt und Leib – mit der Übernahme dieser Mittleraufgabe im Millennium. (Es folgen dann Schriftstellen, die das Gegenteil beweisen.)

3. Der neue Bund

Pastor Russell lehrt heute, daß der neue Bund der göttlichen

Barmherzigkeit und Gnade erst zu Beginn des Milleniumszeitalters in Wirksamkeit treten werde, besiegelt durch das Blut Jesu und das der Kirche zusammen. (Zahlreiche Schriftstellen zur Widerlegung folgen.)

4. ,Jener Knecht'

In der Watch Tower-Ausgabe vom 15. September 1909 hat Pastor Russell persönlich den Standpunkt dargelegt, daß er allein ,jener Knecht' sei, auf den in Matth. 24,45-47 ... Bezug genommen wird. Einer Einzelperson innerhalb der Kirche das Amt der alleinigen Verwaltung der Wahrheit zuzuschreiben, kann nur zu einer logischen Schlußfolgerung führen, nämlich, daß diese Person unfehlbar sei.

5. Bibelstudien

Pastor Russell hat durch den Watch Tower und als Antwort auf Fragen bei Zusammenkünften der Tabernakel-Versammlung sein Mißfallen über solche Zusammenkünfte zum Zwecke des Bibelstudiums ausgesprochen, die nicht in Verbindung mit Werken durchgeführt werden, deren Autor oder Herausgeber er sei, und er äußerte sich dahin, daß er ,bezweifle, ob bei all dem unabhängigen Bibelstudium in der Vergangenheit je viel Gutes herausgekommen ist ...' Zu diesem Punkt (des Einwandes gegen persönliches Studium des Wortes Gottes) halten wir es für notwendig, im Interesse aller treuen Schafe des Herrn Generalalarm zu blasen ..."

Die in diesem Offenen Brief unter 1-4 angegriffenen Lehrentscheidungen hat die Wachtturm-Gesellschaft nach Russells Tod (1916) im Laufe der Jahre nach und nach rückgängig gemacht; sie werden heute nicht mehr vertreten. Gleichwohl soll dazu im folgenden C. T. Russell zu Worte kommen, und zwar aus vierfachem Grund:

- weil wir in dieser Sache nicht nur seine Kritiker hören sollten;
- weil Russell seine Lehrentscheidungen als helleres Licht von Gott interpretiert;
- weil sie die später ausbrechende Krise in hohem Maße vorbereiten;
- weil diese übereilten Lehrentscheidungen des ersten Watch Tower-Präsidenten zeigen, wie nachteilig es sich auswirkt, daß er kein Gegenüber hat, das ihn berät und dem er Rechenschaft

schuldet – also keine „leitende Körperschaft", wie es die Wachtturm-Gesellschaft später behauptet.

Indem Russell jetzt die Notwendigkeit eines Mittlers für die Kirche des „Evangeliumszeitalters" leugnet und das *alleinige* Sühnopfer Christi bestreitet – wie oben unter 1 und 2 näher ausgeführt –, trifft er in der Tat den „Lebensnerv" der an Jesus Christus Glaubenden innerhalb wie außerhalb seiner Anhängerschaft. Zu ihr gehören viele, die schon im Glauben an Christus lebten, bevor sie Russells Werk kennenlernten, von dem sie eine Bereicherung und geistliche Weiterführung erwarteten. Sie vor allem kommen nun ins Wanken: Ist *das* noch die erhoffte vertiefte Schrifterkenntnis, die aktualisierte („gegenwärtige") Wahrheit?

Russell muß sich in Zion's Watch Tower mehr und mehr mit kritischen Leseranfragen auseinandersetzen. Man spürt, der Ton wird aggressiver, als dies früher der Fall war. Z.B. zitiert er in Zion's Watch Tower vom 15.9.1910 eine Leserzuschrift, in der es u.a. heißt: „Vor vier Jahren war es gegenwärtige Wahrheit, daß der Herausgeber des WATCH TOWER eines Mittlers bedurfte zwischen Gott und ihm selbst. Vor drei Jahren wird es gegenwärtige Wahrheit, daß er einen Mittler zwischen Gott und sich nicht braucht. Hat der Herausgeber des WATCH TOWER die gegenwärtige Wahrheit verlassen?"

Russells Antwort ist: Nein, er habe sie nicht verlassen, sondern die Wahrheit vermehrt („added to it"). Das Licht habe etwas mehr von der Dunkelheit vertrieben ... Er hätte damals statt des Wortes *Mittler* den schriftgemäßen Terminus Fürsprecher („Advocate") gebrauchen sollen. Er sehe jetzt, daß die (hlg.) Schriften nirgends sagen, die Kirche habe einen Mittler oder werde je einen haben ... „Der Herausgeber des Watch Tower ist Tag für Tag am Lernen, noch klarer *das Wort der Wahrheit recht zu teilen* und ausschließlich schriftgemäße Begriffe zu verwenden."[80]

Russell verweist dann auf 1. Joh. 2,1: „Wir haben einen Fürsprecher bei dem Vater"; die Bibel sage eben nirgends: Wir haben einen Mittler zwischen Gott und uns ... (Mit „uns" meint Russell die Kirche. Wenn der Apostel Paulus 1. Tim. 2,5 bezeugt: „... *ein* Gott und

---

80 Bei den hier durch Kursivdruck hervorgehobenen Worten handelt es sich um ein sinngemäß wiedergegebenes Bibelwort (2. Tim. 2,15b).

ein Mittler zwischen Gott und Menschen, nämlich der Mensch Christus Jesus", denkt er nach Russells neuer Ansicht nicht an die Kirche, sondern an die Menschheit allgemein.)

Derselbe kritische Leser habe dann weiter gefragt, wo denn in der Bibel stehe, die Kirche benötige keinen Mittler. Russells Antwort: „Wie töricht!" („How foolish!") „Unternimmt es die Bibel, alle die Dinge zu nennen, die nicht so sind? Man sollte meinen, daß keine besondere Fähigkeit nötig ist zu unterscheiden, daß kein Vermittler nötig ist zwischen Freunden."

Dann aber kommt Russell auf den „springenden Punkt": Die Bibel vergleicht ja Christus und die Seinen mit dem „Weinstock und den Reben", an anderen Stellen mit einem „Leib": Christus das Haupt, die Seinen die Glieder. In 1. Kor. 12,12 scheint Paulus beide zusammenzufassen unter dem Begriff „DER Christus".

Russell ahnt nicht, daß die Wachtturm-Gesellschaft später diesen Gedanken zur Grundlage einer nahezu göttlichen *Erhöhung* des „Überrests der Leibesglieder Christi" machen wird (vgl. Seite 253).

Hier nun nimmt Russell indirekt auf das Pauluswort Bezug, indem er seinen Kritikern gegenüber – repräsentiert durch den erwähnten Leser – so argumentiert:

> „Während der vergangenen siebzehn Jahre glaubten sie, daß der Weinstock und die Reben eins sind – daß das Haupt und die Glieder eins sind; daß die Leiden DES Christus eins sind – daß die Kirche ausfüllt, was noch fehlt an den Leiden Christi[81] – daß der Tod Christi einer ist – daß die Kirche mit ihm den Opfertod stirbt, nachdem sie gerechtfertigt worden ist durch Glauben an sein Blut, sein Opfer ..."

Weitere Anspielungen auf biblische Texte folgen, die von Leiden, Opfer und Sühnetod Christi und den Leiden in seiner Nachfolge sprechen, etwa auf Phil. 3,10, wo der Apostel Paulus sagt, er möchte „teilhaben an Christi Auferstehung, der Gemeinschaft seiner Leiden und so seinem Tode gleichgestaltet werden".[82]

---

[81] Russell zitiert hier sinngemäß ein Pauluswort (Kol. 1,24).

[82] The Watch Tower vom 15.9.1910, Reprints S. 291.292. (Titel wurde – erstmals mit der 1. Januarnummer 1909 – geändert.)

Russell begründet auf diese Weise seine neue These vom „Anteil der Kirche am Sühnopfer Christi". Ist aber die Kirche sozusagen ein Teil „DES Christus", so folgert Russell, dann bedarf sie ja keines Mittlers. Später wird das Wachtturmdenken noch ganz anders folgern: Ist der noch auf Erden lebende „Überrest" der Kirche ein Teil „DES Christus", dann hat er auch das Recht zu *herrschen!*

Den Kurs bestimmt der Präsident

Russells einsame Entscheidungen sind nur möglich, weil er kein Gegenüber hat, dem er Rechenschaft schuldet. Was fehlt, ist ein geistliches Gremium, ein Stab von kompetenten, theologisch verantwortlich handelnden Mitarbeitern, die vor einer Entscheidung in schwierigen Streitfragen die biblischen Texte sorgfältig und sachkundig untersuchen. Es fehlt auch jeder Ansatz einer kollektiven Führung, die mitdenkt und mitentscheidet, ehe eine neue Lehre in den Spalten des WATCH TOWER veröffentlicht wird.[83] Kurz: Es gibt zu der Zeit keine leitende Körperschaft, wie es fälschlich seit 1944 immer wieder im Wachtturm behauptet wird. Z.B. in der Ausgabe vom 1. 4. 1972, S. 216:

> „Wie die Tatsachen zeigen, kam es zu einer Verbindung der leitenden Körperschaft mit der Watch Tower Bible and Tract Society of Pennsylvania. C. T. Russell gehörte damals, im letzten Viertel des neunzehnten Jahrhunderts, offensichtlich der leitenden Körperschaft an."

C. T. Russell selbst würde – lebte er heute unter uns – diese angeblichen „Tatsachen" als eine realitätsferne Theorie belächeln und zurückweisen. Er hat ja seit Gründung der Wachtturm-Gesellschaft als Aktiengesellschaft im Jahre 1884 ihren Kurs ganz allein

---

[83] Bis zu seiner Ehescheidung (1906) hatte lediglich seine Frau einen zeitweilig nicht unerheblichen Einfluß auf seine Entscheidungen (In der erwähnten Broschüre „A Conspiracy Exposed" führt er es auf einen Rat und die Vorsicht seiner Frau zurück, daß er das Vermögen der TOWER PUBLICATION Co. [d.i. *sein* verbliebenes Vermögen] ganz oder teilweise auf dem Wege einer Schenkung der WATCH TOWER TRACT SOCIETY übereignete [Seite 62]).

bestimmen können. Warum? Er verfügte dank seines persönlichen Reichtums über eine so beachtliche Zahl von Anteilscheinen – und demgemäß auch *Stimmrechten!* –, daß ihm sein dominierender Einfluß immer sicher war. (Bei seinem Tode verfügte er „über ca. 25 000 von 150 000 Stimmrechten; der Rest war sehr breit auf etwa 600 Aktionäre verteilt".)[84]

In seinem „Letzten Willen und Testament" – veröffentlicht im deutschen Wachtturm von Februar 1917, S. 22f. – versuchte er seinen Einfluß auch über seinen Tod hinaus zu sichern. Seine detaillierten „Wünsche" leitete er wie folgt ein:

> „Als ich die Zeitschrift ‚Zions Wachtturm', das ‚Old Theology Quarterly", das Recht zum Nachdruck der ‚Millennium-Tages-Anbruch-Schriftstudien', verschiedener anderer, kleinerer Bücher, der Liederbücher usw. der Wachtturm Bibel- und Traktat-Gesellschaft zugewendet habe, tat ich es mit der ausdrücklichen Bedingung, daß ich während meiner Lebenszeit völlige Aufsicht über alle Interessen dieser Veröffentlichungen haben möchte, und daß sie nach meinem Tode in einer meinen Wünschen entsprechenden Weise fortgeführt würden. Hiermit bringe ich meine diesbezüglichen Wünsche, meinen, diese Sache betreffenden Willen wie folgt zum Ausdruck: ..."

Damit erweist sich Russell selbst als Zeuge dafür, daß *er allein* „während seiner Lebenszeit *völlige Aufsicht*" über die Watch Tower-Publikationen hatte. Von einer leitenden Körperschaft ist bei ihm nicht einmal andeutungsweise die Rede. Nach Lage der Dinge war dafür auch gar kein Raum. Sein Nachfolger, J. F. Rutherford, brachte es auf den Punkt: „Bruder Russell war tatsächlich, im wahren Sinne des Wortes, *die Gesellschaft.*"[85]

Angesichts dieser absolut *dominierenden* Rolle Russells wird begreiflich, daß mit seiner Person und seinen Zukunftsprognosen die Wachtturm-Gesellschaft und ihr Werk „steht oder fällt".

---

84 Neidhard, Zeugen Jehovas, S. 25. Das Aktienwesen wurde 1944 durch Satzungsänderung aufgehoben.

85 Auch der Zusammenhang dieses Urteils Rutherfords zeigt, daß sein Vorgänger „ohne Rücksicht auf eine andere Persönlichkeit" das Werk leiten konnte. Wenn er auch den einen oder anderen einmal nach seiner Ansicht fragte, so handelte er doch „nach seinem eigenen Ermessen" (Der Wachtturm vom 15. 10. 1923, S. 308, Abs. 13).

Die Wachtturm-Gesellschaft in der Krise

Die Auslöser: herbe Enttäuschung 1914 und Russells Tod 1916

> „Am Freitag, den 2. Oktober 1914, betrat der Präsident der Watch Tower Bible and Tract Society den Speisesaal der Zentrale dieser Gesellschaft in ... Brooklyn ... Es war kurz vor 7 Uhr morgens ... Um die ... Aufmerksamkeit der Glieder der Bethelfamilie ... zu erhalten, klatschte er in die Hände. Dann zitierte er mit zuversichtlicher Stimme die einleitenden Worte des 3. Verses des Liedes ‚Unser König schreitet voran' ..."[86]

So berichtet der Wachtturm.[87] Die von Russell zitierte Strophe lautet auf deutsch: „Die Zeiten der Nationen sind vorbei; die Tage ihrer Könige sind abgelaufen."

Russell klatschte nicht vor Begeisterung in die Hände, sondern – wie der Wachtturm ausdrücklich bemerkt – um die Aufmerksamkeit auf sich zu lenken. Gleichwohl deutet der Wachtturm an, der 66 Tage vorher ausgebrochene Erste Weltkrieg habe etwas mit der Erfüllung dessen zu tun, was C. T. Russell für das Jahr 1914 angekündigt hatte, für das Jahr, in dem nach seiner Berechnung die „Zeiten der Nationen" (oder „Heiden") zu Ende gehen sollten (nach dem jüdischen Kalender würde das entscheidende Jahr von Oktober 1914 bis Oktober 1915 dauern):

> „Schon im Jahre 1876 hatte er in einem Artikel für die Zeitschrift *The Bible Examiner* (Prüfer der Bibel) darauf hingewiesen, daß im Jahre 1914 ‚der Heiden Zeit' enden werde, was ernste Folgen für die ganze Menschenwelt hätte (Lukas 21:24, *Luther*). Erstaunlicherweise tobte zu der Zeit, als der Präsident vor der Bethelfamilie in Brooklyn verkündete, daß die

[86] Seite 162f. im damaligen Bibelforscher-Liederbuch „Hymns of the Millennial Dawn".

[87] Ausgabe vom 15. 8. 1983, S. 16, Abs. 1; vgl. auch Jehovas Zeugen, Verkündiger, S. 61.

Zeiten der Heiden zu Ende gegangen seien, der Erste Weltkrieg schon 66 Tage. Die an diesem schrecklichen Konflikt beteiligten Staaten hatten bereits 14 Kriegserklärungen abgegeben. Bevor der teuflische Kampf um die Weltherrschaft und die Beherrschung des Weltmarktes zu Ende ging, waren 29 Nationen und Reiche in die Auseinandersetzung, die alle Vorstellungen übertraf, verwickelt ...

Von 1879 an hatte der Präsident der Gesellschaft die außerordentliche Bedeutung des Jahres 1914 wiederholt in den Spalten der englischen Ausgabe des *Wachtturms* betont, besonders aber in dem Buch *Die Zeit ist herbeigekommen*, das 1889 in Englisch erschien. Bis zum 2. Oktober jenes denkwürdigen Jahres 1914 hatte er, was die Entwicklung des Weltgeschehens betrifft, genügend beobachtet, um eine Bestätigung für seine öffentliche Stellungnahme zu haben. Er konnte sich zumindest in bezug darauf bestätigt fühlen, daß er die Chronologie oder den Zeitplan der Bibel, die Prophezeiungen über von Gott festgesetzte Zeiten und Zeitabschnitte enthält, äußerst gewissenhaft studiert hatte."

Daß bei rückblickenden Betrachtungen die Vergangenheit gern verklärt wird – oft auch unbewußt –, ist ein menschliches, allzu menschliches Phänomen. Die hier zitierte Wachtturm-Nummer vom 15.8.1983 aber folgt einer fast sieben Jahrzehnte hindurch bewußt geübten Praxis,

1. den Ersten Weltkrieg als Erfüllung Russellscher Vorhersagen hinzustellen;
2. das tatsächlich von ihm Vorhergesagte, *nicht* Eingetroffene aber in vielen – nicht in allen – Stellungnahmen zu 1914 zu verschweigen. Lediglich die Andeutung, Russell „konnte sich zumindest in bezug darauf bestätigt fühlen ...", läßt den Leser des Wachtturms ahnen: Es gab also einiges, worin Russell und seine Anhänger sich *nicht* bestätigt fühlen konnten, und genau dies löste jene Krise aus, durch welche die Wachtturm-Gesellschaft in ihren Grundfesten erschüttert wurde, eine Krise, die sie in ihren fatalen Auswirkungen bis heute unaufhörlich begleitet.

Der oben zitierte Wachtturm nannte „besonders" Russells Buch „Die Zeit ist herbeigekommen". Tatsächlich hat Russell an keiner anderen Stelle mit solcher *Sicherheit* seine Ankündigungen für 1914 vorgetragen wie dort. Er nahm die ganze Autorität der Heiligen Schrift für seine Prognosen in Anspruch: „In diesem Kapitel liefern wir den *biblischen* Nachweis, daß das völlige Ende der Zeiten der Heiden (Nationen) ... d.i. das volle Ende ihrer Herrschaft, mit dem Jahre 1914 erreicht sein wird; und daß dieses Datum die äußerste Grenze der Herrschaft unvollkommener Menschen sein wird."

Daran anschließend prophezeite Russell u.a. folgende Ereignisse für 1914:

- Beginn des Königreiches Gottes *auf Erden!*
- Zerschlagung aller „nationalen Obrigkeiten ... wie Töpfergeschirr";
- Ende des Zertretenwerdens Israels durch die Nationen;
- „etliche Zeit vor dem Ablauf von 1914": Verherrlichung, Vollendung der „anerkannten Kirche" (ihr In-den-Himmel-Kommen).[88]

Die Bibelforscher und die ohne Zweifel zahlenmäßig noch weit größere *Leserschaft* Russells hatten sich während der Jahrzehnte vor 1914 innerlich auf diese Ereignisse eingestellt und nicht wenige auch äußere Konsequenzen gezogen wie Verkauf von irdischem Hab und Gut, Übereignung von Immobilienbesitz an die Wachtturm-Gesellschaft usw.! Um so größer mußte nun ihre Enttäuschung sein, als 1914 *nichts* von dem eingetreten war, was „der treue und kluge Knecht des Herrn" mit so großer Sicherheit prophezeit hatte.

Ihnen wird es freilich nicht entgangen sein, daß Russells Äußerungen vorsichtiger wurden, je näher 1914 heranrückte, besonders aber in den letzten Monaten vor Oktober 1914. Nun, so „kurz vor zwölf", sprach Russell sogar von der realen Möglichkeit, sich *„geirrt"* zu haben, wußte aber selbst *diesem* Eventualfall noch die besten Seiten abzugewinnen und die dann Enttäuschten behutsam zu trösten:

> „Angenommen, das Jahr 1915 geht vorüber, die Weltlage ist ruhig, und die Tatsache ist offenbar, daß die ‚Auserwählten' noch nicht alle ‚verwandelt' sind und die Wiederherstellung des Natürlichen Israel zur göttlichen Gunst unter dem Neuen

[88] „Die Zeit ist herbeigekommen", (Bd. II der „Schriftstudien" Russells), Ausgabe von 1912, S. 73.

Bunde (Röm. 11, 12. 15), noch aussteht, was dann? Würde damit unsere Chronologie nicht als falsch erwiesen sein? Gewiß! Und würden wir damit nicht eine bittere Enttäuschung erfahren? Allerdings! Ein solcher Fall würde in alle unsere Berechnungen eine unheilbare Bresche schlagen ... [An dieser Stelle nennt Russell Einzeldaten seines chronologischen Lehrgebäudes.] Alle diese Berechnungen würden für uns ihren Zweck verloren haben. Welch ein Schlag wäre das? Eine der Saiten unserer ‚Harfe' würde gesprungen sein!

Nichtsdestoweniger, geliebte Freunde, würde unsere Harfe noch alle andern wohlgetönten Saiten haben, und dessen könnte sich keine andere Vereinigung von Kindern Gottes auf Erden rühmen ...

Wenn es sich daher, Geliebte, herausstellen sollte, daß unsere Chronologie ganz verkehrt ist, so könnten wir doch sagen, daß wir viel und auf mancherlei Weise Nutzen von ihr gehabt haben."[89]

In der deutschen Wachtturm-Ausgabe von Juli 1914 gestand Russell sogar, daß er die früher angekündigte Verherrlichung der Kirche im Jahre 1914 für „höchst unwahrscheinlich" hält:

„Wir hatten erwartet, daß, wenn die Zeiten der Nationen mit diesem Jahre endeten, dies sicherlich damit gleichbedeutend sein werde, daß alle Glieder der Brautklasse vor dem Ende dieses Jahres in der Ersten Auferstehung von der irdischen zur himmlischen Daseinsstufe verwandelt sein würden. Obschon wir dies nicht positiv behaupteten, wiesen wir doch darauf als auf eine logische Schlußfolgerung hin. Jetzt hat es diesen Anschein nicht. Wir gewahren Schriftstellen, die noch nicht erfüllt sind, und die, davon sind wir überzeugt, vor dem Ende dieses Jahres nicht erfüllt werden können ... Bei Gott sind selbstverständlich alle Dinge möglich ... Unseres Erachtens ist dies aber höchst unwahrscheinlich ..."[90]

---

89 Ganz im Gegensatz zu diesem Eingeständnis erklärte Russell im Wachtturm vom Dezember 1914, S. 189, in bezug auf den Ersten Weltkrieg: „Seit 40 Jahren haben wir gerade diesen Krieg und seine schließlichen Resultate ... verkündigt."

90 Der Wachtturm vom Juli 1914, S. 100f.

Offenbar war Russell sich dessen bewußt: Ein Ausbleiben der für 1914 prognostizierten Ereignisse wird die Wachtturm-Gesellschaft in die tiefste Krise ihrer Geschichte stürzen, nicht in eine partielle, sondern in eine totale. Auf dem Spiel standen ja nicht allein die Berechnungen für 1914, sondern die russellsche Chronologie überhaupt. Genau das wußte Russell und sagte es auch: Im Falle eines Ausbleibens der für 1914 angekündigten Ereignisse „... würde damit unsere Chronologie nicht als falsch erwiesen sein? Gewiß!“

Auch die Lehren, wonach 1874 die „unsichtbare Gegenwart Christi“ begonnen habe und der Herr dreieinhalb Jahre später „zu seinem Tempel gekommen“ sei, die entschlafenen Heiligen auferweckt und die christlichen Kirchen verworfen habe, und daß von 1874 bis 1914 eine Zeit der „Ernte“ abliefe (natürlich in Verbindung mit dem Werk der Wachtturm-Gesellschaft), die schließlich zur Vollendung und Verherrlichung der Kirche Christi hinführen sollte (im Jahre 1914 oder kurz davor), würden – durch die Tatsachen widerlegt – als *Irrlehren* offenbar. Noch mehr: Es mußte die Frage aufbrechen, ob nicht der Glaube an die *Berechenbarkeit* der Endzeitdinge überhaupt ein Grundirrtum der Wachtturm-Gesellschaft war. Die Glaubwürdigkeit der Wachtturm-Gesellschaft und ihres Präsidenten und die von ihnen vertretene „Art des Christentums“ war grundsätzlich in Frage gestellt.

Wenn C. T. Russell in *einem* Punkt sich *nicht* irrte, dann in diesem: 1914 – genauer: die Zeit ab Oktober 1914 und die folgenden Jahre – bedeuteten für die Wachtturm-Gesellschaft geradezu eine Katastrophe. Charles Taze Russell selbst, schwer angeschlagen durch die bereits geschilderten Affären, Anfeindungen, Verleumdungskampagnen (nicht zuletzt im Zusammenhang mit seiner Ehescheidung) kam infolge dieser Grundlagenkrise der Wachtturm-Gesellschaft und seiner Theologie – letztlich die Bedrohung seines Lebenswerkes! – psychisch und physisch an den Rand des Zusammenbruchs.

Am Dienstag, dem 31. Oktober 1916, starb er auf der Rückfahrt von einer vorzeitig abgebrochenen Vortragsreise. Diagnose: eine Blasenentzündung. „Der Tod sucht seine Ursache“, sagt der Volksmund.

Die Nachricht von Russells Tod löste in der „Bethel“-Familie und unter den übrigen Bibelforschern allgemeine Bestürzung aus. Einer seiner Mitarbeiter berichtet später:

„Um 7 Uhr am nächsten Morgen (1. November) betrat ich den Eßsaal des Bethels mit einem soeben eingetroffenen Telegramm. Die Mitglieder der Familie saßen an ihren üblichen Plätzen, und sie wußten nichts über Russells schwere Krankheit oder seinen Tod. Ich las ihnen das Telegramm vor, und ein Seufzer ging durch den ganzen Saal. Einige weinten laut. Niemand frühstückte an diesem Morgen. Alle waren bestürzt. Am Ende der Mahlzeit standen sie in kleinen Gruppen zusammen und flüsterten miteinander: ‚Was wird jetzt geschehen?'"[91]

Die Frage, wie es denn nun weitergehen könne, dürfte sich weniger auf das Problem eines möglichen Nachfolgers bezogen haben, als vielmehr darauf, wie denn nun ein Ausweg aus der nach 1914 eingetretenen Grundlagenkrise der Wachtturm-Gesellschaft noch möglich wäre, nachdem der „kluge und treue Knecht des Herrn" die Kommandobrücke des leckgeschlagenen Schiffes verlassen mußte.

Oder war er am Ende gar nicht der „kluge und treue Knecht", von dem Jesus einst in seinem Gleichnis gesprochen hat? So fragen sich jetzt viele seiner Anhänger. Etliche ziehen sich zurück. Wenn der Herr sich zu Russells Prognosen für 1914 nicht bekannt hat, was sind dann die anderen Daten wert? Etwa das von der Wiederkunft Christi im Jahre 1874 oder das von der angeblichen Verwerfung aller anderen christlichen Denominationen im Jahre 1878? Müßte man nicht, nachdem gemäß Russells eigenen Worten die ganze Chronologie sich „als falsch erwiesen" hat, seinen Irrtum eingestehen und Gott und die „verworfenen" Christen um Vergebung bitten?

Ein solches Eingeständnis eigenen Versagens und eigener Schuld, durch das man mit den um ihrer Irrtümer und ihrer Schuld willen „Verworfenen" auf eine Stufe käme, würde allerdings mit Sicherheit die „Hardliner" im eigenen Lager auf den Plan rufen. Sie würden von „Verrat an Bruder Russell" und an der „gegenwärtigen Wahrheit" sowie vom „Beschmutzen des eigenen Nestes" sprechen. Sie würden ferner – wie Russell selbst kurz vor seinem Tode – auf die positiven, „heiligenden" Wirkungen der Naherwartung

---

91 A. H. Macmillan. Faith on the March, S. 61. Zitiert in Rogerson, Viele, S. 43.

auf Glauben und Leben der Bibelforscher verweisen, so fragwürdig solche Argumente auch wären: Jeder falsche Prophet könnte sich auf diese Weise herausreden!

Russell hatte aber zugleich sehr deutlich und offen seinen *„Fehler"* eingeräumt, als er den Band II seiner „Schriftstudien" mit seinen 1914-Prognosen kurz vor seinem Tode noch einmal neu auflegen ließ:

> „Der Autor gibt zu, daß er in diesem Buch den Gedanken nahe legt, daß des Herrn Heilige erwarten dürfen, am Ende der Zeiten der Nationen bei ihm zu sein in Herrlichkeit. Dies war ein Fehler, den zu machen sehr natürlich war, doch der Herr überwaltete ihn zum Segen seines Volkes. Der Gedanke, daß die Kirche vor Oktober 1914 in Herrlichkeit vereint sein würde, übte zweifellos einen anspornenden und heiligenden Einfluß auf Tausende aus, von denen demgemäß alle den Herrn preisen können selbst um des Fehlers willen."[92]

Fragwürdige Versuche der Vergangenheitsbewältigung

Selbstrechtfertigung und Schuldzuweisungen an andere

Russells Wachtturm-Gesellschaft konnte sich zu einem ehrlichen Eingeständnis des Versagens und der eigenen Schuld nicht durchringen, sondern versuchte lange Zeit, die Fehler zu vertuschen oder die Schuld auf ihre Anhänger abzuwälzen. Insider wie eingeweihte Außenstehende konnten nur staunen, als sie in der „Millionenbroschüre" (1920) lasen, die Bibelforscher hätten den *Ersten Weltkrieg* vorher „gewußt", denn „Pastor Russell legte während vierzig Jahren aus den Prophezeiungen dar, daß er im Jahre 1914 ausbrechen würde".[93] Im Jahre 1955 verkündete der Wachtturm sogar:

---

[92] Bd. II der „Schriftstudien" Russells, Ausg. 1926, in Russells „neuem und letztem Vorwort" vom 1. Oktober 1916.

[93] J. F. Rutherford, Millionen jetzt Lebender werden nie sterben, S. 77. Ausgabe von 1920.

„Die Watch Tower Society der Zeugen für Jehova hatte recht in ihrem dreißigjährigen öffentlichen Feldzug, durch den sie die Heiden-Nationen vor dem verhängnisvollen Jahr 1914 warnte. Einzelne jedoch, die am Geben jener Warnung teilgenommen hatten, waren enttäuscht, da sie unrichtigerweise von sich gedacht hatten, sie kämen im Jahre 1914 in den Himmel ... Viele hatten ebenfalls den ungenauen Gedanken, daß der Weltkrieg, der im Jahre 1914 begann, in die ‚Schlacht des großen Tages Gottes, des Allmächtigen', in Harmagedon münden ... werde."[94]

Die Wachtturm-Gesellschaft *nach* Russell schreckte also nicht einmal davor zurück, die geschichtlichen Tatsachen auf den Kopf zu stellen. Um selbst *„recht"* gehabt zu haben mit ihren 1914-Prognosen, wird die Enttäuschung von 1914 den „einzelnen" und den „vielen" – also einem Teil ihrer Anhänger – angelastet. Diese hatten jedoch nichts anderes geglaubt als das, was die Wachtturm-Gesellschaft und ihr erster Präsident sie gelehrt hatten: „... daß des Herrn Heilige erwarten dürfen, am Ende der Zeiten der Nationen bei ihm zu sein in Herrlichkeit" – also 1914.[95] Auch die Verquickung des Endes der „Zeiten der Nationen" mit dem, was die heutigen Zeugen Jehovas „Harmagedon" nennen – in Anlehnung an Offb. 16,16 – wurde vom Präsidenten selbst vorgenommen, etwa wenn er im Dezember-Wachtturm von 1914 mit großer Sicherheit erklärte:

„Der Krieg wird fortfahren ... Alsdann wird das furchtbare ‚Harmagedon' der Bibel folgen. Hernach kann man Hoffnung haben auf Frieden – auf dauernden Frieden, weil Gott einen sochen verheißen hat. Dieser wird durch das Messianische Königreich herbeigeführt werden ..."[96]

---

94 Der Wachtturm vom 15. 5. 1955, S. 302.

95 Bd. II der „Schriftstudien" Russells, Ausg. 1926, S. 7.

96 ebenda, S. 164f. – Wachtturm-Anhänger unserer Tage werden in solchen Sätzen des Wachtturm-Gesellschafts-Gründers Anklänge an ihre heutigen „Harmagedon"-Vorstellungen finden. Um der Korrektheit willen muß jedoch festgehalten werden, daß Russell unter „Harmagedon" (1.) noch nicht eine *totale Weltvernichtung* (mit Ausnahme der Anhänger) verstand, (2.) weniger einen übernatürlichen Eingriff Gottes und Christi, als vielmehr eine innerweltliche Auseinandersetzung, die ins Chaos und in den Zusammenbruch der Nationen führen würde.

Mit welchem Recht aber kann dann die Wachtturm-Gesellschaft 1955 in ihrem Wachtturm solche „ungenauen Gedanken" den „vielen" zuschreiben?

Nachträgliche Veränderungen an Russells „Schriftstudien"-Bänden

Schuldzuweisungen an andere stellen jedoch nur *eine* Weise dar, die Fehlprognosen der Wachtturm-Gesellschaft nachträglich zu vertuschen. Mit dem gleichen Ziel nahm die Wachtturm-Gesellschaft auch Veränderungen in den Schriftstudienbänden vor, die sie nach 1914 neu auflegte, *ohne* auf diese Veränderungen am ursprünglichen Text Russells hinzuweisen. So fällt z.B. auf, daß im oben zitierten Band II der „Schriftstudien" von 1926 in Russells Ankündigung von der ‚Zerschlagung der Nationen *vor 1914*' seine durch Fettdruck hervorgehobenen Worte *„vor 1914"* kurzerhand gestrichen wurden. In der Ausgabe von 1912 lautete der entscheidende Satz noch wie folgt: „Daß der Herr gegenwärtig sein und sein Königreich aufrichten und seine große Macht gebrauchen muß, um die Nationen, wie eines Töpfers Gefäß, *vor 1914* zu zerschlagen, ist also deutlich festgestellt ..."[97]

Hellmund nennt zwei weitere typische Beispiele für nachträglich zurechtgebastelte „Prophezeiungen": Ausgabe von 1913: „Die Erntearbeit wird zu ihrer Ausführung vierzig Jahre in Anspruch nehmen und mit dem Jahre 1914 enden" (Bd. II, 146). In der Ausgabe 1926 findet man *1918* anstelle von 1914!

Ausgabe 1913: „Die ‚Zeiten der Nationen' beweisen, daß die gegenwärtigen Regierungen alle *vor* dem Schluß des Jahres 1914 gestürzt sein müssen (Bd. II, 234). Die Ausgabe 1926 hat statt dessen ‚von dem Jahre 1914 an' im Text, also das blanke Gegenteil!"[98]

Der Verfasser ergänzt: „Ob man hier von Fälschung reden darf, können die Juristen sagen. Sicher steckt aber in dieser nachträgli-

---

97 Bd. II der „Schriftstudien", Ausg. 1912, S. 165.

98 Hellmund, Geschichte der Zeugen Jehovas, Anm. 256; vgl. dazu auch Stuhlhofer, Charles T. Russell und die Zeugen Jehovas. Der unbelehrbare Prophet, S. 39-42. – Am besten belegt in E.V. Süßkind, Zeugen Jehovas, S. 68-72.

chen Textbearbeitung ein interessantes Eingeständnis der Wachtturm-Gesellschaft."

In diesem Zusammenhang verdient eine im vorliegenden Buch bisher nicht erwähnte Abhandlung Russells Beachtung, der er die Überschrift gab: „Das bestätigende Zeugnis von Gottes Stein-Zeugen und Propheten, der Großen Pyramide in Egypten."

Es handelt sich um die Cheopspyramide. Russell hatte in dieser Abhandlung in Band III der „Schriftstudien" ausführlich darzustellen versucht, wie sehr der in der Bibel bezeugte Heilsplan Gottes auch in den genauestens nachgemessenen Gängen und Räumen dieser Pyramide mathematisch-architektonisch sichtbar wird. Darum rühmte er sie als „... ‚Zeuge' Jehovas in dem Lande Egypten".[99] Natürlich fand er auch die Ergebnisse seiner „biblischen" chronologischen Berechnungen in dem Bauwerk wieder, z.B.:

> „Diese Berechnung zeigt das Jahr 1874 n.Chr. an, als den Anfang der Periode der Trübsal markierend; denn 1542 v. Chr. plus 1874 n.Chr. macht 3416 Jahre. So bezeugt die Pyramide, daß der Schluß des Jahres 1874 der *chronologische* Anfang der Zeit der Trübsal war, dergleichen nie gewesen ist, ... noch je sein wird. Und so wird man bemerken, daß dieser ‚Zeuge' das biblische Zeugnis über diesen Gegenstand völlig bestätigt ..."[100]

Nach der Enttäuschung von 1914, die Russells gesamte Chronologie nach eigener Einsicht als falsch entlarvte, hatte die Wachtturm-Gesellschaft zunächst an 1874 noch festgehalten,[101] dieses Datum jedoch später mehr und mehr durch 1914 ersetzt. Darum wurde in Russells Text in der Fassung von 1926 flugs 1874 in 1914 geändert (bzw. 1915), so daß er nun wie folgt lautet:

---

99 Bd. III der „Schriftstudien" Russells, Ausg. 1913 und 1926, S. 309. Hellmund bemerkt dazu (Anm. 295): „... meines Wissens die in der WT-Gesellschafts-eigenen Literatur älteste Belegstelle für den Begriff ‚Zeuge Jehovas'. Nach heutiger Auffassung der Zeugen Jehovas ein anrüchiger Zusammenhang." Gleichwohl könnte Russells Denkanstoß die spätere Namensgebung mit ausgelöst haben.

100 Bd. III, Ausg. 1913, S. 327.

101 So noch in „Die Harfe Gottes" (1922). Im Wachtturm vom 1. 7. 1927, S. 195f. werden 1914 und 1874 gleichzeitig erwähnt, in den dreißiger Jahren kommt meines Wissens 1874 nicht mehr vor.

„Diese Berechnung zeigt das Jahr 1915 n.Chr., als den Anfang der Zeit der Drangsal bezeichnend, an; denn 1542 v.Chr. und 1915 n.Chr. geben 3457 Jahre. So bezeugt die Pyramide, daß der Schluß des Jahres 1914 der chronologische Anfang der Zeit der Drangsal war, dergleichen nicht gewesen ist noch auch je sein wird. Und so wird man bemerken, daß dieser ‚Zeuge' das biblische Zeugnis über diesen Gegenstand völlig bestätigt ..."[102]

In der Zwischenzeit – zwischen der Ausgabe von 1913 und der von 1926 – müßte also eine Veränderung der Maße im Innern der Pyramide erfolgt sein, eine Veränderung um 40 Zoll. Genau um die 40 Zoll, die nötig sind, damit die Rechnung wieder stimmt – mit dem „neueren Licht" der Wachtturm-Gesellschaft *übereinstimmt*, in dessen Mitte das Datum 1914 steht. Hellmund bemerkt in seiner Anm. 299 zu diesem frühen Meisterstück der Wachtturm-Gesellschaft: „Meines Wissens ist die Cheopspyramide zwischen 1913 und 1926 aber nicht um ca. 40 Zoll gewachsen. Dies Verfahren zur bewußten Irreführung der Leser und Gläubigen kann man wohl ‚Fälschung' nennen. Jedenfalls ist deutlich, zu welchen Mitteln die Wachtturm-Gesellschaft greifen kann."

Vertröstung auf die nächste Zukunft

1918

Nach der Enttäuschung von 1914 war es menschlich verständlich, daß die Anhänger der Wachtturm-Gesellschaft sich fragten: Wann wird nun das für 1914 Erwartete endlich kommen? Naheliegend war die Antwort: Die „Zeiten der Nationen" sind 1914 abgelaufen. Von nun an müssen auch die erhofften Ereignisse eintreten.

Die Wachtturm-Gesellschaft gab sich jedoch mit einer so allgemeinen Auskunft nicht zufrieden. Schon in ihrem 1917 in großer Eile herausgegebenen Band VII der „Schriftstudien" nennt sie das Jahr 1918 als Termin für den Zusammenbruch der „Namen-Christenheit" und der Vollendung der „kleinen Herde", der „wahren"

[102] Bd. III, Ausg. 1926, S. 330.

Christen (gemeint sind die Watch Tower-Anhänger). Die Wachtturm-Gesellschaft beruft sich dabei auf Russells eigene Äußerungen, in denen er abermals Parallelen zu Jesu erstem Kommen zog: Das Land Juda wurde insgesamt erst im Jahre 73 n.Chr. von den Römern erobert, also 40 + 3,5 Jahre nach Jesu öffentlichem Auftreten im Jahre 29. Ebenso wird auch das Gegenbild zu Juda, nämlich die „nominelle Kirche", erst 40 + 3,5 Jahre *nach* Christi unsichtbarer Wiederkunft (im Jahre 1874) verwüstet werden, also 1918.[103]

An anderer Stelle des VII. Bandes wird ein „Bethelmitarbeiter" zitiert, der über ein Gespräch bei Tisch berichtet, an dem auch C. T. Russell sich beteiligte:

> „Vor etwa drei Monaten stellte ich bei Tisch mehrere Fragen, deren letztere folgendermaßen lautete: ‚Nachdem ich erkannte, daß die Zeit der jüdischen Drangsal mit dem Frühjahr 73 nach Christi endete, wofür ich den deutlichen Beweis aus der Geschichte zog, was werden wir wohl da für das Paralleljahr 1918 zu erwarten haben?' Bruder Russell legte die Frage dreien hervorragenden Brüdern vor, die alle erwiderten, sie wüßten es nicht, wollten aber gerne zuwarten und sehen. Als er mich aufrief, sagte ich: ‚Da das Jahr 73 nach Christi die vollständige Zerstörung des nominellen fleischlichen Israels brachte, so folgere ich daraus, daß wir in dem Paralleljahr 1918 den gänzlichen Umsturz des nominellen geistlichen Israels, d.h. den Fall von Babylon erwarten dürfen.' (Off. 18.) Bruder Russell antwortete: ‚Ganz richtig! Das ist genau der Schluß, der zu ziehen ist.' Zuvor aber die Vollendung der Kirche."[104]

Der VII. Band stellt also das Datum 1918 eindeutig heraus, möchte jedoch *vorsichtig* sein.[105] Gleichwohl nahmen die Anhänger das

[103] Bd. VII der „Schriftstudien" (Ausgabe von 1917, als angeblich posthumes Werk Russells), S. 65-69. (In späteren Ausgaben ab S. 74.)

[104] a.a.O., Ausgabe 1917, S. 153f.; in der Ausgabe von 1925, S. 166 (dort leicht veränderte Ausdrucksweise).

[105] Am Schluß der oben zitierten Stelle (Anm. 103) kommt Bd. VII, S. 72, zu dem Fazit: „Somit dürften wir die Erwartung hegen, daß die Verherrlichung der kleinen Herde und die Hinwegnahme der letzten Glieder des Leibes des Christus nicht mehr fern sein kann, wir werden warten und Ausschau halten, nicht gleichgültig jedoch, damit nicht etwa ein anderer, eifrigerer unsere Krone nehme. Die Zeit kann nicht mehr fern sein. Müßten wir aber noch 50 Jahre warten, was sollten wir uns deshalb sorgen?"

neue Datum, das der „Kanal Jehovas“ nannte, als „bare Münze“. Ein Beispiel dafür ist ein schottischer Zeuge Jehovas, der in seiner Lebensgeschichte (u.a. über seine Erfahrungen in der Zeit seiner Inhaftierung) berichtet:

„Im September oder Oktober 1917 brachte ein Neuankömmling die Nachricht ins Gefängnis, das Buch ‚*Das vollendete Geheimnis*‘ sei herausgekommen (in Englisch), und die Kirche werde im Frühjahr 1918 hinweggenommen werden und dann kam das Jahr 1918 – kam und ging vorüber – Was nun? Ich war im April nicht in den Himmel gekommen ...“[106]

Tatsächlich hatte ja die englische Übersetzung des Buches an zahlreichen Stellen das Datum 1918 genannt. In der deutschen Übersetzung hatten die für sie Verantwortlichen vorsichtshalber an etlichen Stellen schon lieber „nach dem Jahre 1918“ geschrieben, wo im englischen Originaltext „In the year 1918“ stand.[107] In den späteren Auflagen der deutschen Übersetzung wurde das Bemühen um Abschwächung der Erwartungen für 1918 verstärkt fortgesetzt. Dasselbe gilt für ein weiteres Datum:

1921

Im Band VII der „Schriftstudien“ wird dieser Termin gleichzeitig mit 1918 angekündigt. Der für Nicht-Zeugen Jehovas schwer verständliche Text setzt die Vorstellung voraus, daß die Namenchristenheit durch ihr Verhalten das nach der Oktoberrevolution von 1917 entstandene sozialistische „Staatengebilde“ provoziert, so daß dieses die Namenkirche vernichten wird. Kurz danach wird dann auch diesem Gebilde selbst ein Ende bereitet durch die Anarchisten. In einer Auslegung zu Hes. 35,15 heißt es:

> „Wie du deine Freude hattest an dem Erbteil des Hauses Israel, darum daß es verwüstet war, ebenso werde ich dir tun: eine Wüste sollst du werden, Gebirge Seir und ganz Edom insgesamt! Und sie werden wissen, daß ich Jehova bin. – So wie

---

106 Der Wachtturm 1957, S. 139.

107 Stuhlhofer hat in mühevoller Kleinarbeit solche Stellen aufgelistet. Vgl. dazu sein Buch Charles T. Russell und die Zeugen Jehovas ..., S. 134-136.

> die irdischgesinnten Teile der Christenheit (Edom) sich freuen werden über die Verwüstung der Christenheit (Israel), ebenso wird es ihnen ergehen. Die durch „Edom“ gegründeten sozialen Staatengebilde sollen durch die Anarchie gänzlich verwüstet werden – voraussichtlich ums Jahr 1921.“[108]

In der englischen Originalausgabe fehlt das Wort „voraussichtlich“; in späteren deutschen Ausgaben wird die Jahreszahl 1921 *gestrichen*, die erwähnte *Verwüstung* nur sehr allgemein für das „Ende der Zeit der Drangsal“ angekündigt.

Diese Deutung von Hesekiel 35,15 wie auch die folgenden Auslegungen zeigen übrigens, wie die Wachtturm-Gesellschaft mit biblischen Texten und Zahlen jongliert, um den Nachweis der unmittelbar bevorstehenden Verherrlichung der „wahren Kirche“ zu erbringen:

> „Die Himmelfahrt fand 40 Tage nach Christi Auferstehung statt. Das bestätigt die Hoffnung der Kirche hinsichtlich ihrer Verherrlichung – 40 Jahre (ein Jahr für einen Tag) nach der Auferweckung der schlafenden Heiligen, im Frühling 1878. Die sieben Tage vor der Flut mögen sieben Jahre darstellen und zwar von 1914-1921, eine Jahrwoche, in deren Mitte die letzten Glieder des Messias hinter den Vorhang gehen. Die ‚große Schar‘-Klasse wird am Schluß dieser Woche eingegangen sein ...“[109]

Etwas später nennt die englischen Originalausgabe – wie auch die deutsche Erstausgabe – von Band VII dann wieder ausdrücklich das Jahr 1921 als „Ende des himmlischen Weges“:

> „Die Auferweckung der schlafenden Heiligen im Jahr 1878 fand genau in der Mitte (dreieinhalb Jahre) zwischen dem Anfang der Zeiten der Wiederherstellung, im Jahre 1874, und dem Schluß der hohen Berufung im Jahre 1881, statt. Somit dürften wir die Erwartung hegen, daß die Verherrlichung der kleinen Herde im Frühling des Jahres 1918 stattfinden wird. Das wäre wiederum die Mitte zwischen dem Schluß der Zei-

---

[108] Erstausgabe von Bd. VII, S. 777.

[109] a.a.O., S. 71.

ten der Nationen und dem Ende des himmlischen Weges, 1921 n.Chr."[110]

1925

Nicht nur der Zeitpunkt der Verwüstung der Namen-Christenheit und der Vollendung der „wahren Kirche" bewegte die Wachtturm-Gesellschaft und ihre Anhänger. Das alte Thema der Aufrichtung des Königreiches auf Erden stand auch auf der Tagesordnung. Dieses Ereignis wurde seit 1917, seit Herausgabe des VII. Bandes der „Schriftstudien", auf 1925 datiert: „Zweifellos war der Satan der Meinung, daß das tausendjährige Reich im Jahre 1915 aufgerichtet würde ..." – (der Satan?!) – „Nun, sei dem, wie es wolle, es liegen Beweise vor, daß die Aufrichtung des Reiches in Palästina wahrscheinlich ins Jahr 1925 fällt, also zehn Jahre später, als wir einst annahmen."[111]

Weil das Jahr 1925 in der öffentlichen Verkündigung der Wachtturm-Gesellschaft – in Wort und Schrift – eine vergleichsweise bedeutende Rolle spielte (im Unterschied etwa zu 1921), erfolgt eine ausführlichere Darstellung dazu im Kapitel „Die Fürsten kommen!"

Die obige knappe Auflistung schon zeigt: Es kam bei der Wachtturm-Gesellschaft nach der Panne von 1914 geradezu zu einer Inflation immer neuer kurzlebiger Endtermine, die nicht hielten, was sie versprachen – Symptome einer *Grundlagenkrise*, die man wohl auf diesem Wege in Vergessenheit zu bringen suchte, aber gerade dadurch zementierte und *offenbar* machte. So hat die Wachtturm-Gesellschaft mit den fragwürdigen Methoden der Krisenbewältigung sich einen echten Bärendienst erwiesen:
– Selbstrechtfertigung bei gleichzeitiger Abwälzung der Schuld auf ihre Anhänger;
– nachträgliche Änderungen an den ursprünglichen „Schriftstudien"-Texten;

---

110 a.a.O., S. 72.
111 a.a.O., S. 152 (Auslegung von Offbg. 7,3).

– Vertröstung der noch verbliebenen Anhänger auf die nächste Zukunft, z.T. unter Veröffentlichung neuer Endtermine.

Dies alles trug dazu bei, daß der Schwelbrand der Krise nicht nur nicht „ausging“, sondern durch die Jahrzehnte hindurch sich ausbreitete und schließlich alle Bereiche in Mitleidenschaft zog.

Reaktionen auf die Krise

Der Ruf nach dem starken Mann: „Richter" J.F. Rutherford

War das Drängen in Richtung Machtvergrößerung und Autoritätsdurchsetzung unter Bibelforschern schon vor 1914 deutlich spürbar, wie Russell selbst beklagte, wievielmehr nach Russells Tod. Nun trat ja zu der seit 1914 aufgebrochenen Grundlagen- und Vertrauenskrise auch noch eine *organisatorische*!

Interne Auseinandersetzungen um die Macht im eigenen Haus und Druck von außen als Folge eines von der Wachtturm-Gesellschaft provozierten Konflikts mit dem Staat (in ihrem Ursprungsland USA) brachten die Wachtturm-Gesellschaft und ihre Bibelforscher-Organisation an den Rand des Untergangs.

Autoritäre Führungsstruktur vorbereitet

Aus dem Kampf um die Nachfolge „Pastor" Russells ging der gelernte und gewiefte Jurist J.F. Rutherford am 6. Januar 1917 als Sieger hervor. Er war seit 1907 bereits Rechtsberater Russells und seiner Wachtturm-Gesellschaft gewesen und hatte schon damals seinen ganzen Einfluß dahingehend geltend gemacht, das Präsidentenamt mit unbegrenzter Vollmacht auszustatten. Als 1909 die bereits erwähnte „Volkskanzelvereinigung" („Peoples Pulpit Association") – eine der Tochtergesellschaften des Watch-Tower-Konzerns – ins Leben gerufen wurde, verfolgte Rutherford schon dieses Anliegen mit Erfolg. Er schreibt darüber selbst:

> „Im Frühling des Jahres 1909 wurde die Peoples Pulpit Association (Volks-Kanzel-Vereinigung) unter dem Mitglied-Körperschaftsgesetz des New York Staates organisiert ... Ich schrieb die Satzung der Volks-Kanzel-Vereinigung, welche Satzung dem Präsidenten derselben die absolute

Macht und Kontrolle gibt ... was die Angelegenheiten der Gesellschaft betrifft."[112]

Was er einst als Rechtsberater angestrebt hatte, suchte er nun als Präsident zu realisieren. Russell dagegen hatte in seinem Testament ausdrücklich eine *De*zentralisierung angeordnet: Das Direktorium sollte künftig seine Macht mit zwei anderen Ausschüssen teilen: ein fünfköpfiges Komitee, das für die Herausgabe des Watch Tower, ein weiteres, ebenfalls fünfköpfiges Komitee, das für die Verwaltung von Russells Aktienanteilen verantwortlich sein sollte.[113]

Ludwig Neidhard schreibt dazu: „Dem juristisch erfahrenen Rutherford gelang es jedoch schnell, die neuen Gremien auszuschalten: die Aktienanteile Russells wurden annulliert; das Herausgeberkomitee wurde dem Direktorium untergeordnet."[114]

---

112 Rutherford, Harvest Siftings (1917), S. 16, §§ 2,3. Der Name dieser Körperschaft wurde 1939 abgeändert in: Watchtower Bible and Tract Society Inc. und 1956 auf ihren gegenwärtigen Namen: Watchtower Bible and Tract Society of New York, Inc.

113 Der Wachtturm (vom Februar 1917, S. 22f.) veröffentlichte den Wortlaut des Testaments, wie es Russell angeordnet hatte, jedoch nicht, wie es Russells „letzter Wille" war, „in der Ausgabe des Wachtturms, die meinem Tod folgt" – das wäre die November-Ausgabe 1916 gewesen.

114 Neidhard, Zeugen Jehovas, S. 31, Anm. 2. Von seinen Aktienanteilen sagt Russell in seinem Testament: „Ich habe schon die Wachtturm Bibel- und Traktat-Gesellschaft mit allen meinen Stimmanteilen begabt, und ich lege diese nun in die Hände von fünf Bevollmächtigten. (Dann folgen die Namen, unter denen nicht der Rutherfords ist.) Auch unter den im Testament genannten Namen des Wachtturm-„Herausgeber-Komitees" ist der Rutherfords nicht aufgeführt, wohl aber unter denen, die eventuell einmal „freiwerdende Stellen beim Herausgeberkomitee wieder auszufüllen" hätten – also sozusagen in der Liste der nachrückenden Vertreter (vgl. Wachtturm 1917, S. 22). – Zur „Annullierung" von Russells Aktienanteilen: Im Buch „Vorhaben", S. 64, erklärt die Wachtturm-Gesellschaft: „Als er starb, erloschen nach dem Gesetz natürlich seine Stimmen mit ihm."

Rutherford setzte seine *zentralistischen* Vorstellungen durch und erregte auf diese Weise den Widerspruch derer, die auf die Einhaltung der letzten Willensäußerungen Russells bestanden. Unter den Kontrahenten Rutherfords trat P. S. L. Johnson, damals anerkannt als einer der besten Redner der Wachtturm-Gesellschaft, besonders hervor. Sie hatte ihn kurz vor Russells Tod nach England geschickt, und Rutherford hatte ihm für seine Aufgaben bei der Überprüfung der Watch Tower-Zweigstellen in Europa zahlreiche Vollmachten eingeräumt. Als Johnson feststellte, daß einige Verantwortliche in der Londoner Zentrale der *International Bible Students Association* eine Ablösung dieser 1914 noch durch Russell (zur Führung der ausländischen Geschäfte) gegründeten Gesellschaft von der amerikanischen Kontrolle betrieben, entließ er kurzerhand zwei der Londoner Manager, H. J. Shearn und W. Craeford, und reorganisierte die britische Zweigstelle aufgrund seiner Vollmachten.

Das ging Rutherford zu weit. Er sandte dem anscheinend zu selbstherrlich agierenden Johnson ein Telegramm, in dem er ihm jede weitere Tätigkeit untersagte.

Johnson hielt sich anfangs an dieses Verbot, kam jedoch bald zu der Überzeugung, nicht Rutherford allein, sondern nur der Direktionsausschuß als ganzer könne ihn entlassen. So nahm er seine Leitungsfunktionen in England wieder auf, ohne sich um Rutherfords Einspruch und den Widerstand einiger Mitarbeiter zu kümmern, die der Brooklyner Zentrale gegenüber loyal waren. Johnson sperrte das Bankkonto der Wachtturm-Gesellschaft in London. Der Konflikt spitzte sich immer mehr zu. Einmal gelang es Johnsons Gegnern, ihn in seinem eigenen Zimmer einzusperren, aber er konnte durch ein Fenster entkommen. Nach zahlreichen vergeblichen Telegrammen Rutherfords, die darauf hinzielten, ihn aus England zurückzurufen, kehrte Johnson tatsächlich in die USA zurück. Ein von der Wachtturm-Gesellschaft einberufener Untersuchungsausschuß hatte die Verfehlungen des von Rutherford der Rebellion Verdächtigten zu untersuchen. Dieser Ausschuß kam zu dem Ergebnis: Johnsons Vorgehen war berechtigt!

Rutherford aber setzte sich über das Urteil hinweg und fuhr mit seiner Agitation gegen Johnson fort. In dieser Situation stellten sich vier der sieben Direktoren der Wachtturm-Gesellschaft gegen den Präsidenten.

Machtkampf mit opponierenden Direktoren

Aus dem Johnson-Konflikt wurde nun ein Machtkampf innerhalb der Wachtturm-Gesellschaft. Alan Rogerson schildert ihn so: „Rutherford und die vier opponierenden Direktoren waren sich nicht darüber einig, wer die Watch Tower Society leiten sollte. Beide Seiten versuchten, die andere aus dem Bethel zu entfernen und die Macht zu übernehmen, aber diese Versuche blieben erfolglos."[115]

Der Präsident mußte einsehen, daß er einen Weg finden mußte, sie auf legalem Wege zu entlassen. Zu diesem Zweck beschaffte er ein Gutachten eines Anwalts für Firmenrecht aus Philadelphia. Darin wurde sinngemäß erklärt, „daß die vier Direktoren dem Direktionsausschuß nicht rechtmäßig angehörten. Russell hatte sie zu Mitgliedern auf Lebenszeit gewählt, aber später wurde ein Gesetz eingeführt (von dem Johnson behauptete, daß es nicht rückwirkend angewandt werden konnte), wonach eine jährliche Wiederwahl erforderlich wurde."[116]

Eine solche aber hatte man unter Russell als überflüssig angesehen.[117] „Die Opposition zweifelte dann aber auch Rutherfords Wahl zum Präsidenten an, da er vor der Wahl ebenfalls kein ‚rechtmäßiger' Direktor gewesen sei – und nur Direktoren konnten ja Präsident werden (... Art. 8 der Satzung)."[118]

---

115 Rogerson, Viele ..., S. 48.

116 ebenda, S. 48.49.

117 Neidhard, Zeugen Jehovas, S. 31.

118 Neidhard verweist dazu auf seine Anm. 1 auf S. 26 seines Buches: „Vgl. Art. 6-8 der Satzung von 1884 (im engl. Watch Tower, Sonderausgabe von 25.4.1894, S. 56f.; Jehovas-Zeugen im 20. Jahrhundert, S. 26; Vorhaben, S. 27; Wachtturm 1955, S. 196)." Danach führt Neidhard aus:
„Laut Artikel 8 können die Direktoren nur mit einer Zweidrittelmehrheit der Stimmen der Körperschaftsmitglieder aus ihrem Amt entfernt werden; scheidet ein Direktor (durch Tod, Rücktritt oder Abwahl) aus, so wird sein Nachfolger von der Mehrheit der übriggebliebenen Direktoren (oder, falls diese sich nach 20 Tagen nicht einigen, vom Präsidenten)

Rutherford erklärte jetzt, daß die vier Direktoren keinen Anspruch mehr auf ihre Position im Direktionsausschuß hätten. Nur Van Amburgh und Pierson seien rechtmäßige Mitglieder des Ausschusses. Sie waren ja im Januar 1917 ins Amt gewählt worden. Rogerson berichtet:

„Rutherfords Erklärung schlug wie eine Bombe ein, und es folgten heftige Auseinandersetzungen; bevor jedoch die vier Direktoren ihre Verteidigung richtig planen konnten, hatte er sie aus dem Bethel verdrängt und durch die folgenden Männer ersetzt: A.H. Macmillan, W.E. Spill, J.A. Bohnet und G.H. Fisher (alle ‚Jasager' für Rutherford). Rutherford entließ Johnson in rücksichtsloser Weise, was dieser so beschreibt:

Er (Rutherford) befahl mir, das Bethel am gleichen Tag zu verlassen, die vier Direktoren sollten am folgenden Montag gehen. Meine respektvolle, oft wiederholte Bitte, vor der Familie eine Erklärung abgeben zu dürfen, wurde nicht erfüllt ... Bruder Hirsch bat darum, einen Brief von Bruder Pierson vorlesen zu dürfen, in dem dieser schrieb, daß er Rutherfords Ausschluß der vier Brüder vom Direktorium nicht billigte

---

ernannt, muß aber dann bei der nächsten Körperschaftsversammlung durch die Mehrheit der Stimmen der Körperschaftsmitglieder bestätigt werden. Diese treffen sich am 1. Samstag jedes Jahres und haben dann auch die Aufgabe, die 3 Beamten aus der Reihe der Direktoren jeweils neu zu wählen.

In der Praxis jedoch fanden keine Wahlen statt. Russell selbst schrieb im Jahre 1894 im Wachtturm (WTex, 59f), er und seine Frau hätten bis Dezember 1893 zusammen 3705 von insgesamt 6383 Aktien; somit seien die Wahlen eine überflüssige Formsache, da er ohnehin immer die Mehrheit der Stimmen haben würde. In seinem Testament (verfügt 1907: veröffentlicht in Wachtturm 1917, 22f) schreibt Russell, er habe den Wachtturm und das Recht zum Nachdruck der *Schriftstudien* usw. der Wachtturm-Gesellschaft zugewendet ‚mit der ausdrücklichen Bedingung, daß ich während meiner Lebenszeit *völlige Aufsicht* über alle Interessen dieser Veröffentlichungen haben möchte' (von mir hervorgehoben). Über das Verhältnis der Beamten zu den übrigen Direktoren haben die Zeugen Jehovas in Vor. 70 folgende aufschlußreiche Bemerkung gemacht: ‚Die ganze Zeit, in der Pastor Russell die Leitung innegehabt hatte, waren der Präsident und die anderen Beamten ... dafür zuständig gewesen, Entscheidungen bezüglich neuer Publikationen zu treffen; der Direktionsausschuß als Gesamtheit wurde dabei nicht befragt. Bruder Rutherford (sc. Russells Nachfolger) setzte diese Taktik fort ...'"

und daß er treu zu dem alten Direktoriumsausschuß hielte. J.F.R. schrie förmlich, daß Bruder Johnsons ‚Falschheit' daran schuld wäre, daß dieser Brief geschrieben wurde ... Noch zorniger befahl er mir unter Androhung von gerichtlichen Schritten, das Bethel zu verlassen. Ich antwortete, daß ich den Direktionsausschuß wegen dieser Entscheidung angerufen hätte; und da ich den Ausschuß als amtierend betrachtete, wobei dieser das Recht habe, bei einer Berufung Entscheidungen zu treffen, wartete ich nun auf diese Entscheidung; wenn mir der Ausschuß befehlen sollte, das Bethel zu verlassen, würde ich dies sofort tun. Auf diese Erwiderung hin verlor Rutherford alle Selbstbeherrschung. Um seinen Befehl durchzusetzen, stürzte er auf mich zu und schrie: ‚Du verläßt dieses Haus'. Er packte mich beim Arm, so daß ich fast hingefallen wäre ...

Johnson mußte das Bethel am gleichen Tag verlassen."[119]

In der neuesten Watch Tower-eigenen Darstellung ihrer Geschichte werden teilweise fast die gleichen Worte verwendet, wie Rogerson sie gebrauchte:

„Die Nachricht schlug ein wie eine Bombe! Die vier entlassenen Vorstandsmitglieder packten die Gelegenheit beim Schopf und entfachten vor der Bethelfamilie eine fünfstündige Kontroverse über die Art und Weise, wie die Angelegenheiten der Gesellschaft verwaltet wurden. Einige in der Bethelfamilie sympathisierten mit den Gegnern. Die Anfeindungen setzten sich über mehrere Wochen fort, und die Unruhestifter drohten damit ‚die bestehende Tyrannei umzustürzen', wie sie sich ausdrückten."[120]

Den weiteren Verlauf der Auseinandersetzung schildert die Wachtturm-Gesellschaft in diesem Buch so: „Am 8. August (1917) verließen sie verärgert die ‚Bethel-Familie'. Als Unruhestifter ‚waren sie gebeten worden zu gehen'."

Durch ihre Kampagnen in den USA, Kanada und Europa – durch Reden und Briefe – waren viele Bibelforscherversammlun-

119 Rogerson, Viele ..., S. 49.
120 Jehovas Zeugen, Verkündiger, S. 67.

gen gespalten in Rutherford-Loyale und -Gegner. Die Frage war jetzt: Könnten die entlassenen Vorstandsmitglieder auf der Jahreshauptversammlung im Januar 1918 den Versuch unternehmen, „die Leitung der Organisation an sich zu reißen"? Rutherford rechnete damit und verschaffte sich vorher einen Überblick, wie die Versammlungen eingestellt waren. Das Ergebnis: „Nach dem Bericht, der im Wachtturm vom 15. Dezember 1917 (engl.) erschien, ergab die Abstimmung, daß die überwältigende Mehrheit auf der Seite J.F. Rutherfords und der Vorstandsmitglieder war, die mit ihm zusammenarbeiteten. Das bestätigte sich auf der Jahresversammlung. Die Bemühungen der Gegner, die Leitung an sich zu reißen, waren fehlgeschlagen."[121]

War der Ruf nach dem starken Mann wirksamer als alle Bedenken der Kritiker? Rutherford hatte zwar den Sieg davongetragen, aber die Krise der Wachtturm-Gesellschaft war mit den von ihm gewählten Methoden *nicht* zu beheben, höchstens zu unterdrücken (vgl. Anm. 121). Viele Bibelforscher beugten sich nur widerwillig dem neuen Trend, andere verhielten sich abwartend in der Hoffnung, der Herr selbst werde schon Einhalt gebieten, wenn er die Wachtturm-Gesellschaft als sein Werk benutzen wolle. Nicht wenige aber trennten sich aus Gründen ihres Glaubens und Gewissens von der „bestehenden Tyrannei", wie die Opponenten im Bethel sich ausgedrückt hatten.

Neue Bibelforscher-Gemeinschaften

Im Zuge dieser Entwicklung entstanden mehrere Abspaltungen von der Bibelforscher-Bewegung. Die bekanntesten und auch

---

121 ebenda, S. 68. – Ausführlicher belegt – auch was die Ereignisse der Abstimmung und der Direktorenwahl betrifft – in Rogerson, Viele ..., S. 50-52. Rogerson weist auf S. 50 darauf hin, daß Rutherfords Sieg nicht zuletzt seinem „Angriffskrieg nach zwei Seiten" zu verdanken sei, den er vor der Jahresversammlung führte: 1. startete er im Bethel selbst „eine Säuberungsaktion ... gegen alle, die nicht mit ganzem Herzen auf seiner Seite standen (25 verließen das Heim). Alle, die blieben, mußten einen Treueeid unterzeichnen. Zweitens benutzte Rutherford den Watch Tower als Propaganda-Medium, um die vier ausgeschlossenen Direktoren anzugreifen und sie in den Augen der Bibelforscher in Mißkredit zu bringen."

außerhalb der USA verbreiteten Gruppen sind: Die „Herold"-Bewegung mit ihrer Zeitschrift „Der Herold des Königreiches Christi" (deutsch erst 1923), die Dawn Bible Students Association (ab 1931), deren Zeitschrift auch in deutscher Sprache erscheint: „Der Tagesanbruch". Weniger bekannt sind The Standfast Movement, Paul Johnson Movement (später umbenannt in Layman's Home Missionary Movement), Pastoral Bible Institute u.a.

Alle diese Gruppen haben ein gemeinsames Anliegen: Sie wollen das ihrer Ansicht nach gottgegebene, aber durch Rutherfords neue Linie gefährdete „Erbe Bruder Russells" unverfälscht bewahren. Darum werden z.B. durch die Dawn(„Tagesanbruchs")-Bewegung – im Gegensatz zu den Zeugen Jehovas – nach wie vor Russells „Schriftstudien" veröffentlicht. Ihre „Ecclesias", wie ihre Gemeinden genannt werden, stehen unter der Leitung gewählter „Ältester" und sind über ihre Zentrale nur locker miteinander verbunden – wie einst in der Zeit „Pastor Russells". Eine autoritäre Führung nach Art der heutigen Wachtturm-Gesellschaft wird abgelehnt. Auch lehrmäßig steht diese – wie die anderen erwähnten Gruppen – auf dem Boden dessen, was C. T. Russell glaubte und lehrte. Es ist daher legitim, wenn Anderson darauf hinweist, daß die heutige Wachtturm-Gesellschaft bzw. die von ihr geführten Zeugen Jehovas „nicht unbedingt die direkten Nachfolger Pastor Russells" seien. „Sie haben zwar die rechtliche Kontrolle über die von ihm gegründeten Gesellschaften – aber Russells Methoden der Kontrolle wurden von Rutherford grundlegend geändert."[122] Die Lehren auch.

Der Jurist räumt auf

Die neue Selbstdarstellung der Wachtturm-Gesellschaft in ihrem Buch *Jehovas Zeugen, Verkündiger des Königreiches Gottes*, beteuert zwar, „Bruder Rutherford wollte in der Organisation keine

---

[122] Rogerson, Viele ..., S. 52. Die in Deutschland Ende 1931 entstandene *Freie Bibelgemeinde* (unter diesem Namen eingetragen erst 1947) und das *Menschenfreundliche Werk – Kirche des Reiches Gottes* (gegründet vor 1933 in Genf durch F.L. Alexandre Freytag) haben einen *anderen* Ansatz als die oben erwähnten Glaubensgemeinschaften!

andere Richtung einschlagen, sondern auf dem Weg, den Russell aufgezeigt hatte, weiter vorwärtsstreben."[123] Auf dem von ihm eingeschlagenen Weg aber kam alles ganz anders. Der Wachtturm von 1923 gibt zu: „Es ist zu einem deutlich ausgeprägten Wechsel im Charakter des Werkes ... seit 1918 gekommen."[124]

Dieser entsprach nicht dem Wesen und den Idealen Russells, wohl aber dem Charakter Rutherfords. Er war nicht nur „der geborene Boß". Vielmehr kam zu seiner angeborenen Eigenart eine starke Prägung durch konfliktreiche Erfahrungen. Von den Watch Tower-internen Machtkämpfen war bereits hier die Rede; vom Konflikt mit dem Staat wird noch zu sprechen sein.

Rutherfords Lebensweg

Joseph Franklin Rutherford wurde als Sohn baptistischer Eltern am 8. November 1869 auf einer Farm in Morgan County (Missouri, USA) geboren. Weil sein Vater als Farmer nicht allzu vermögend war, erlaubte er ihm den Besuch eines Colleges einzig unter der Bedingung, daß der inzwischen Sechzehnjährige nicht nur allein sein (Jura-)Studium selbst finanzierte, sondern auch eine Hilfskraft bezahlte, die an seiner Stelle auf der Farm half. Der damals schon äußerst zielstrebige Joseph borgte sich Geld bei einem Freund, um diese schweren Bedingungen zu erfüllen und sein akademisches Studium zu absolvieren.

Noch während seiner Ausbildung wurde er Gerichtsstenograph und konnte sich auf diese Weise das Geld für die Vollendung seines Studiums selbst verdienen.

Nach Abschluß seines Jurastudiums wurde er zunächst als Anwalt, danach vier Jahre als Staatsanwalt und später als Sonderrichter tätig. „In dieser Eigenschaft wurde Rutherford berufen, als stellvertretender Richter zu amtieren, wenn der reguläre Richter krank war und nicht im Gerichtssaal erscheinen konnte, was wiederholt geschah", berichtet das Wachtturm-Gesellschafts-Buch „Jehovas Zeugen in Gottes Vorhaben"[125], und damit scheint es

[123] Jehovas Zeugen, Verkündiger, S. 66.
[124] Der Wachtturm 1923, S. 26.
[125] Vorhaben, S. 65.

begründet, wenn er – in gewisser Analogie zu „Pastor Russell" – sich zeitlebens „Richter Rutherford" nennen ließ.

„Richter" Rutherford als Jurist und Taktiker

„Dabei ist das Recht Rutherfords, diesen Titel zu führen, ziemlich zweifelhaft", bemerkt Hellmund dazu, betont aber gleichzeitig: Von dieser Frage müsse freilich „das Urteil über seine juristische Eignung für ein solches Amt deutlich unterschieden werden".[126] Rutherford war ein blendender Jurist mit hoher fachlicher Eignung. Weniger Theoretiker des Rechts als Meister in seiner Handhabung, entschied er manchen Streitfall schon durch überlegenes Taktieren in Verfahrensfragen. War er im Recht, suchte er sich unnachsichtig Recht zu verschaffen. Wußte er sich im Unrecht (was er freilich nie zugegeben hätte), suchte er ebenso geschickt, diesen Tatbestand zu verheimlichen. Hellmund nennt mehrere Beispiele Rutherfordschen Taktierens, von denen hier aus Platzgründen nur eines aus dem Jahr 1915 gekürzt wiedergegeben werden soll:

---

[126] Hellmund, Geschichte der Zeugen Jehovas, im fortlaufenden Text (ohne Seitenangabe) bei der Anm. 394. Im Fußnotentext (394) bemerkt Hellmund:
„Seine Apologeten machen geltend: der Ursprung des Titels gehe auf seine frühe Gerichtstätigkeit in Missouri zurück. Damals habe er zeitweise als stellvertretender Richter im VIII. Kreisgerichtshof amtiert. Cole S. 219 zitiert Covington, einen Rechtsberater der Zeugen Jehovas. Covington verteidigt Rutherfords Anspruch auf den Titel: ‚Aus den mir zugänglichen Aufzeichnungen ersehe ich den Beweis für das, was mir Richter Rutherford zu seinen Lebzeiten sagte. Und zwar, daß er zu wiederholten Gelegenheiten von den Anwälten des VIII. Kreisgerichtshofes in Boonville, Missouri, als Richter an diesem Gerichtshof gewählt wurde. Er wirkte in Abwesenheit des ordentlichen Richters als dessen vertretender Richter. Das war der Fall, bevor er 1909 nach New York kam.' Dagegen ist zu sagen: Ein Stellvertreter ist noch nicht der Stelleninhaber. Ein Vizekönig ist noch lange nicht König, wenn er den König vertritt. Mit anderen Worten: ‚Richter' Rutherfords Anspruch ist genauso zweifelhaft wie der des ‚Pastors' Russell."

Joseph Franklin Rutherford (8. November 1869 – 8. Januar 1942) amtierte bis zu seinem Tod wenige Tage mehr als fünfundzwanzig Jahre als Präsident der Wachtturm-Gesellschaft.

„J. H. Troy, ein baptistischer Prediger forderte Russell zu einer öffentlichen Diskussion heraus. Für den gesundheitlich verhinderten Russell nahm Rutherford die Herausforderung an. Als ehemaliger Baptist schien er dafür gut geeignet. Allerdings schien der Gegner alle Trümpfe in seiner Hand zu haben. Schon der Termin war mehr als geschickt gewählt. 1915 war das Jahr, in dem sich alle Voraussagen Russells als falsch erwiesen hatten. Eine Abfallbewegung hatte unter den Bibelforschern eingesetzt. Troy brauchte nur in dieser, in der Werbung groß herausgestellten Debatte immer wieder auf Russells Prophezeiungen hinzuweisen und ihn als falschen Propheten zu brandmarken – dann war er in der Offensive und hatte gewonnenes Spiel. Rutherford sah hier nur eine Chance, und die lag in der Taktik. Denn auf eine Herausstellung der für die Bibelforscher kritischen Argumente durfte er es nicht ankommen lassen.

So machte er wenige Tage vor Beginn mit Troy schriftlich aus, daß jeder 1000 Dollar als Garantie dafür hinterlegen sollte, daß man nicht über persönliche Dinge sprechen wollte. Damit wurde, wie es schien, eine sachliche, biblische Erörterung gewährleistet. Troy konnte diese Erklärung um so leichter unterschreiben, als er ja nicht Dinge wie die alte Scheidungsgeschichte aufwärmen wollte. Russells Prophezeiungen waren ja wesentlich attraktiver ..."[127]

Wie konnte Rutherford verhindern, daß diese zum Gegenstand der Debatte wurden? Drei Minuten vor ihrem Beginn nahm er Troy einen Augenblick beiseite und „nagelte ihn fest":

> „‚Sie werden sich daran erinnern, daß wir uns kraft einer Garantie von 1000 Dollar verpflichtet haben, davon Abstand zu nehmen, Personen anzugreifen. Aus Ihren Interviews mit der Presse entnehme ich aber, daß Sie beabsichtigen, Pastor Russell vom Podium aus anzugreifen. Wenn Sie das tun wollen, können Sie es natürlich tun, aber dann werde ich dafür sorgen, daß Sie Ihren Garantiebetrag einbüßen.' Von dem unerwarteten Vorgehen völlig überrascht, fragte Troy: ‚Ja, darf ich ihn nicht einmal erwähnen?', worauf Rutherford mit Nachdruck erwiderte: ‚Nein.' Damit wurde Troy zu einem großen Umbau seines Konzeptes in aller Eile gezwungen und – psychologischer Vorteil! – innerlich unsicher. Er wollte die Namensnennung Russells vermeiden und blieb – anders als sein Gegner – farblos und allgemein."[128]

Rutherfords „frischer Wind" von Brooklyn

Mit Watch Tower-Vertretern war „J. F. R.", wie viele Freunde und Gegner ihn später nannten, erstmals 1894 in Berührung gekommen und 1906 bei den Bibelforschern getauft worden. Schon im Jahr darauf hatte ihn Russell zum Rechtsberater der Wachtturm-Gesellschaft gemacht und ins damalige Hauptbüro nach Pittsburgh geholt. Zugleich war er als einer der von der Wachtturm-Gesellschaft ausgesandten „Pilgerbrüder" und Vortragsredner tätig. Nach seiner Wahl zum Präsidenten der Wachtturm-Gesellschaft (1917) setzt er alles daran, die infolge der Krise nach 1914/1916 erlahmte Werbetätigkeit der Bibelforscher neu in Gang zu

---

127 ebenda, auf der folgenden Seite.

128 ebenda, im fortlaufenden Text *vor* der Anm. 396. Der Wortlaut des kurzen *Gesprächs* vor der Debatte ist entnommen dem Watch Tower-Buch „Vorhaben", S. 56.

bringen, denn darin stimmt er mit seinem Vorgänger überein. Die Appelle an die Bibelforscher in diese Richtung wirken jedoch dynamischer und nachdrücklicher. An die Stelle gewundener Erklärungen und erbaulicher Ermahnungen treten klare „Anweisungen der Gesellschaft".

Zwar spricht F. J. R. noch immer die „Sprache Kanaans" (wenn er z.B. sich an die „in dem Herrn geliebten Geschwister" wendet), aber zugleich bricht immer wieder die „Sprache des Juristen" und die Erinnerung an das Machtmonopol des Präsidenten durch. So heißt es z.B. in „Bruder Rutherfords Anordnungen und Ratschläge für das Werk in Europa, speziell Deutschland und die Schweiz betreffend":

> „Die Heilige Schrift scheint ganz klar anzudeuten, daß es zu dieser Zeit ein großes Werk zu tun gibt. Wir glauben, daß die Wachtturm Bibel- und Traktat-Gesellschaft einen Auftrag vom Herrn erhalten hat, dieses Werk zu unternehmen, als sein Werkzeug, um das Kommen seines Königreiches zu verkündigen ...
>
> ... Es ist daher als angezeigt erschienen, und im Einklang mit des Herrn Willen, das als ‚Deutscher Zweig' in der Schweiz Bekanntgewesene aufzuheben, und daß die Gesellschaft ein Bureau errichte, welches als ‚Wachtturm Bibel- und Traktat-Gesellschaft, Zentral-Europäisches Bureau' bekannt gegeben und bezeichnet werde.
>
> Ein solches Bureau ist deshalb vorgesehen, und zunächst wird es seinen Sitz in Zürich haben, wird jedoch, sobald dies geschehen kann, nach Bern verlegt werden.
>
> Die Jurisdiktion des Bureaus für Mittel-Europa wird sich über folgende Länder Mittel-Europas erstrecken: Schweiz, Frankreich, Belgien, Holland, Österreich, Deutschland, Italien.
>
> Dieses mitteleuropäische Bureau wird als Hauptleiter (General-Manager) einen Bruder haben, der völlig dem Herrn geweiht ist, seine ganze Zeit und alle seine Talente in den Dienst des Herrn gibt, unter der Direktion und Oberaufsicht der Watch Tower Bible and Tract Society stehend.
>
> Dieser Hauptleiter (General-Manager) des mitteleuropäischen Bureaus wird vom Präsidenten der Watch Tower Bible

and Tract Society ernannt, und die Lehnbarkeit seines Amtes hängt vom Willen des genannten Präsidenten ab.

Ein jedes von den obengenannten Ländern wird einen örtlichen Leiter (Manager) haben, dessen Wahl vom Präsidenten der Gesellschaft entschieden wird. Dieser wird ein völlig dem Herrn geweihter Bruder sein, der in völliger Harmonie mit der Gesellschaft steht. Er wird vom Präsidenten der Gesellschaft ernannt und behält seine Stellung, solange es demselben gefällt.

Die örtlichen Leiter werden allgemeine Aufträge betreffs des Werkes der Gesellschaft durch den Hauptleiter (General-Manager) des Zentral-Europäischen Bureaus erhalten, welcher natürlich seinerseits seine Aufträge vom Präsidenten der Gesellschaft erhält ...

Örtliche Leiter (Manager) sollen treulich sich dem Werk der Gesellschaft widmen innerhalb ihrer Jurisdiktion; Redner berufen, Versammlungen veranstalten, die Korrespondenz führen und im allgemeinen das Werk ausführen, den genauen Direktionen gemäß, die sie vom Präsidenten oder vom Leiter (Manager) des Zentralbureaus erhalten haben.

Lokale Leiter sollen regelmäßige monatliche Berichte dem Leiter (Manager) des Zentralbureaus übergeben, und des öfteren, wenn eine vernünftige Anfrage dafür eingeht, und wenn es nötig ist. Er soll Bericht erstatten für alles Geld, das er aus irgendeiner Quelle erhalten, für die ausbezahlten Summen, für den Kassenbestand, für die abgehaltenen Vorträge und deren Zuhörerzahl, für die Ausdehnung der Korrespondenz und für alles, was von Interesse sein könnte.

Der Leiter (Manager) des Zentralbureaus wird dem Präsidenten einen dreimonatlichen Bericht erstatten, und öfter, wenn er darum gebeten wird; und zu diesem Zweck wird der Präsident dem Manager Formulare zustellen lassen, auf denen er seine Berichte aufstellen wird ...“[129]

Friedrich Loofs, der in einer Informationsschrift diese *Anordnungen* – veröffentlicht im Wachtturm 1921, S. 14.15 – abdruckte, bemerkt dazu: „Nur in der römischen Hierarchie und ihrer Zensur

---

[129] Der Wachtturm, Januar 1921, S. 14.15.

findet man Vergleichbares!"[130] Dabei mag er besonders an folgende Sätze gedacht haben, die dem oben zitierten Text folgen:

„... Deshalb wird jeder, der eine Stellung einnimmt, die genau erhaltenen Aufträge ausführen von demjenigen, dessen Pflicht es ist, zu dirigieren oder zu instruieren, sich erinnernd, daß die Verantwortung auf dem ruht, der den Auftrag gibt oder die Leitung besitzt ...[131]

... Alle Druckaufträge auf Bände der Schriftstudien, auf Bücher, Broschüren, Traktate und Schriften, ausgenommen die Anzeigen für Vorträge, müssen vorerst die Genehmigung des Leiters des Zentralbureaus haben, ehe sie der Druckerei zu ihrer Ausführung übergeben werden, und der Zentralleiter muß sich jederzeit vergewissern, daß er die Genehmigung des Präsidenten hat, ehe er in Vereinbarungen eingeht, die eine gewisse Bedeutsamkeit haben und die Gesellschaft binden würden.

Alles Papier und alle Rohmaterialien, welche von einem Lokalleiter angekauft werden, müssen erst die Genehmigung des Zentralleiters haben, welcher seinerseits die Genehmigung des Präsidenten besitzen muß, ehe die Gesellschaft in finanzielle Verpflichtungen hineingezogen wird."

Ein neues Buch verprellt den Staat

Als die Wachtturm-Gesellschaft 1917 – bald nach der Übernahme des Präsidentenamtes durch Rutherford – „Das vollendete Geheimnis", Band VII der „Schriftstudien", veröffentlicht, erregt dessen Inhalt nicht nur weite Kreise der Bibelforscher, sondern

---

[130] Prof. Dr. Friedrich Loofs, Die Internationale Vereinigung Ernster Bibelforscher, Leipzig 1921, S. 44.45.

[131] Hier wird ein grundlegendes Prinzip der Wachtturm-Gesellschaft seit Rutherford deutlich: Der einzelne hat zu *gehorchen*; Funktionsträger haben ohne Skrupel ihren Auftrag durchzuführen. Die *Verantwortung* liegt ja beim *Auftraggeber*, also bei der Wachtturm-Gesellschaft und ihrem Präsidenten!

alarmiert in höchstem Maße die amerikanische Öffentlichkeit.[132] Die Wachtturm-Gesellschaft hat in diesem über 860 Seiten umfassenden Druckwerk in bisher nicht gekannter Schärfe die Kirchen, die Geistlichkeit und die „sogenannten christlichen Nationen" in z.T. unqualifizierter Weise beschimpft.

Als am 8. Mai 1918 Rutherford zusammen mit weiteren führenden Männern der Wachtturm-Gesellschaft verhaftet wird, empfinden er und seine Mitverbundenen dies daher als einen Vergeltungsschlag der „Geistlichkeit". Die antikirchliche Polemik der Wachtturm-Gesellschaft bekommt nun erst recht einen ungeheuren Auftrieb als Folge der angeblich von der „Geistlichkeit" angezettelten „Christenverfolgung" im Jahre 1918. Sie wird in Wachtturm-Schriften bis auf diesen Tag immer neu beschworen. Die Beweisführung für die Schuld der Kirchen am staatlichen Eingreifen gegen J.F.R. und seine Mitarbeiter erscheint indes sehr dürftig. Überzeugender dürfte die Erklärung sein, daß die sich zu ihrer jeweiligen Denomination haltenden amerikanischen Staatsmänner und Politiker zumal in der damaligen Kriegssituation auf die antipatriotische und antikirchliche Polemik überempfindlich reagierten.

Die Inhaftierten wurden angeklagt, sich

> „auf ungesetzliche, böswillige Weise verschworen, zusammengetan und verbündet zu haben, um sich miteinander sowie mit verschiedenen anderen Personen, die den Gliedern der besagten Anklagejury nicht bekannt sind, an einem gewissen Vergehen gegen die Vereinigten Staaten von Amerika zu beteiligen, nämlich an dem Vergehen der ungesetzlichen, böswilligen und willentlichen Anstiftung zu Insubordination, Untreue und Verweigerung der Dienstpflicht in den Militär- und Flottenstreitkräften der Vereinigten Staaten von Amerika, und dies zu einer Zeit, da sich diese im Kriegszustand befanden ... [und zwar] durch persönliche Aufforderungen, Briefe, öffentliche Reden und indem sie überall in den Vereinigten Staaten von Amerika öffentlich ein gewisses Buch, betitelt

---

[132] Sein Inhalt wird im wesentlichen Russell zugeschrieben (Vorwort zu Bd. VII), die „Vorbereitung" lag jedoch bei J. Woodworth und G.H. Fisher „unter der Leitung der Wachtturm Bibel- und Traktat-Gesellschaft" (lt. Vorwort der Herausgeber, S. 6).

‚Volume VII. Bible Studies. The Finished Mystery' [Band 7. Schriftstudien. Das vollendete Geheimnis], und gewisse Artikel, die in Druckschriften, betitelt ‚Bible Student's Monthly' [Schriftforscher, Monatsheft], ‚Watch Tower' [Wachtturm], ‚Kingdom News' [Königreichs-Nachrichten], und in anderen, nicht genannten Flugschriften erschienen sind, verbreitet und überall in den Vereinigten Staaten öffentlich in Umlauf gesetzt haben."[133]

Letzter Auslöser der Verhaftung Rutherfords und einiger seiner Mitstreiter war offenbar die Veröffentlichung der „Königreichs-Nachrichten" Nr. 3 (engl.; im folgenden KN.). So jedenfalls stellt die Wachtturm-Gesellschaft es im „Vorhaben" dar und skizziert den Inhalt dieser KN-3-Ausgabe wie folgt:

„Sie handelte besonders von dem Samen der Verheißung, der sich gegen den Samen Satans stellt. Die Spuren des Antichrists wurden von seiner Geburt an bis zu seinen durch die Abgefallenen, die katholische und die protestantische Geistlichkeit, damals verübten Taten verfolgt, wodurch geoffenbart wurde, daß diese Agenten des Teufels nun darauf ausgingen, den Überrest des Samens Christi, die Gesalbten, die den Fußstapfen Jesu folgen, zu vernichten."[134]

Daß angesichts solcher antikirchlicher Hetze die kurz danach erfolgte Verhaftung der Watch Tower-Führer bei einigen kirchlichen Blättern Genugtuung, vielleicht sogar Schadenfreude auslöste, scheint verständlich, stachelte jedoch nur die Wachtturm-Gesellschaft zu neuen Haßtiraden gegen die Kirchen an. Die Leidtragenden waren – wie so oft – die kleinen Leute: In dieser Zeit wurden Bibelforscher, Männer wie Frauen, von Pöbelrotten angegriffen, teilweise sogar mit Füßen getreten, wiederholt geschlagen,

---

133 Das Zeugen Jehovas-Buch „Vorhaben", S. 79 zitiert diesen Abschnitt aus: Rutherford gegen Vereinigte Staaten (14. Mai 1919), 258 F. 855, Protokollaufnahme Bd. 1, S. 12, verweist jedoch zugleich in einer weiteren Anmerkung darauf: „Auf Grund des Spionagegesetzes angeklagt, das am 15. Juni 1917 lediglich als Kriegsmaßnahme erlassen wurde ..." Diese Tatsache bestätigt, daß die Verhaftungen mit *in der Kriegssituation* überempfindlich reagierenden staatlichen Behörden zusammenhängen.

134 Vorhaben, S. 79.

geteert und gefedert, mit dem Tode durch Erhängen oder Ertränken bedroht, angespuckt und aus der Stadt vertrieben.[135]

Verglichen damit erging es der Wachtturm-Prominenz auch in der Haft vergleichsweise hervorragend. Ein Redakteur der katholischen Zeitschrift *The Tablet* meinte daher ironisch: „Joseph F. Rutherford und einige seiner Kollegen werden wahrscheinlich die Sommermonate in einer Villa verbringen, wo sie von niemandem angepöbelt und mit dem Ansuchen belästigt werden, Liberty Bonds [Kriegsanleihen] zu kaufen ..."[136]

Nach fünfzehntägiger Verhandlung wurden die sieben Watch Tower-Mitarbeiter zu insgesamt achtzig Jahren Gefängnis verurteilt, die sie in der US-Strafanstalt Atlanta absitzen sollten. Dorthin wurden sie dann auch am 4. Juli 1918 gebracht, jedoch schon am 26. März 1919 gegen Kaution freigelassen. Am 14. Mai des Jahres wurde das Urteil revidiert und am 5. Mai 1920 das ganze Verfahren eingestellt.

Weil in dieser Zeit der Inhaftierung der Wachtturm-Führer die internationale Propaganda weitgehend ruhte, ging sie als die Zeit der „babylonischen Gefangenschaft" in die Geschichte der Zeugen Jehovas ein.[137] Entsprechend ihrer bewährten Methode, alle möglichen Bibelstellen auf sich selbst zu beziehen, deutete die Wachtturm-Gesellschaft diese „Christenverfolgung" alsbald in die Offenbarung des Johannes hinein: Als der Haftbefehl gegen die Prominenz am 7. Mai 1918 erging,

> „endeten die zweiundvierzig Monate oder 1260 Tage, die in Offenbarung 11:2,3 erwähnt werden. Jene Zeugnisperiode hatte sozusagen im ‚Sacktuch' der Trauer in der ersten Hälfte des Monats November 1914 begonnen und wurde nun dreieinhalb Jahre später von Satans symbolischem ‚wildem Tier' getötet, wie in Offenbarung 11:7 vorausgesagt worden war."[138]

Noch mehr: Was könnte näher liegen – angesichts der „Schuld der Kirchen an den Verfolgungen" – als der Gedanke, seit *1918* habe

---

[135] ebenda, S. 82.
[136] ebenda, S. 80.
[137] ebenda, S. 83.
[138] ebenda, S. 79.

Gott die Kirchen „endgültig verworfen“ (statt 1878)?! 1878 war ja nichts Vergleichbares passiert. Auch das abgestandene Datum 1874 als Termin für Christi unsichtbare Wiederkunft litt doch allzusehr darunter, daß man von der „Gegenwart Christi“ nichts merken konnte. 1914 aber war immerhin der Erste Weltkrieg ausgebrochen. Wie gut ließ sich das mit Offbg. 12,7ff. in Zusammenhang bringen: Christus hatte seinen himmlischen Thron bestiegen, den Teufel auf die Erde hinabgeschleudert, wo dieser nun mit „großer Wut“ sich austobte in einem mörderischen Weltkrieg und nicht zuletzt in der Verfolgung der Bibelforscher! Jedenfalls holte Rutherford die ganze endzeitliche Heilsgeschichte von 1874/1878 vierzig Jahre näher an die Gegenwart heran: 1914 „Aufrichtung des Königreiches im Himmel“; 1918 „Kommen des Herrn zum Tempel“ und „Verwerfung der Christenheit“!

Ein neues Evangelium entsteht

Als 1874 die erwartete *sichtbare* Wiederkunft Christi ausgeblieben war, wurde eine angeblich „unsichtbare Gegenwart Christi seit 1874“ behauptet und fast ein halbes Jahrhundert durch die Wachtturm-Gesellschaft gelehrt. Als 1878 die erwartete Entrückung und Verherrlichung der „wahren Kirche“ nicht erfolgt waren, wurden *unsichtbare* Vorgänge mit diesem Datum in Verbindung gebracht: Das „Kommen des Herrn zum Tempel“, die Auferstehung der entschlafenen Heiligen und die Verwerfung der Namen-Christenheit (vgl. S. 39). Nach demselben Schema wird jetzt das Datum 1914 neu gefüllt: Hatte Russell für 1914 die Aufrichtung des Königreiches Gottes auf *Erden* erwartet, so verkündet Rutherfords „neues Licht“: Jehovas Königreich wurde 1914 im *Himmel* aufgerichtet! – Seit mehr als einem halben Jahrhundert das neue Evangelium der Zeugen Jehovas, das sie von Haus zu Haus verkündigen sollen!

Wie auch in der neuesten Selbstdarstellung der Wachtturm-Gesellschaft und ihrer Geschichte, „Jehovas Zeugen, Verkündiger des Königreiches Gottes“, deutlich wird, vollzog sich dieses neuerliche Verwandlungskunststück der Wachtturm-Gesellschaft in mehreren Etappen:

„Im Jahre 1914 waren die treuen vorchristlichen Diener Gottes noch nicht als Fürsten und Vertreter des messianischen Königs auf der Erde auferstanden, wie man erwartet hatte, noch hatten sich in jenem Jahr die Übriggebliebenen der ‚kleinen Herde' Christus im himmlischen Königreich angeschlossen. Trotzdem wurde im *Wacht-Turm* vom 15. Februar 1915 (engl.) zuversichtlich erklärt, daß 1914 der Zeitpunkt war, zu dem ‚unser Herr seine große Macht und Herrschaft an sich nahm', wodurch er der jahrtausendelangen ununterbrochenen Herrschaft der Nationen ein Ende setzte.

– In der Ausgabe vom September 1920 bekräftigte *Der Wacht-Turm* diesen Standpunkt und verknüpfte ihn mit der guten Botschaft, die nach der Vorhersage Jesu vor dem Ende auf der ganzen Erde verkündigt würde (Mat. 24:14). Auf dem Kongreß der Bibelforscher, der 1922 in Cedar Point (Ohio) stattfand, wurde dieses Verständnis in einer allgemeinen Resolution neu formuliert, und Bruder Rutherford forderte die Kongreßbesucher auf: ‚Verkündet, verkündet, verkündet den König und sein Königreich.'

– Damals meinten die Bibelforscher allerdings, daß das Königreich im Himmel erst dann *richtig aufgerichtet* würde, wenn die letzten Glieder der Braut Christi verherrlicht wären. Es war ein echter Meilenstein, als 1925 im *Wacht-Turm* vom 15. April der Artikel ‚Die Geburt der Nation' erschien. Er enthielt eine überraschende Erklärung über Offenbarung, Kapitel 12. In dem Artikel wurden Beweise angeführt, daß das messianische Königreich 1914 geboren, das heißt aufgerichtet worden war, daß Christus in jenem Jahr seinen himmlischen Thron bestiegen hatte und daß Satan danach aus dem Himmel in die Umgebung der Erde geschleudert worden war. Das war die gute Botschaft, die verkündigt werden sollte, die Botschaft, daß Gottes Königreich bereits in Tätigkeit war."[139]

Eine neue „gute Botschaft" – ein neues „Evangelium" – ist entstanden,[140] das biblische Evangelium von Gottes erlösendem und

---

139 Jehovas Zeugen, Verkündiger, S. 138.

140 Griech. *euangelion* (lat. evangelium) heißt Frohe Botschaft, oder wie engl. Bibelübersetzer sagen: gospel (so die New American Standard Bible z.B. in Mark. 1,14). Die von der Wachtturm-Gesellschaft erstmals 1950

befreiendem Handeln im Gekreuzigten und Auferstandenen durch ein anderes ersetzt – trotz der Warnung des Apostels Paulus (Gal. 1,8.9).

Was aber macht die Wachtturm-Gesellschaft nun mit ihren alten Endterminen, 1799 (Beginn der Endzeit), 1873/74 und 1878? Muß nicht zumindest 1873 als Beginn der Tausendjahrherrschaft Christi – von Russell noch 1916 im neuen Vorwort zu Bd. II der „Schriftstudien" vertreten[141] – mit dem neuen Evangelium kollidieren, wonach der Herr *1914* sein Königreich antrat?

So besteht einerseits ein Zwang, das Alte fallenzulassen. Andererseits kann die Wachtturm-Gesellschaft die alten Daten nicht ohne Gesichtsverlust einfach „über Bord werfen". Die Lehre, wonach Christus seit 1874 unsichtbar gegenwärtig sei, stand ja fast ein halbes Jahrhundert im Zentrum. Sichtbarer Ausdruck dafür

---

hrsg. „New World Translation of the Christian Greek Scriptures" übersetzt hier und anderswo „good news" – Gute Botschaft.

[141] „Die Chronologie der Bibel, die hier dargelegt ist, zeigt, daß die sechs großen Tausendjahrtage, die mit der Erschaffung Adams begannen, zu Ende gegangen sind, und daß der siebente Tag, die tausend Jahre der Herrschaft Christi, welche im Jahre 1873 begann, ihnen gefolgt sind. Die Ereignisse, die während dieser 43 Jahre vor sich gegangen sind, die, wie wir in diesem Bande behaupten, den Anfang des Millenniums darstellen, finden wir noch immer so in Übereinstimmung mit den Prophezeiungen der Bibel, wie wir es hier gezeigt haben. Während dieser 43 Jahre sind nahezu alle Erfindungen unserer Tage gemacht worden. Die Nähmaschine, eine der ersten Maschinen, begann vor 43 Jahren ihre Vollkommenheit zu erreichen. Seitdem haben wir alle Arten von landwirtschaftlichen Maschinen und Geräten, sowie von Werkstätten und Fabriken und heimische Bequemlichkeiten im Überfluß, und alles das durch menschliche Erfindungen. Diese verkürzen die Arbeitsstunden und beenden das Arbeiten im Schweiße des Angesichts, das die Bibel als mit dem Fluche identisch bezeichnet.

Man kann mit Bestimmtheit sagen, daß die Welt innerhalb dieser 43 Jahre ihren Wohlstand vertausendfacht hat, und wenn wir bedenken, daß vor diesen dreiundvierzig Jahren volle 6 000 Jahre liegen, so erscheint uns dies fast als ein Wunder, daß die Menschheit innerhalb dieser 43 Jahre tausendmal soviel vollbracht haben soll, als es in den vorhergehenden 6 000 Jahren der Fall war. Sicherlich bestätigt dies die in diesem Buche gestellte Behauptung, daß wir in den siebenten großen Tausendjahrtag eingetreten sind ..." C. T. Russell in Bd. II der „Schriftstudien" (Ausg. 1926), S. 6.

war der Titel ihrer Zeitschrift: *„Der Wachtturm und Verkündiger der Gegenwart Christi.“* Begreiflicherweise kann daher ein Aufgeben dieses Datums (und des davon abhängigen Termins 1878) nur etappenweise erfolgen:

- In der „Harfe Gottes“ (1922) beginnt noch die „Zeit des Endes“ 1799[142] und die „zweite Gegenwart Christi“ 1874.[143]
- Im Wachtturm von 1927 kommen schon beide Daten – 1874 und 1914 – nebeneinander vor.
- In den dreißiger Jahren läßt die Wachtturm-Gesellschaft die alten Daten endgültig fallen; soweit ich erkennen kann, ohne Erklärung.

Erst 1993, also rund sechzig Jahre später, reicht sie diese nach, und zwar in dem bereits wiederholt zitierten Buch „Jehovas Zeugen, Verkündiger“, dessen Herausgeber versprachen, „sich bemüht“ zu haben, „einen ehrlichen Geschichtsbericht zu schreiben“ (so das Vorwort). Zunächst wird darin die Entstehungsgeschichte von 1873 kurz beschrieben, wobei nicht Russell, sondern eine seiner Quellen als Urheber, nicht die Wachtturm-Gesellschaft, sondern die Bibelforscher als Vertreter dieses Datums genannt werden:[144]

> „Aufgrund einer Auslegung der biblischen Chronologie von Christopher Bowen aus England dachten sie, die 6 000 Jahre Menschheitsgeschichte hätten 1873 geendet und man befinde sich nun in der siebten Tausendjahrperiode der Menschheitsgeschichte und damit sicherlich kurz vor dem Beginn des vorhergesagten Millenniums.“

(*Vor* dem Beginn? Was Russell tatsächlich meinte, steht in Anm. 141!) Anschließend geht das Buch auf die Berechnungsgrundlage ihrer Daten ein: auf die Jubeljahreinrichtung in Israel. Diesen

> „Berechnungen ... entnahm man, daß vielleicht ein größeres Jubeljahr für die ganze Erde im Herbst 1874 begonnen hatte, daß der Herr in jenem Jahr anscheinend wiedergekommen und nun unsichtbar gegenwärtig war ...“

(Von „vielleicht“ oder „anscheinend“ hat Russell jedoch nicht gesprochen!)

---

142 Die Harfe Gottes, S. 200-202.205.

143 ebenda, S. 206 (vgl. auch S. 202ff.).

144 Jehovas Zeugen, Verkündiger, S. 632f.

Nach weiteren Erörterungen über die Berechnungsgrundlagen für 1878 und 1925 erfolgt dann die oben angekündigte *Erklärung*:

> „Zwischen 1935 und 1944 stellte sich bei einer Prüfung des gesamten Rahmenbaus der biblischen Chronologie heraus, daß man sich bei der Berechnung ... aufgrund einer schlechten Übersetzung von Apg. 13:19,20 in der King-James-Bibel und aufgrund anderer Faktoren um mehr als ein Jahrhundert vertan hatte."

Also mehr als fünfzig Jahre Irrlehre im Namen Jehovas und Christi, durch redliche Bibelforscher von Tür zu Tür getragen – weil „man sich vertan hatte"! Nein, nicht „man" – die Wachtturm-Gesellschaft! Wo aber gibt es Gewähr dafür, daß die Wachtturm-Gesellschaft mit dem mit neuem Inhalt gefüllten 1914-Datum sich nicht abermals „vertan" hat? Damit, daß sie es zu einem neuen Evangelium hochstilisierte und es heute noch durch 4,5 Millionen Verkündiger von Haus zu Haus proklamieren läßt, wird es nicht glaubwürdiger.

- Günther Pape hat bei der Wachtturm-Berechnung für 1914 gleich *drei Fehler* ausgemacht.[145]
- Andere haben nachgewiesen, daß dieses neue Evangelium schon deswegen falsch ist, weil es im Lichte der Warnung Jesu vor Datenspekulationen *ein Akt des Ungehorsams* (Apg. 1,7), im Lichte der Warnung des Apostels Paulus (Gal. 1,8.9) „ein *anderes* Evangelium" ist, das unter dem Nein Gottes steht.[146]

Weiter darf nicht vergessen werden,

- daß die neue 1914-Lehre im Lichte ihrer Vorgeschichte (Russells Prognosen für 1914) allzusehr nach einem „zweiten Aufguß" schmeckt, nach Verlegenheitslösung in der Enttäuschung von 1914 – nach einer „Kreation der Krise"!,

---

[145] Z.B. Günther Pape, Ich war Zeuge Jehovas (14. Aufl., Pattloch 1989), S. 109f.

[146] z.B. Twisselmann, Vom „Zeugen Jehovas" zum Zeugen Jesu Christi (10. Aufl., Gießen 1991); auf S. 30-38 wird nachgewiesen, daß es sich in neunfacher Hinsicht um ein „anderes Evangelium" im Sinne von Gal. 1,8 handelt.

– und daß ihr – ähnlich wie 1874 und 1878 – das Odium des Konstruierten[147] und des „rein Hypothetischen" anhaftet: Wo *merkt* man denn etwas davon, daß Christus seit 1914 die Welt regiert? Es mutet schon fast wie ein indirektes Eingeständnis dieses Mangels an, wenn die Wachtturm-Gesellschaft in demselben Maße, wie sie das 1914-Evangelium aufbaut, einen damals noch *zukünftigen* Termin mit großem Propagandaaufwand herausstellte, durch den sie das Fehlende gleichsam nachreichte.

Die „Fürsten" kommen. – Neuer Endtermin: 1925!

Was erwartet die Wachtturm-Gesellschaft für dieses Jahr? Im Grunde all das, worauf sie 1914 vergebens gehofft hat. Nur in einem Punkt – sieht man einmal von der anderen chronologischen Herleitung ab – bedient sie sich neuer Begriffe und setzt neue Akzente. Die unter Entbehrungen und Wirren der Nachkriegszeit leidenden Menschen können aufatmen:

Die Fürsten – Gottes „gesetzliche Vertreter der neuen Ordnung"

Ausgangspunkt und Berechnungsgrundlage für Rutherfords neuen Endtermin ist das „Jubeljahr-System" des alten Israel.

---

147 Vgl. die heute geltende offizielle *Herleitung* des 1914-Termins im Buch „Unterredungen anhand der Schriften" (deutsch 1985), aus dem ich hier zitiere:

„Nach Luk. 21,24 sprach Jesus Christus von den ‚Zeiten der Heiden' oder den ‚Zeiten der Nationen', während der ‚Jerusalem zertreten wird von den Heiden'. Wie lange werden sie dauern? Darauf finden die Wachtturm-Buchautoren die Antwort in Daniel 4,1-17, wo von ‚sieben Zeiten' die Rede ist. Aber was heißt sieben Zeiten? Als Antwort wird auf Offbg. 11,2.3; 12,6.14 verwiesen, daraus dann hergeleitet, daß ‚eine biblische Zeit' oder ein Jahr = 12 x 30 Tage = 360 Tage umfaßt. 7 x 360 Tage wären also 2520 Tage. Diese 2520 Tage aber werden nun in Jahre umgewandelt nach einem Verfahren, das man bei Hesekiel findet (Hes. 4,6; ferner: 4. Mose 14,34). Zählt man aber diese 2520 Jahre vom Datum 607 v.u.Z. an (dem Datum, da – nur nach Wachtturm-Überzeugung – ‚die letzte Spur jüdischer Souveränität verschwunden' sein soll), so kommt man auf 1914."

> „Sein Gesetz war vorbildlich und schattete größere und bessere zukünftige Dinge vor. Jehova befahl dem Mose, das Sabbath-System einzurichten, und zwar in dem Jahre, da Israel das Land Kanaan betrat. Dies geschah 1575 Jahre vor dem Jahre 1 v.Chr. (3. Mose 25,1-12). Ferner sollte dann jedes fünfzigste Jahr ein Jubeljahr für sie sein. Dies wurde am zehnten Tage des siebenten Monats, dem Tage der Versöhnung, eingeführt. ‚Und ihr sollt das Jahr des fünfzigsten Jahres heiligen und sollt im Lande Freiheit ausrufen für alle seine Bewohner. Ein Jubeljahr soll es euch sein, und ihr werdet ein jeder wieder zu seinem Eigentum kommen, und ein jeder zurückkehren zu seinem Geschlecht.‘ Andere Schriftstellen zeigen, daß siebzig Jubeljahre gehalten werden sollten (Jeremia 25,11; 2. Chronika 36,17-21). Eine einfache Berechnung dieser Jubeljahre zu je fünfzig Jahren würde uns zu einer Gesamtanzahl von 3500 Jahren bringen. Da diese Zeitperiode 1575 vor dem Jahre 1 beginnt, würde sie notwendigerweise im Herbst des Jahres 1925 zu Ende gehen, zu welcher Zeit das Vorbild endet und das große Gegenbild beginnen muß.“[148]

Soweit Rutherford über das „Vorbild“. Und wie soll nun das „Gegenbild“ aussehen? Rutherford stellt fest:

> „Im Vorbilde mußte eine volle Wiederherstellung stattfinden; daher muß das große Gegenbild den Beginn der Wiederherstellung aller Dinge markieren. Das menschliche Geschlecht zum Leben zurückzubringen ist es hauptsächlich, was wiedergebracht werden soll; und da andere Schriftstellen der Tatsache bestimmt Ausdruck geben, daß eine Auferstehung Abrahams, Isaaks, Jakobs und anderer Treuen des alten Bundes stattfinden wird, und daß diese die erste Gunsterweisung empfangen werden, können wir erwarten, im Jahre 1925 Zeuge zu sein von der Rückkehr dieser treuen Männer Israels aus dem Zustande des Todes, indem sie auferweckt und zur vollkommenen Menschlichkeit wiederhergestellt sein werden, um gemacht zu werden zu sichtbaren, gesetzlichen Vertretern der neuen Ordnung der Dinge auf Erden.“[149]

---

148 J. F. Rutherford: Millionen jetzt lebender Menschen werden nie sterben (1920), kurz „Millionenbroschüre“ genannt, S. 79.

149 ebenda, S. 79/80.

Anschließend versichert Rutherford:

> „Im elften Kapitel des Hebräerbriefes nennt der Apostel Paulus eine lange Reihe von glaubenstreuen Männern, die vor der Kreuzigung des Herrn und vor dem Beginn der Herauserwählung der Kirche starben. Diese können niemals einen Teil der himmlischen Klasse bilden; sie hatten keine himmlischen Hoffnungen; aber Gott hält etwas Vorzügliches für sie in Bereitschaft. Sie sollen als vollkommene Menschen auferweckt werden und, gemäß seiner Verheißung, die Fürsten oder Herrscher auf Erden bilden. (Psalm 45,16; Jesaja 32,1; Matthäus 8,11.) Daher können wir vertrauensvoll erwarten, daß mit 1925 die Rückkehr Abrahams, Isaaks, Jakobs und der glaubenstreuen Propheten des alten Bundes eintreten wird ..."

Ende der großen Drangsal und Beginn des Königreiches auf Erden

Das „Königreich Jehovas", das 1914 im Himmel begann, breitet seine Macht 1925 auf die Erde aus:

> „Der Beginn des großen Jubeljahr-Zyklus [ist] ... 1925 fällig. Zu jener Zeit soll die irdische Phase des Königreiches vorhanden sein."[150]

Das „Goldene Zeitalter" spricht von „voller Gewißheit" und „absoluter Zuversichtlichkeit" im Blick auf 1925:

> „Wir erwarten mit voller Gewißheit, daß die jetzige große Drangsal (Daniel 12; Matth. 24; Luk. 21:5-36) im Jahre 1925, etwa im Herbst, ihren furchtbaren Höhepunkt erreicht und alsdann zum endgültigen Abschluß kommen wird, damit anschließend das Werk der Wiederherstellung aller Dinge (Apg. 3:19-20) unter der gerechten Regierung des Christus und seiner Getreuen (Off. 20:4-6) beginnen kann. Wir erwarten mit absoluter Zuverlässigkeit die nach der Drangsal beginnende Auferstehung der gesamten Menschheit, die allmählich innerhalb eines Zeitraumes von 1000 Jahren aus dem Todes-

---

[150] ebenda, S. 80.

schlaf zurückkommen werden mit einem neuen gesunden Körper ...

Ferner dürfen wir verkündigen, daß vielen Menschen, die jetzt leben, die Möglichkeit werden kann, überhaupt nicht erst sterben zu brauchen, weil die Schrift sagt, daß es solche geben wird, die in dieser Drangsalszeit am Leben bleiben werden. Zwar werden sie durch großes Leiden in der Drangsal heimgesucht, aber dennoch lebend in das goldene Zeitalter nach 1925 hinüberkommen, um dann mit den Auferstehenden der Menschheit an der Segnung ewigen Lebens auf Erden teilzuhaben."[151]

Jerusalem: Hauptstadt der Welt – eines Schlaraffenlandes

Die Vorstellung, daß am Ende der Zeit wieder das Paradies stehen wird, ist uralt. In der adventistischen Literatur spielte sie eine bedeutende Rolle.[152] Russell hatte von den Second Adventists diese Vision von einem kommenden irdischen Paradies übernommen (vgl. S. 28ff.). Es bedurfte nur noch der Fantasie eines Mitarbeiters namens E. W. Van Amburgh, der unter Rutherfords Direktiven das Buch schrieb „Der Weg zum Paradiese", um sie zu regelrechten Schlaraffenland-Ideen auszugestalten:

> „Wir sollten ... kurz nach 1925 ... die Auferweckung von Abel, Henoch, Noah ... und vielen anderen erwarten ... Diese werden gewissermaßen auf der Erden den Kern des neuen Königreiches bilden. Eines der ersten Dinge, die geschehen müssen, wird sein, *Jerusalem zur Hauptstadt der Welt herzurichten.* Das wird ein großes Werk sein ...
>
> Von der Hauptstadt eines Landes sollte es eine direkte und schnelle Verbindung nach allen Teilen des Landes geben. Wenn

[151] Das Goldene Zeitalter – später (ab 1937, deutsch 1938) „Trost", ab 1946 „Awake", deutsch: „ERWACHET" ab 1947 – vom 15. 3. 1924 unter der Überschrift „Weltwirtschaft und Schöpfung" (ohne Seitenzahlen; nach unserer Numerierung S. 9).

[152] Z.B. J. H. Waggoner, Vom Paradies zum Paradies, 3. Aufl., Basel und Hamburg 1890.

Jerusalem die Hauptstadt der Welt sein wird, muß es von dort eine schnelle Verbindung nach allen Richtungen geben ... Die Fürsten werden leicht ihre Anweisungen in alle Teile der Erde senden können ...

Wenn jemand wünschen wird, Jerusalem zu besuchen und die Fürsten von Angesicht zu sehen, oder wenn die Fürsten andere Erdteile besuchen wollen, werden vollkommene Fahrzeuge, vielleicht Aeroplane, bereit sein, in denen man in kürzester Zeit von allen Teilen der Erde nach Jerusalem oder umgekehrt gelangen kann ...

Da wird der Wunsch in euren Herzen aufsteigen, daß Vater und Mutter, die ihr, ehe das Königreich kam, mit tiefer Trauer zu Grabe geleitet habt, wiederkommen und sich mit euch all der Herrlichkeit freuen möchten. Wer weiß, vielleicht werdet ihr das Vorrecht haben, eure Bitte den Fürsten vorzutragen, und diese werden bei dem Christus Fürsprache für euch tun, und euer Wunsch wird erfüllt werden. Dies wird geschehen, früher oder später; denn Jesu Verheißung muß sich erfüllen: ‚Es kommt die Stunde, in welcher alle, die in den Gräbern sind, seine Stimme hören und hervorkommen werden' (Johannes 5:28,29) ...

Natürlich wird es einige Zeit dauern, bis nach der großen Drangsal, die noch vor 1926 einsetzen wird, wieder völlige Ordnung auf der Erde hergestellt sein kann. Vielleicht wird es zehn Jahre oder noch länger dauern, ehe ihr euer Heim und euren Garten habt, in denen die köstlichsten Früchte und Gemüse in Überfluß gedeihen werden. Und wenn es noch länger dauert, – umso besser werdet ihr vorbereitet sein!

Stellt euch also vor, ihr wäret im Besitze eines Häuschens und Gartens. Da werdet ihr die Mitarbeit der besten Handwerker, die ihr finden könnt, zur Ausschmückung eures Heimes erbitten, denn ihr erwartet den lieben Vater, die teure Mutter und trefft Vorbereitungen zu ihrem Empfang. Das Heim ist fertig, ein besonderer Raum ist für sie eingerichtet, der mit allem ausgestattet ist, was ihr nur erdenken konntet, um sie zu erfreuen.

Dann wartet ihr in freudiger Spannung. Eines Morgens hört ihr in dem Zimmer, daß ihr vorbereitet habt, sprechen.

Dort war doch in der vergangenen Nacht niemand drin ...“[153]

Nun sind die entschlafenen Eltern wieder da – auferstanden zu einem ewigen Leben auf dieser *Erde!* Das Ziel der Wachtturm-Gesellschaft, Millionen von Menschen das irdische Paradies statt das Himmelreich als christliche Hoffnung zu empfehlen, wird hier und in der „Millionenbroschüre“ behutsam vorbereitet. Doch bevor diese neue Berufung (siehe S. 107f.) zu erörtern ist, sei der oft gestellten Frage nachgegangen, wie denn die Wachtturm-Gesellschaft sich zu ihren Prophezeiungen geäußert hat, als 1925 eine neuerliche *Enttäuschung* brachte. Wenn man die Wachtturm-Ausgaben jener Jahre durchforscht, fällt auf, daß – wieder einmal – die Schuld an dieser Panne *anderen* angelastet wird:

Schon in der Nummer vom 1. November 1924 ist es nicht mehr die Wachtturm-Gesellschaft, die „mit voller Gewißheit“ und „mit absoluter Zuverlässigkeit“ die Erwartungen für 1925 verkündet wie noch ein halbes Jahr zuvor im „Goldenen Zeitalter“ vom 15.3.24. Vielmehr heißt es jetzt: „Das Königreich ... ist herbeigekommen. Jetzt ist es nicht an der Zeit, Glaubensschwäche zu zeigen, oder mutlos zu werden, weil es *einigen* nicht so scheint, als ob 1925 das bringen werde, was *sie* erwarteten.“[154]

1926 heißt es lapidar: „Einige dachten, daß das Werk 1925 enden würde, aber der Herr hat dies nicht gesagt.“[155]

Im „Vorhaben“ klingt es schließlich sogar so, als habe der Wachtturm diejenigen, die so etwas dachten, davor *gewarnt*.[156] Und im „Jahrbuch der Zeugen Jehovas 1975“ kann man nachlesen, woran eine nicht näher vorgestellte Anna MacDonald „sich erinnert“:

> „Das Jahr 1925 war für viele Brüder ein trauriges Jahr. Einige strauchelten; ihre Hoffnungen waren enttäuscht worden. Sie hatten gehofft, daß einige der ‚alttestamentlichen Überwinder‘ auferstehen würden. Statt dies als eine ‚Wahrscheinlichkeit‘ anzusehen, lasen sie hinein, daß dies mit ‚Sicherheit‘

---

[153] Der Weg zum Paradiese, „der Jugend zum Forschen in der Heiligen Schrift gewidmet“ (Bern 1924), S. 215-218.

[154] Der Wachtturm 1924, S. 326.

[155] Der Wachtturm 1926, S. 264.

[156] „Vorhaben“, S. 107; ausführlicher zitiert in Twisselmann, Zeugen, S. 95.

kommen würde, und manche bereiteten alles für ihre lieben Angehörigen vor, da sie deren Auferstehung erwarteten."[157]

Selbst wenn in den Jahrzehnten nach 1925 die Enttäuschung da und dort zugegeben wurde, war fast immer nur von „einigen" die Rede oder von den Erwartungen, die „man" gehegt hatte. Erst im neuesten Geschichtswerk „Jehovas Zeugen, Verkündiger ..." wird das, womit „man rechnete", ausdrücklich auf Rutherfords Millionenbroschüre zurückgeführt.[158] Anschließend gibt das Buch zu, daß „man sich bei der Berechnung der Chronologie ... um mehr als ein Jahrhundert vertan hatte" und räumt auch gleich ein: „Dadurch entstand später die Vorstellung – die teils als Möglichkeit, teils auch nachdrücklicher formuliert wurde –, daß die mit dem Anfang der Millenniumsherrschaft Christi verbundenen Ereignisse eventuell von 1975 an eintreten würden, weil in jenem Jahr das siebte Jahrtausend der Menschheitsgeschichte anbreche."[159]

Über 1975 wird an anderer Stelle noch zu sprechen sein. In den zwanziger Jahren bahnt sich zunächst sehr vorsichtig eine weitere Kreation der Krise an:

Eine neue Berufung – für das Heil auf Erden

In diesem Punkt kann Rutherfords Wachtturm-Gesellschaft unmittelbar anknüpfen an das, was ihr Gründer und erster Präsident schon gelehrt hat: Dessen Anliegen war es, der Masse der Menschen, die je auf Erden lebten, einen Heilsweg zu eröffnen. Es konnte doch nicht sein, daß nur eine „kleine Herde" gerettet würde, während alle anderen einer ewigen Verdammnis verfallen müßten! So gelangte auch Russell im Grunde schon zu einer Zwei-Klassen-Lehre: Die 144 000 Menschen der Johannes-Offenbarung bildeten die „kleine Herde", für das ewige Leben im *Himmel*

---

157 Jahrbuch 1975, S. 145. – 1954 verkündet der Wachtturm: Die 1925 erwarteten Fürsten sind da! (Vgl. S. 124).

158 Jehovas Zeugen, Verkündiger, S. 632.

159 Jehovas Zeugen, Verkündiger, S. 632f.

bestimmt; die große Masse der Menschheit außerhalb der Bibelforscherbewegung jedoch sei zum ewigen Leben auf *Erden* berufen. Russell dachte dabei in erster Linie an die allgemeine Auferstehung *aller* während der Tausendjahrherrschaft Christi.

Durch J. F. Rutherford kommt jetzt eine neue Kategorie hinzu: die „Harmagedon"-Überlebenden. Sie gelangen, ohne je sterben zu müssen, in das Reich Gottes auf *Erden.* Daher J. F. Rutherfords Schlagwort: „Millionen jetzt lebender Menschen werden nie sterben."

Zuerst Vortragstitel, dann Buchtitel der „Millionenbroschüre" (1920), dann noch einmal ähnlich als Untertitel zum Buch „Die Harfe Gottes" (1922): „Millionen jetzt Lebender werden nie sterben!"

Wie begründet J. F. Rutherford diese neue irdische Berufung? – In der „Millionenbroschüre" verweist er u.a. auf das Wort Jesu in seiner großen Endzeitrede Matth. 24,21f.: „Alsdann wird große Drangsal sein, dergleichen von Anfang der Welt bis jetzt hin nicht gewesen ist, noch je sein wird; und wenn jene Tage nicht verkürzt würden, so würde kein Fleisch gerettet werden; aber um der Auserwählten willen werden jene Tage verkürzt werden."

Dann argumentiert J. F. Rutherford: Jesus zeige,

> „daß die Not auf Erden mit einer Drangsal enden wird, wie sie die Welt niemals gekannt hat ... Dann fügt er ... hinzu, daß um der Auserwählten willen jene Tage verkürzt werden sollen und daß viel Fleisch gerettet werden wird ...
> Wir fragen: Warum sollte der Herr eine grosse Anzahl von Menschen durch diese Zeit der Drangsal hindurchbringen, sie in der Zeit der Drangsal vor dem Tode verschonen, wenn er nicht beabsichtigte, ihnen einen besonderen Segen angedeihen zu lassen? Da Gott einen Segen der Wiederherstellung zu dem, was Adam verlor, verheissen hat, und die Erfüllung dieser Verheissungen sofort nach dieser Drangsal beginnen soll ... so beweist dieser Ausspruch Jesu klar und überzeugend, dass viele Menschen, die am Ende der Drangsal auf Erden leben, die ersten sein werden, denen die Segnungen der Wiederherstellung durch die Auserwählten, den Messias, angeboten werden sollen. Hieraus ergibt sich nun von selbst, dass solche, die, wenn ihnen das Angebot gemacht wird, es annehmen und

> Gehorsam leisten, zu dem wieder hergestellt werden, was in Adam verloren war, nämlich zu Leben, Freiheit und Glückseligkeit."[160]

J.F. Rutherford zitiert dann Worte der alttestamentlichen Propheten, um die neue Lehre als „biblisch" zu beweisen. Später, im Jahre 1935, liefert er in einem Vortrag in Washington dafür auch neutestamentliche „Schriftbeweise": Er identifiziert diejenigen, denen er die Hoffnung auf das Überleben des Weltendes und ein ewiges Glück auf paradiesischer Erde zugedacht hat, mit der „großen Volksmenge" aus Offbg. 7,9-17 und mit den von Jesus erwähnten „anderen Schafen" (Joh. 10,16).

Diese gelte es fortan „einzusammeln" in die „*eine* Hürde" der Zeugen Jehovas-Organisation. Das frühere erklärte Ziel der Bibelforscher sei *erreicht*, nämlich die „kleine Herde einzusammeln", diejenigen, die einmal mit Christus im Himmel regieren sollen. Die Jahre 1931 und 1935 werden als entscheidende Meilensteine angesehen – etwa wie einst 1881.

Der Wachtturm wird diese Wandlung später so erklären:

> „Uns fällt auf, daß der Überrest der geistigen Israeliten, die in ‚diese Hürde' gehören, bis zum Frühjahr 1935 völlig damit beschäftigt war, die letzten Glieder, die benötigt wurden, um die volle Zahl von 144 000 geistigen Israeliten zu erreichen, in ‚diese Hürde' einzusammeln. Das sollen die letzten sein, die in den neuen Bund aufgenommen würden, dessen Mittler der vortreffliche Hirte ist, der als das ‚Lamm Gottes' starb ..."[161]

Man spürt: Jetzt ist Schluß! Immer wieder in der Geschichte der Wachtturm-Gesellschaft war davon die Rede, eines Tages werde „die Tür" zum himmlischen Reich *verschlossen*. 1881 galt schon als „Markstein des Endes der hohen Berufung": *Vor* diesem Datum lehrte Russell, nach 1881 gäbe es keine Möglichkeit mehr, in die „kleine Herde" zu kommen. *Nach* 1881 gab es sie – nach Russell – dann doch: Neu Hinzugekommene sollten die Plätze derer einnehmen, die erlahmt oder ausgeschieden waren.[162]

---

160 „Millionenbroschüre", S. 83f.

161 Der Wachtturm vom 15. 5. 1984, S. 18, Abs. 11.

162 Vgl. engl. Watch Tower von Mai 1881 mit Bd. III der „Schriftstudien", S. 7f. im Vorwort vom 1. 10. 1916. Zit. in Neidhard, Zeugen Jehovas, S. 67.

Wie lange sollte die letzte „Gnadenfrist" dauern? Nach einer vierzigjährigen „Erntezeit" – gezählt von 1874 an – sollte 1914 die Vollendung der „Kirche" erfolgen, dann 1918, dann 1921, dann 1925.[163] Jetzt hat das Hinausschieben endlich ein Ende: Die „volle Zahl von 144 000" ist „eingegangen"!

Damit wurde der Weg frei für ein neues und größeres „Einsammlungswerk": das der „großen Volksmenge" mit irdischer Zukunftshoffnung!

Seit 1931, besonders jedoch 1935, gibt es daher in den Reihen der Zeugen Jehovas neben dem „Überrest" der (Geist-)„Gesalbten" mit himmlischer Berufung die „anderen Schafe" mit irdischer Hoffnung. Während in der Folgezeit die Zeugen Jehovas mit himmlischer Berufung durch natürliches Ableben immer *weniger* werden, nimmt die Zahl derer, die das irdische Paradies erhoffen, immer mehr zu. Letztere gelten
nicht als Kinder Gottes durch Glauben an Christus,[164]
nicht als Kirche Jesu Christi oder „Leib Christi",[165]
nicht als Gottes Volk des neuen Bundes, sondern entsprechen dem Mischvolk, das einst mit Israel zog, bzw. den Tempelsklaven, die als Holzsammler und Wasserträger für das auserwählte Volk tätig waren.[166]

Weil die irdische Klasse der Zeugen Jehovas *nicht* geistlich erneuert („wiedergeboren") ist[167] und auch nicht „gerechtfertigt" wurde durch den Glauben an Christus,[168] „sind weitaus die meisten Zeugen Jehovas Beobachter, nicht Teilnehmer" beim jährlich einmal gefeierten „Gedächtnismahl"![169]

---

163 Zu 1918: Bd. VII der „Schriftstudien" (Ausg. Dez. 1917), S. 65f., 69f.; Der Wachtturm 1918, S. 33. Zu 1925: „... noch schärfer von der Schrift gekennzeichnet" als 1914 (Der Wachtturm 1923, S. 15, 1924, S. 259).

164 Der Wachtturm vom 15. 3. 1993, S. 6.

165 Buch „Überleben – und dann eine neue Erde" (1984), S. 64-67.

166 ebenda, S. 68-70. Buch „Auch du kannst Harmagedon überleben" (1958), S. 182, Abs. 19.

167 Der Wachtturm vom 1. 2. 1982, S. 9-12.

168 Der Wachtturm vom 1. 12. 1985, S. 17, Abs. 16. Buch „Ewiges Leben in der Freiheit der Söhne Gottes" (1967), S. 22: „Die große Volksmenge ... benötigt ... keine Rechtfertigung durch den Glauben, auch nicht die zugeschriebene Gerechtigkeit, wie sie die 144 000 ... erlangt haben."

169 Der Wachtturm vom 15. 2. 1985, S. 17, Abs. 5.

Es ist keine Ironie, wenn es heißt: „Statt vom Brot und Wein zu nehmen, wie das viele von ihnen früher in einer Kirche taten, haben sie ihren Standpunkt zurechtgebracht, indem sie die Rolle von Beobachtern übernommen haben.“[170]

Demgemäß nahmen beim „Gedächtnismahl“ der Zeugen Jehovas im Jahre 1993 von den weltweit 11 865 765 Anwesenden nur 8 693 Personen Brot und Wein. Als Ergebnis der „Schließung der Tür“ zur „himmlischen Berufung“ durch Rutherfords Wachtturm-Gesellschaft sind heute also mehr als elf Millionen Zeugen Jehovas *und* Randsiedler von Brot und Wein des Abendsmals „ausgesperrt“! Diesen „gegenbildlichen Wasserschöpfern und Holzsammlern“ gegenüber aber wurde der „Überrest der Gesalbten“ immer mehr als geistige Führungselite herausgestellt. – Beides eine Kreation der Krise!

Andererseits liegt das für Zeugen Jehovas so verlockende Ziel des Paradieses auf Erden „voll im Trend“: Im ersten Drittel unseres Jahrhunderts sind die – breite Massen mobilisierenden – Ideologien Lenins und Hitlers mit der Devise angetreten, diesen uralten Menschheitstraum zu realisieren. Zu Lenins „Arbeiter- und Bauern-Paradies“ und Hitlers „Tausendjährigem Reich“ – beide nichts anderes als säkularisierte Formen der christlichen Reich-Gottes-Hoffnung – tritt Rutherfords Wachtturm-Gesellschaft in Konkurrenz. Das wird niemand deutlicher erkennen als jene, und sie werden den Kampf mit ihr aufnehmen. Sie wird – früher als zu erwarten – jene Konkurrenten überleben, aber zu welch einem hohen Preis!

Eine neue Theokratie

Wie das alte Gottesvolk Israel eine Theokratie war – eine Gottesherrschaft –, so muß auch die heutige „Christenversammlung“ eine *Theo*kratie sein. *Demo*kratische Strukturen sind daher abzulehnen. So argumentiert Rutherford. Als gerissener Taktiker geht er aber schrittweise vor. Um kurz zurückzublenden:

---

170 ebenda, S. 16, Abs. 4.

Seit 1919: von der Wachtturm-Gesellschaft eingesetzte „Dienstleiter"

Die seit Russells Tagen amtierenden Ältesten, die von den Versammlungen der Bibelforscher nach alter kongregationalistischer Ordnung gewählt wurden, erweisen sich für den „Richter" J.F. Rutherford als widerborstig. Er kann sie jedoch nicht ohne weiteres davonjagen, ohne die ganzen Versammlungen gegen sich aufzubringen. So greift er sie frontal da an, wo sie sich seinen Vorstellungen am wenigsten anpassen wollen. Sie lehnen es ab, einfach nur Bücherverkäufer der Wachtturm-Gesellschaft unter J.F. Rutherfords Direktiven zu sein. Darum setzt er ihnen „in jeder Versammlung, die von der Gesellschaft für den Dienst organisiert werden wollte, ..." einen Dienstleiter vor die Nase. „Er sollte die Führung übernehmen und dafür sorgen, daß die Versammlung das nötige Rüstzeug hatte."[171]

Diese neue diktatorische Maßnahme und Rutherfords Nachdruck auf das Verbreiten von Büchern erregt zwangsläufig den Widerspruch der Ältesten, die es gewohnt sind, zu lehren, zu predigen, Vorträge zu halten. Im neuen Geschichtswerk „Jehovas Zeugen, Verkündiger ..." heißt es dazu:

> „Im englischen Wacht-Turm erschien 1922 ein Artikel mit dem Thema ‚Dienst unbedingt erforderlich' ..., wobei den Ältesten in den Versammlungen erklärt wurde: ‚Niemand sollte denken, nur weil er Ältester der Klasse ist, sein gesamter Dienst bestünde lediglich aus mündlichen Predigten. Wenn er die Gelegenheit hat, zu den Menschen zu gehen und ihnen die Botschaft in gedruckter Form in die Hand zu legen, so ist das ein großes Vorrecht und oft noch wirkungsvoller als irgendeine andere Art des Predigens.' In dem Artikel wurde dann die Frage gestellt: ‚Kann jemand, der dem Herrn wirklich geweiht ist, zu einer solchen Zeit mit Recht untätig sein?'
>
> Manche zögerten. Sie erhoben alle möglichen Einwände. Sie hielten es nicht für angebracht, ‚Bücher zu verkaufen', obgleich das Werk nicht profitbringend war und sie durch eben diese Publikationen die Wahrheit über Gottes König-

---

[171] „Jehovas Zeugen, Verkündiger", S. 637.

reich kennengelernt hatten. Als von 1926 an dazu ermuntert wurde, am Sonntag mit den Büchern von Haus zu Haus zu predigen, sprachen sich einige dagegen aus, obwohl viele Menschen den Sonntag in der Regel für religiöse Dinge freihielten. Das Grundproblem war, daß sie meinten, es sei unter ihrer Würde, von Haus zu Haus zu predigen ...

Die Versammlung in Skive (Dänemark) und einige andere Versammlungen schrumpften auf etwa die Hälfte zusammen. Von den ungefähr hundert Personen, die mit der Versammlung in Dublin (Irland) verbunden waren, blieben nur vier übrig. In den Vereinigten Staaten, in Kanada, Norwegen und anderen Ländern kam es zu ähnlichen Prüfungen und Sichtungen. Dadurch wurden die Versammlungen gereinigt."[172]

Ab 1932: Abschaffung der „Wahlältesten"

„Richter" Rutherford, der Mann mit einem ausgeprägten Sinn für das, was man „Timing" nennt, und mit einem Gespür für das jeweils „Machbare", zieht seit 1932 die Zügel noch mehr an. Im Wachtturm vom 15.9. und 1.10.1932 – beide Ausgaben unter der bezeichnenden Überschrift „Theokratische Organisation" – wirft er nicht nur endgültig die alten biblischen Begriffe wie Gemeinde und Kirche aus dem Wortschatz der Zeugen Jehovas heraus, sondern auch die demokratischen Strukturen aus ihrer Lebenspraxis: Es ist

„unbiblisch, ... die Ältesten in ihr Amt zu *wählen*. Die Versammlungen wurden aufgefordert, nur solche Männer in verantwortliche Stellungen einzusetzen, die im Predigtdienst tätig waren ... Diese Männer sollten ein Dienstkomitee bilden. Einer von ihnen wurde auf Empfehlung der Versammlung von der Gesellschaft zum Dienstleiter ernannt."[173]

Doch auch diese Einrichtung ist nur eine vorübergehende. Erst sechs Jahre später erreicht J. F. Rutherford sein Ziel:

---

172 ebenda, S. 637, 638.
173 ebenda, S. 638f.

Das Buch „Vorhaben" zeigt auf seine Weise, wie J. F. Rutherford, seit seiner Jugendzeit daran gewöhnt, sich durchzubeißen, sich Schritt für Schritt seinem Ziel nähert: „Von 1922 an war fast in jedem Jahresbericht von Organisierung die Rede. Im Jahre 1932 wurden dann die ‚Wahlältesten' ... durch eine Gruppe reifer Brüder ersetzt ... Die endgültige Umstellung zu streng theokratischer Ordnung fand jedoch nicht vor 1938 statt ..."[174]

Die Wachtturm-Gesellschaft ersuchte die Versammlungen, folgende Resolution anzunehmen:

> „Wir, die Gruppe des Volkes Gottes ... in ... anerkennen, daß Gottes Regierung eine reine Gottesherrschaft ist, daß Christus Jesus sich im Tempel befindet und den vollen Befehl und die volle Gewalt über die sichtbare Organisation Jehovas wie auch über die unsichtbare innehat, und daß ‚DIE GESELLSCHAFT' der sichtbare Vertreter des Herrn auf Erden ist. Daher stellen wir das Gesuch, daß ‚Die Gesellschaft' unsere Gruppe für den Dienst organisiere und deren verschiedene Diener bestelle, damit wir alle in Frieden, Gerechtigkeit, Eintracht und vollständiger Einheit zusammenwirken können. Wir legen hier die Namenliste derjenigen Personen unserer Gruppe bei, die uns als gereifter und darum am geeignetsten scheinen, die betreffenden Dienstposten auszufüllen."[175]

Der Erfolg bleibt nicht aus: „Praktisch alle Versammlungen der Zeugen Jehovas nahmen diese Resolution an."

Aus England wird berichtet: „Sie war das Hauptgesprächsthema. Man empfand eine allgemeine Belebung – die Bereitschaft, zielstrebig weiterzukämpfen. Während in der Welt die Spannungen zunahmen, war die Freude über die theokratische Herrschaft überströmend."[176]

Die neue theokratische Ordnung besteht darin, daß fortan alle leitenden Brüder in den Versammlungen (Schwestern nur dann, wenn keine befähigten und linientreuen Männer verfügbar sind)

---

174 „Vorhaben", S. 148.
175 ebenda, S. 148f.; Der Wachtturm vom 15. 7. 1938, S. 215.
176 „Jehovas Zeugen, Verkündiger", S. 219, 221.

durch das jeweilige Zweigbüro der Wachtturm-Gesellschaft eingesetzt werden. Auch alle überörtlichen Amtsträger werden durch die Gesellschaft bestimmt und behalten ihr Amt, solange es ihr gefällt. Begründung des Wachtturms vom 1.7. und 15.7.1938: „Jehovas Organisation ist in keiner Weise demokratisch. Jehova ist der Höchste, und seine Herrschaft oder Organisation ist streng theokratisch."[177]

Wenn aber eine Organisation nicht demokratisch sein will und alle Merkmale einer autokratischen Herrschaft annimmt – wie immer sie diese auch benennt, so wird sie zur Diktatur. Die Wachtturm-Gesellschaft hat das Königreich Gottes als Theokratie bezeichnet, die heute auf Erden in Funktion sei. Den Verdacht, es handle sich dabei um ein Management *ihres* Präsidenten, weist sie – wie schon J. F. Rutherford selbst – weit von sich.[178]

In ihrer Zeitschrift „Consolation" klingt das 1940 jedoch durchaus so: „Die Theokratie ist die verheißene Regierung der Angelegenheiten der Erde durch Jehova Gott, den Schöpfer, durch den zu diesem Zweck berufenen König, Christus Jesus. Diese Theokratie ist jetzt auf Erden in Funktion ... Die Theokratie wird gegenwärtig regiert [engl. „administered"] durch die WATCH TOWER BIBLE AND TRACT SOCIETY, von der Richter Rutherford der Präsident und Chefmanager ist."[179]

In der Russell-Ära, besonders aber nach dessen Tod, gab es in den Reihen der Bibelforscher um Russell einen Personenkult. Spätestens seit dieser Verlautbarung tritt an dessen Stelle ein neuer Kult, in dessen Zentrum die Wachtturm-Gesellschaft selbst steht und ihre „theokratische Organisation".

Unter Rutherfords Nachfolger wird sich die Gleichsetzung des Königreiches Gottes oder der Theokratie mit der Zeugen Jehovas-Organisation fortsetzen. Ihre zahlenmäßige Zunahme nennt sie „Mehrung der Theokratie"[180], und bei ihren Anhängern heißt bis

---

177 ebenda, S. 218 oben, zitiert aus Wachtturm von 1938.

178 ebenda, S. 220f.

179 „Consolation" (Trost, vorher: „Das Goldene Zeitalter", heute: „ERWACHET!") vom 4. 9. 1940, S. 25, jedoch nur in der engl. Ausgabe. Die deutsche Ausgabe übernahm diesen Artikel nicht.

180 Der Wachtturm vom 1. 11. 1950 und 15. 12. 1951. – Den „Nationen" und somit ihren Regierungen wird 1953 auf einem Kongreß im Yankee-Stadion

heute, „etwas für die Theokratie“ zu tun, dasselbe wie „etwas für die Organisation der Zeugen Jehovas zu tun“.

Die Wachtturm-Gesellschaft hat bestens dafür gesorgt, daß Zeugen Jehovas diesen Sprachgebrauch für biblisch halten: Nach ihrer Lehre ist ja der König seit 1914 auf den Thron erhoben. So sei Jes. 32,1f. erfüllt: „Siehe, ein König wird regieren in Gerechtigkeit; und die Fürsten werden nach Recht herrschen.“ Aber die „Fürsten“, die für 1925 zurückerwarteten „alttestamentlichen Überwinder“, waren ja ausgeblieben. Kein Problem: Auf den „rollenden Kongressen“ der frühen 50er Jahre konnten die Zeugen Jehovas mit Erstaunen hören: „Die Fürsten sind unter uns!“ – in Gestalt der Amtsträger in der Organisation ...

Im Wachtturm fand dieses „hellere Licht“ wie folgt seinen Niederschlag: Die in Jes. 32 verheißenen „Fürsten oder ‚sarim‘ [Hebr.] sind ... führende theokratische Männer, die eingesetzten Häupter einer Klasse oder Gruppe, selbst bis hinab zu einer Gruppe von zehn Personen. Somit nimmt die Klasse des ‚treuen und verständigen Sklaven‘ den anderen Schafen gegenüber eine fürstliche Stellung ein.“

Aber auch „irgendein männlicher Diener, der von der leitenden Körperschaft ernannt ist und ... ‚nach Recht herrscht‘, wäre ein theokratischer Fürst ...“[181]

(New York) vor 165 000 Zeugen Jehovas öffentlich der Vorwurf gemacht, sich zu weigern, „auf untheokratische Herrschaft zu verzichten und ihre Souveränität an Jesus Christus, den theokratischen König Jehovas, abzutreten“ (nach „Harmagedon Gottes Neue Welt“, deutsch 1954).

[181] Der Wachtturm vom 1. 11. 1954, S. 661, Abs. 17.

Der lange Abschied von Russell

„Helleres Licht"

Wie im vorigen Kapitel bereits deutlich wurde, lassen sich viele Lehren Russells schon unter der Präsidentschaft Rutherfords nicht mehr aufrechterhalten, weil sie durch die Zeitereignisse widerlegt sind. Das bringt die Wachtturm-Gesellschaft in ein schreckliches Dilemma: Sie muß sich von ihrem zum Leitbild immer weniger taugenden Gründer emanzipieren; andererseits braucht sie ihn immer noch wegen fehlender eigener geistlicher Substanz und eigener Identität – und um seinen Anhängern zu versichern: Es geht in *seinem* Sinne weiter!

So kommt es, daß die Wachtturm-Gesellschaft nach Russells Tod geradezu einen Zick-Zack-Kurs steuert, was ihre Stellung zu ihm betrifft.

Neubewertung des „klugen und treuen Knechts"

Bei Russells Begräbnis hatte Rutherford ihn noch als den „fehlerfreiesten, reinsten und besten Menschen" gerühmt, den er je gekannt habe, und als „ein Held", der „im Harnisch" starb. Pastor Russell habe von sich sagen können: „Ich habe den guten Kampf gekämpft ..., das Werk vollendet ...", und demgemäß würde der Herr ihm die Antwort geben: „Wohl und treu getan, gehe ein in meine Freude und setze dich nieder auf meinen Thron."[182]

In einer anderen Ansprache wurde Russell gerühmt als „der größte Bibel-Gelehrte seit den Tagen der Apostel",[183] und in Band VII der „Schriftstudien" als der „in Linnen gekleidete Mann", von

---

[182] Der Wachtturm, Febr. 1917, S. 42. Das „Wohl und treu getan" ist wohl eine Anspielung auf den Glauben der Trauergemeinde, Russell sei der in Jesu Gleichnis erwähnte „kluge und treue Knecht" (Matth. 24,45ff.; Luk. 12,42-48; vgl. auch Matth. 25,21).

[183] ebenda, S. 35.

dem der Prophet Hesekiel (9,1.2) sprach.[184] Die von ihm verfaßten Bände enthielten göttlich „offenbarte Wahrheiten", durch die alle „ungerechten Systeme" gestürzt würden,[185] und noch in der Ewigkeit würde derjenige, der dem Worte Gottes etwas hinzufügte, „die sieben Bände der Schriftstudien zu lesen haben ..., die ihm dann das Fehlerhafte seines Tuns zeigen werden".[186]

Doch schon im Wachtturm von 1921 wird eingeräumt, daß nicht nur Mose und Aaron „Fehler machten", sondern auch „Bruder Russell". Aber es „waren wenige", und darum sollten „Widerspenstige" sich hüten, „die Mundstücke des Herrn zu beschuldigen".[187] Sie sollen vor allem nicht die Autorität der neuen Administration infrage stellen, denn sie ist nach Russells Tod sein „rechtmäßiger Nachfolger". Sie ist „vom Herrn rechtmäßig berufen und eingesetzt", der nun nur durch *sie* redet. Was sie anordnet, ist der „Weg des Herrn", und alle, die nicht gehorchen, sind „Gesetzlose, Ärgernisse, Eigenwillige, Götzendienerische, Aufrührer, Gottlose" usw.[188]

Galt C. T. Russell bis 1926 noch als der „kluge und treue Knecht des Herrn", der „Speise zur rechten Zeit an den Haushalt des Glaubens" reichte,[189] so rückt in der Folgezeit *„die Gesellschaft"* an seine Stelle bzw. der „Überrest", den sie vertritt.[190]

Natürlich muß die neue Führung nun auch zeigen, daß sie *frische* geistige Speise auf den Tisch zu bringen vermag:

Die „Handschrift" des Juristen: Jehovas Rechtsstreit

Der Beseitigung des Bösen in der Welt hatte schon immer das besondere Interesse der Wachtturm-Gesellschaft gegolten. Der „Richter" setzt nun in diesem Punkt völlig neue Akzente, die für

184 Band VII Berner Ausgabe von 1917, S. 606; spätere Ausgabe S. 570 zu Hes. 9,1f.

185 ebenda zu Offbg. 20,10 (in der Auflage von 1917, S. 423).

186 ebenda zu Offbg. 22,18.

187 Der Wachtturm, August 1921, S. 119.

188 Der Wachtturm 1925, S. 204, 232, 246; 1926, S. 216, 148.

189 Vorwort von Band VII der Schriftstudien.

190 Der so lange gepflegte Personenkult um Russell wurde später als „Menschenverehrung" gebrandmarkt („Vorhaben", S. 69).

die offizielle Lehre bis auf den heutigen Tag bestimmend sind: Gestützt auf das Buch Hiob und die Sündenfallgeschichte im Buch Genesis (1. Mose) lehrt er, der Teufel habe durch seine Infragestellung der Lauterkeit des Menschen und zugleich des Wortes und der Oberhoheit Jehovas eine „große Streitfrage" aufgeworfen. Zu deren Klärung räumte Jehova dem Satan eine gewisse Zeitspanne ein, während dieser seine Organisation aufbauen und seine Sache vertreten könne. Er bietet unter der Herrschaft der Mächte der Politik, der Wirtschaft und der falschen Religion Menschen gegen Jehova auf. Umgekehrt nutzt Jehova diese Zeit, um die „Gottergebenen" zu einem „Verständnis der eigentlichen Streitfrage" zu führen: es „war und ist diejenige der Universal-Herrschaft".[191]

Was J. F. Rutherford hier entfaltet, hat er lange Zeit vorher schon ansatzweise vertreten: „Seit den Tagen Edens hat jede Organisation auf Erden, mit Ausnahme von einer, Schmähung und Unehre auf den Namen Gottes gebracht. Diese Ausnahme ist Zion."

Was aber ist Zion? „Es ist *seine* Organisation ...",[192] dazu bestimmt, das Wort, den Namen und die Oberhoheit Jehovas zu *„rechtfertigen"*. In diesem Sinne bekommt der 1931 angenommene Name „Jehovas Zeugen" (statt bis dahin „Ernste Bibelforscher") einen ausgesprochen „juristischen" Sinn.[193]

Kriegserklärung gegen das herkömmliche Christentum

Die einfache Formel „hier Organisation Jehovas – dort Organisation Satans" beherrscht seit den Tagen Rutherfords die gesamte Wachtturm-Literatur. Diese simple Schwarzweißmalerei macht es möglich, auch alle christlichen Kirchen und Gemeinschaften – außerhalb der Zeugen Jehovas-Organisation – kurzerhand zur „Organisation Satans" zu zählen, die „zur Vernichtung" bestimmt ist. Zu der gehören auch alle „weltlichen Regierungen".

Seit 1929 verteufelt die Wachtturm-Gesellschaft den Staat (näheres auf S. 138ff.; 173ff.). – Von den Kirchen sucht die Wachtturm-

---

[191] Der Wachtturm, 1941, S. 245, zitiert in „Vorhaben", S. 193.

[192] Der Wachtturm, Februar 1926, S. 36, 37.

[193] Buch Rutherfords „Rechtfertigung", Bd. 1 (1931), S. 340 und an vielen weiteren Stellen.

Gesellschaft sich um jeden Preis deutlich zu unterscheiden: Statt des Namens Jesu, in dem allein das Heil ist (Apg. 4,12), erhebt sie den Namen *Jehova* zum Namen über alle Namen.[194] Statt der Rechtfertigung und Errettung von *Menschen* durch das Erlösungswerk Christi den ersten Platz einzuräumen (Röm. 3,23-5,10), betont sie den Vorrang der „Rechtfertigung *Jehovas*".[195] Demgemäß ist es für sie nicht mehr zeitgemäß, neutestamentliche Texte zu entfalten, sondern in erster Linie alttestamentliche Texte und Geschehnisse zu „Vorbildern" zu erklären und auf die Zeugen Jehovas-Organisation anzuwenden. Auf diese Weise entsteht ein ganz neues Lehrgebäude, das mit dem herkömmlichen Christentum nur noch wenige Gemeinsamkeiten aufweist.

Sichtbarer Ausdruck dafür ist die Abschaffung des Weihnachtsfestes: Während das „Goldene Zeitalter" (heute ERWACHET) in der Dezembernummer 1926 seinen Lesern noch „ein gesegnetes Weihnachtsfest" wünschte,[196] erscheint in derselben Zeitschrift zwei Jahre später ein Beitrag, in dem das Christfest als heidnisch verpönt wird.[197] Ab Herbst 1931 verschwindet von der Wachtturm-Titelseite das *Kreuz*!

Rutherford erzählte bei vielen Gelegenheiten, er habe schon seinerzeit im Atlanta-Gefängnis die Eisenstangen seiner Zelle gepackt und gelobt, nie aufzuhören, das Christentum zu entlarven. „Das unter dem Einfluß des Teufels stehende und die Teufelsreligion ausübende organisierte Christentum" macht er seither verantwortlich für alle Greuel und Verbrechen in dieser Welt.[198]

Seit 1937 gilt Rutherfords Lehre: Echtes Christentum ist keine Religion, sondern dessen Gegenteil! „Religion ist Gimpelfang und Erpressung", so lautet jahrelang ein beliebter Watchtower-Slogan – für die überwiegend sehr *religiöse* Bevölkerung der USA geradezu

---

194 Der Wachtturm, 1. Febr. 1926, S. 35: „Wer wird Jehova ehren?"

195 Gegründet auf Rutherfords Lehre, betont auch sein Nachfolger in „Die Wahrheit wird euch frei machen" (1943, deutsch 1946): „Gerade die Bestimmung Jesu zum Messias oder Christus beweist, daß der Hauptzweck seines Kommens auf die Erde *nicht* darin bestand, die Menschheit zu erlösen und zu erretten" (S. 252). Vgl. auch „Die Neue Welt" (deutsch etwa 1945), S. 296. – Der Wachtturm vom 1. 3. 1991 (Titelüberschrift).

196 Goldenes Zeitalter 15. 12. 1926, S. 370.

197 Goldenes Zeitalter 15. 12. 1928, S. 375.

198 „Rechtfertigung", Bd. 1, S. 92.

DER WACHTTURM und Verkünder der Gegenwart Christi

EWIGER FELS
Einen andern Grund
kann niemand legen
EIN LÖSEGELD FÜR ALLE

Wächter, wie weit ist's in der Nacht?
Der Morgen kommt, und auch eine Nacht! - Jes. 21.11.

36. Jahrgang — Nummer 18

15. September 1931

Inhaltsverzeichnis

Auf meine Warte will ich treten und auf den Turm mich stellen, und will spähen, um zu sehen, was er mit mir reden wird, und was ich erwidern soll meinen Anklägern. Habakuk 2 : 1.

Auf der Erde Bedrängnis der Nationen in Ratlosigkeit bei brausendem Meer und Wasserwogen [wegen der ruhelosen, unzufriedenen Völkermassen]; indem die Menschen verschmachten vor Furcht und Erwartung der Dinge, die über den Erdkreis kommen, denn die Kräfte der Himmel werden erschüttert werden. Wenn ihr dies geschehen sehet, erkennet, daß das Reich Gottes nahe ist. Blicket auf und hebet eure Häupter empor, weil eure Erlösung naht. — Lukas 21 : 25—31.

Der Wachtturm vom 15.9.1931, eine der letzten Ausgaben mit dem Kreuz auf der linken Seite oben. Danach zeigte die Titelseite fast zwanzig Jahre einen Turm unter der Darstellung einer Vision des Propheten Hesekiel.

eine Provokation übelster Art. Die Folge ist, daß Menschen, die gerade eben begonnen hatten, sich positiv zu den Zeugen Jehovas zu stellen als einer vom Staat bedrohten religiösen Minderheit,[199] plötzlich völlig irritiert zu ihren energischen Gegnern werden.

„Religionslose“ als Vorkämpfer der Religionsfreiheit

W. J. Schnell, der damals noch engagierter Watchtower-Funktionär ist, schreibt darüber später:

> „Verblüffend oft und erfolgreich änderte die Wachtturm-Gesellschaft ihre Taktik, um sich den jeweiligen Bedürfnissen und Zielen anzupassen. Während man alle nur denkbaren Anstrengungen machte, um den Obersten Gerichtshof der Vereinigten Staaten dahin zu bringen, daß er die Verkaufspraktiken für eine Ausübung religiöser Rechte erklärte, schlug man andererseits einen Kurs ein, der diametral entgegengesetzt zu sein schien. Die Wachtturm-Gesellschaft erhob im ganzen Lande den organisierten Ruf: ‚Religion ist Gimpelfang und Erpressung.‘ So lenkte man – indem man andere

---

[199] William J. Schnell berichtet in seinem Buch „Falsche Zeugen stehen wider mich. Dreißig Jahre Sklave des Wachtturms“ (Konstanz 1959; künftig hier abgekürzt: Schnell, Sklave des WT), daß Ende der dreißiger Jahre „bei Behörden und gewissen Gruppen der Verdacht“ aufkam, „daß der riesige Verkauf von Wachtturm-Waren, den man unter der Tarnung der Religionsausübung vornahm, in Wahrheit nichts anderes war als eine unerlaubte Geschäftemacherei ... So erschien 1940 in der Saturday Evening Post ein Artikel ..., der den Titel ‚Harmagedon e.V.‘ trug. Als sich die Leitung der Wachtturm-Gesellschaft öffentlich attackiert sah, griff sie zu Gegenmaßnahmen: ‚... Wenn irgendwo Zeugen Jehovas wegen unerlaubten Buchverkaufs verhaftet wurden, unternahm man sofort rechtliche Schritte, die feststellen sollten, daß es sich bei ihnen um eine reine Predigertätigkeit handele, die lediglich mit Hilfe des gedruckten anstelle des gesprochenen Wortes geschah. Monoton wiederholte man den Anspruch auf Religionsfreiheit als Rechtfertigung für die eigenen Praktiken ...“
Schnell zeigt dann anhand von Beispielen aus eigenem Erleben, wie viele Amerikaner den Zeugen Jehovas als einer „bedrohten Minderheit“ beizustehen versuchten.

angriff – die Aufmerksamkeit von der Beschuldigung ab, daß der Bücherverkaufsfeldzug der Gesellschaft Ausbeutung sei. Bald zogen Jehovas Zeugen mit Plakaten vor der Brust durch die Straßen, auf denen groß zu lesen stand: ‚Religion ist Gimpelfang und Erpressung.' Die Organisation behauptete, daß *sie* einen angemessenen Gegenwert für das Geld gebe, während die *Religion* für das ihr gegebene Geld überhaupt nichts liefere ...

Das neue Schlagwort brachte schon bald den gewünschten Erfolg. Es führte bei vielen religiös Denkenden zu einer Ablehnung und gab ausgedehnten Anlaß zu Gewalttaten des Mob. Nun sah sich die Polizei – die bisher Jehovas Zeugen in Massen verhaftet hatte – veranlaßt, umzuschwenken und Jehovas Zeugen in Schutz zu nehmen. Diese aber spielten ihre Rolle gut. Sie hörten auf zu kämpfen, unterwarfen sich der Gewalt des Mobs, den Verhaftungen, den Prozessen, Boykotts und dem Verlust ihrer Arbeitsstellen. Manchen von ihnen flößte man Rizinusöl ein und ließ sie dann viele Meilen wandern. Ohne zu murren ließen sie alles über sich ergehen. So verschafften sich Jehovas Zeugen den Ruf einer Minderheit, die in Ausübung ihrer Religion verfolgt wird. Das hatte zur Folge, daß die Sache der Wachtturm-Gesellschaft einen gewaltigen Auftrieb erhielt ...": Steigender Bücherumsatz und Entstehung neuer Zeugen Jehovas-Gruppen überall in den Städten des Landes.[200]

Die Wachtturm-Gesellschaft versteht es meisterhaft, dank des taktischen Geschicks des „Richters" an ihrer Spitze, als eine verfolgte Minderheit die Gerichte auf ihre Seite zu bringen. Als einer ihrer Leute von einem Gericht verurteilt wird, bringt sie die Sache vor die höheren Instanzen und schließlich vor den Obersten Gerichtshof der USA. In ihren Eingaben versichert sie, die Zeugen Jehovas seien zumeist Menschen der armen Unterschicht, die keine teuren Zeitungsanzeigen bezahlen könnten, müßten sich daher der Werbemittel des kleinen Mannes bedienen – Flugblätter und Broschüren. Sie verweist dabei auf berühmte Männer der US-Geschichte, die, um ihre Sache zu vertreten, sich des Flugblatts bedient hätten.

---

200 Schnell, Sklave des Wachtturm, S. 106.

Die Wachtturm-Gesellschaft trägt den Sieg davon! Der Oberste Gerichtshof der USA entscheidet, daß die von den Zeugen Jehovas vertriebenen Bücher und Broschüren Presseprodukte seien, deren Verbreitung durch die Verfassung der USA garantiert sei und nicht durch regionale Verbote behindert werden dürfe.

Dazu W. J. Schnell:

> „Der Griffin-Prozeß [Griffin in Georgia war der Schauplatz des Geschehens] war der erste, aber keineswegs der letzte Sieg der Zeugen Jehovas. Er war der Beginn einer langen Geschichte, in deren Verlauf alle Praktiken von Jehovas Zeugen als legale Maßnahmen in die Gesetze des Landes eingebaut wurden. Etwas Ähnliches wurde bisher noch von keiner anderen Religionsgemeinschaft erreicht."[201]

W. J. Schnell zeigt dann auch, wie die Wachtturm-Gesellschaft diesen Sieg für ihre interne Strategie zur Legitimierung ihrer „Theokratie" zu nutzen weiß: Jehova benutze selbst die Aktionen der Feinde seiner Organisation, um ihr zu der von ihm gewollten „theokratischen" Ordnung zu verhelfen. Man machte sich in den Wachtturmschriften

> „ganz offen darüber lustig, daß Polizeichefs, Stadtväter, Gerichtshöfe, bürgerliche Gruppen, amerikanische Kriegsveteranen und schließlich sogar der Oberste Gerichtshof in Lagen hineinmanövriert wurden, in denen sie von der Organisation als Instrumente zur Errichtung der Theokratie benutzt werden konnten."[202]

Helden statt Heilige

Wie die Wachtturm-Gesellschaft in ihrem Ursprungsland, den USA, dank der erfolgreichen „Politik" des Juristen J. F. Rutherford einen Sieg nach dem andern errang, so hoffte sie es auch in anderen Ländern zu können.

---

[201] ebenda, S. 107.
[202] ebenda, S. 107.

Das nach dem verlorenen (Ersten) Weltkrieg unter den harten Bedingungen des Versailler Vertrags, durch Wirtschaftsflaute und Arbeitslosigkeit besonders krisenanfällige Deutschland hatte sich im Laufe der Jahrzehnte als ein äußerst fruchtbarer Boden für die Wachtturm-Werbung erwiesen. Wer in *dieser* Welt kaum Hoffnung hat, je auf einen „grünen Zweig" zu kommen, ist eher geneigt, an ein „nahe bevorstehendes Weltende und das Königreich *danach*" zu glauben, als andere Leute. So bildet in Deutschland gerade die soziale und bildungsmäßige Unterschicht die besondere Zielgruppe für die Wachtturm-Werbung. Für diese Menschen sind einfache und griffige Formulierungen ansprechender als tiefschürfende und differenzierende theologische Abhandlungen. Kein Wunder, daß im Deutschland der Weimarer Republik eine „rote" Kirchenaustrittswelle die Kirchen – vor allem die evangelischen – schwächt, während gleichzeitig radikale Parolen der politischen extremen Linken und der Rechten *„ankommen"*. In diesem spannungsvollen Klima kann auch die Wachtturm-Gesellschaft mit ihrer Propaganda sich Gehör verschaffen. Der neue Jargon, der die fromme „Sprache Kanaans" der Russell-Ära längst abgelöst hat, macht's möglich.

William J. Schnell, in den zwanziger Jahren als Wachtturm-„Pionier" in Deutschland tätig, berichtet über die damalige Praxis:

> „Jetzt war die Zeit gekommen, um die neuen Parolen von *Gottes Organisation* und *Satans Organisation* in die Praxis umzusetzen. Man gab uns das Signal zum Vormarsch, und wir machten uns mit deutscher Gründlichkeit an die Arbeit. Unser ganzes Auftreten war mit einmal verändert. Wir standen ja in Gottes Organisation! Jetzt befolgten wir nicht mehr – so wie das die alten Bibelforscher getan hatten – die von Jesus in Matth. 28,19-20 gegebene Anweisung, alle Völker zu Jüngern Christi zu machen. O nein! Das wäre viel zu zahm gewesen ...
>
> Genau wie die Pharisäer und die Sadduzäer zu Jesu Zeit, so betrachteten auch wir uns allein als Gottes auserwähltes Volk. Anstatt die demütige Haltung an den Tag zu legen, die durch die Tatsache eines christlichen Amtes verliehen wird, wurden wir zu Eroberern und Kriegern. In dem Gefühl, daß das Christentum Schiffbruch erlitten hatte, glaubten wir, als Gottes Organisation den Auftrag zu haben, mitten unter die Chri-

stenheit zu gehen und all ihre Schlechtigkeit anzuprangern; dann wollten wir sie Gottes Organisation zuführen ...

Durch diesen Glauben angefeuert, griffen wir an, und wir griffen überall an: in Sälen, sonntags in kleinen Städten, auf Massenveranstaltungen der Zeugen, von Haus zu Haus während der Woche, durch den Verkauf von Zeitschriften und ihre Zustellung an Abonnenten ...

Natürlich riefen wir Streit und Ärger hervor, und schließlich griff man uns persönlich an und ging in Städten und Dörfern zu Verhaftungen über. Wir aber waren zu Fanatikern geworden und mit Freuden bereit, den verlangten Preis zu zahlen. Man hatte uns gesagt, daß wir Soldaten seien ...

Zu dieser Zeit kamen wir hier und dort erstmals mit Sturmtrupps der Nationalsozialisten in Berührung. Politisch gesehen, waren sie noch nicht stark. Wir fielen ihnen auf, und sie behaupteten, daß wir von den USA organisierte Propagandisten seien. Wir ließen uns nie einschüchtern, sondern griffen diese Leute überall in unseren Reden an. Eine meiner Versammlungen wurde, während ich sprach, durch einen Sturmtrupp gestört, und ich erhielt mit einem Eichenstuhl einen Schlag über den Schädel ...“[203]

Heutige Zeugen Jehovas betrachten die Berichte im Buch von W. J. Schnell oft sehr skeptisch. Sie können gar nicht fassen, daß die Zeugen Jehovas damals so militant auftraten. Und wie sollten die in der damaligen Zeit noch sehr kleinen Versammlungen so viel „Wirbel“ machen können? Selbst die von Schnell verwendeten Begriffe, so meint man, seien doch nicht die der „theokratischen Organisation“: z.B. spricht Schnell von „Kompanien“ und „Divisionen“. Ein Blick in das neueste eigene Geschichtswerk „Jehovas Zeugen, Verkündiger“ zeigt jedoch, daß die Skepsis unbegründet ist. Über die damaligen Kampfmethoden in den USA, die ja auch für Deutschland galten, heißt es:

„In den 30er Jahren waren die einzelnen Versammlungen der Zeugen Jehovas in der Regel ziemlich klein, doch hielten sie fest zusammen. Wenn es irgendwo zu ernsthaften Schwierigkeiten kam, waren Zeugen aus der Umgebung schnell bereit

---

203 Schnell, Sklave des Wachtturms, S. 66-68.

zu helfen. 1933 hatte man zum Beispiel 12 600 Zeugen in den Vereinigten Staaten zu 78 Divisionen (größeren Gruppen) organisiert. Wenn es in einem Gebiet ständig zu Verhaftungen kam oder es Gegnern gelungen war, Rundfunkanstalten derart unter Druck zu setzen, daß sie die Sendeverträge für die von Jehovas Zeugen vorbereiteten Programme rückgängig machten, wurde das der Gesellschaft in Brooklyn gemeldet. Innerhalb einer Woche wurde Verstärkung in das betreffende Gebiet gesandt, damit konzentriert Zeugnis gegeben werden konnte.

Je nach Bedarf trafen sich 50 bis 1 000 Zeugen zu einer bestimmten Zeit gewöhnlich auf dem Lande in der Nähe des zu bearbeitenden Gebiets. Es waren alles Freiwillige; einige reisten aus einer Entfernung von etwa 300 Kilometern an. Die einzelnen Gruppen erhielten ein Gebiet, das in 30 Minuten bis höchstens zwei Stunden bearbeitet werden konnte. Während jede Autogruppe in dem ihr zugewiesenen Gebietsteil mit ihrer Tätigkeit begann, sprach ein aus Brüdern gebildetes Komitee bei der Polizei vor, um sie von der Tätigkeit zu unterrichten und eine Liste aller Zeugen abzugeben, die an dem betreffenden Vormittag in dem Ort unterwegs waren. Die Behörden erkannten, daß ihre Kräfte der Überzahl der Zeugen nicht gewachsen waren, und legten ihnen daher an den meisten Orten nichts mehr in den Weg. In einigen wenigen Städten belegten sie allerdings ihre Gefängnisse mit Zeugen, aber das war auch alles, was sie tun konnten. Für jeden Verhafteten hatten die Zeugen einen Anwalt an der Hand, der Kaution hinterlegte. Die Wirkung glich der des symbolischen Heuschreckenschwarms, von dem in Joel 2:7-11 und Offbg. 9:1-11 die Rede ist.“[204]

Bei den diesbezüglichen Berichten Schnells handelt es sich also keineswegs um Übertreibungen; seine Folgerung indes erinnert allzusehr an die Selbstüberschätzung der Wachtturm-Gesellschaft bzw. der Zeugen Jehovas: „Wenn ... Hitler ... nicht an die Macht gekommen wäre, hätten wir in Deutschland vielleicht die Chance gehabt, der erste ‚Zeugen-Jehovas-Staat‘ in Gottes Organisation zu wer-

---

204 „Jehovas Zeugen, Verkündiger“, S. 692f.

den." Sehr zutreffend dagegen seine Feststellung, daß „Nazis und Kommunisten" damals schon begannen, die Zeugen Jehovas als „dritte Macht im Staat zu bekämpfen".[205]

[205] a.a.O., S. 68f.

Zusammenprall totalitärer Systeme

Konflikte der Zeugen Jehovas mit Kirche und Staat vor 1933

In den Büchern der Zeugen Jehovas werden „Verfolgungen“ fast immer den Kirchen angelastet. Daß die maßlose Hetze gegen die „abtrünnige Christenheit“ und ihre „treulosen Prediger“ die Kirchen ständig provoziert hatte, so daß seither die Zeugen Jehovas sogar sich selbst als die apokalyptischen „Heuschrecken“ verstehen, die die Menschen peinigen, wird gern übersehen.

Besonders seit 1930 hatten entschiedene Christen und Amtsträger der großen Konfessionen bei kirchlichen und staatlichen Stellen auf ein energisches Einschreiten gegen die Bibelforscher und gegen die „Freidenker- und Gottlosenbewegung“ gedrängt.[206] Ihre Forderung, die „freidenkerische“ Propaganda des Unglaubens ebenso zu verbieten wie die des „sektiererischen Falschglaubens“, hatte zumindest insofern Erfolg gehabt: In einer „Verordnung des Reichspräsidenten zur Bekämpfung politischer Ausschreitungen“ vom 28. März 1931, die in erster Linie die polizeilichen Befugnisse im Vorgehen gegen extreme politische Kräfte erweitern sollte,

---

206 „Diese Forderungen sind vor dem Hintergrund hoher Mitgliederverluste in der Arbeiterschaft zu sehen, wobei die Kirchen diese nicht ihrem Versagen in der sozialen Frage zuschrieben, sondern ausschließlich die ‚kommunistische Gottlosenpropaganda‘ dafür verantwortlich machten. Die Austrittsbewegung entfaltete eine für die Kirchen mehr als besorgniserregende Dynamik. In den zehn Jahren von 1919 bis 1929 verließen insgesamt 1 903 755 Personen die evangelische Kirche und 318 915 die katholische Kirche. Von den Ausgetretenen war ungefähr die Hälfte freidenkerisch (zumeist im ‚Deutschen Freidenkerverband‘) organisiert (vgl. Künneth, Schweizer Freidenkertum, S. 49ff.). Demgegenüber war die Zahl derjenigen Kirchenangehörigen, die zu einer Sekte oder anderen Glaubensgemeinschaft übertraten, bedeutend kleiner. So verließen beispielsweise im Jahr 1929 bei einer Gesamtzahl von 153 037 Austritten 8 117 Menschen die evangelische Kirche, um sich einer Freikirche oder Sekte anzuschließen. Vgl. Kirchliches Jahrbuch für die evangelischen Landeskirchen Deutschlands 59 (1932), S. 245.“ Detlef Garbe, Zwischen Widerstand und Martyrium. Die Zeugen Jehovas im „Dritten Reich“ (R. Oldenbourg Verlag München 1993), S. 80, Anm. 166.

wurde auch die Möglichkeit zum polizeilichen Einschreiten eröffnet für den Fall, „daß eine Religionsgesellschaft des öffentlichen Rechts, ihre Einrichtungen, Gebräuche oder Gegenstände ihrer religiösen Verehrung beschimpft oder böswillig verächtlich gemacht werden".[207]

Unter Berufung auf diese Verordnung kam es zunächst in Bayern zu ersten Veranstaltungsverboten und zur Beschlagnahmung von Wachtturm-Schriften durch die Polizei. Am 18. November 1931 wurde die Beschlagnahmung und Einziehung sämtlicher Druck-Erzeugnisse der Wachtturm-Gesellschaft für das ganze Gebiet des Freistaates Bayern verfügt. Die seitens der Wachtturm-Gesellschaft dagegen eingelegte Rechtsbeschwerde wurde von der Regierung von Oberbayern und vom bayerischen Innenministerium zurückgewiesen. Auch mit ihrer gegen den bayerischen Staat angestrengten Klage hatte die Wachtturm-Gesellschaft keinen Erfolg.

Während des Jahres 1932 folgten weitere Länder dem Beispiel Bayerns und ordneten eine Beschlagnahmung von Wachtturm-Schriften an, z.B. Württemberg und Baden; in Baden konnte die Wachtturm-Gesellschaft die Aufhebung dieser Verfügung erwirken.

Eine an die Regierung des Deutschen Reiches herangetragene Forderung nach „Auflösung der Sekte" blieb ergebnislos. Den Gegnern der Bibelforscher/Zeugen Jehovas, die nach einem „heiligen Zorn der Christenheit" riefen, blieb, wie Garbe treffend bemerkt, nur „die Hoffnung auf eine Änderung der Machtverhältnisse. Als jenes andere, von den Nationalsozialisten proklamierte „Tausendjährige Reich" anbrach, war absehbar, daß auf die Zeugen Jehovas in dem Land, in dem sie ihre zweitstärkste Sektion hatten [d.i. nach den USA], schwere Belastungen zukommen sollten.[208]

Inwiefern absehbar?

Ideologische Ursachen des Konflikts mit dem NS-Staat

Sieht man einmal von der Eigendynamik der oben geschilderten Entwicklung ab, so gibt es eine Reihe von ideologischen Ursachen

---

[207] Garbe, Zwischen Widerstand und Martyrium, S. 80.
[208] Garbe, Zwischen Widerstand und Martyrium, S. 82.

für eine Kollision der Watchtower-Organisation mit dem nationalsozialistischen „Dritten Reich". Aus Gründen der Beschränkung auf das Wesentliche können sie im Rahmen dieses Buches nur angedeutet werden:

– Das Selbstverständnis der Zeugen Jehovas-Organisation als „Theokratie" und sichtbarer Ausdruck der 1914 „geborenen Neuen Nation" – und ihrer einzelnen Glieder als „Gesandte"[209] des Königreiches Gottes in diesen gottfeindlichen „alten" Nationen – macht die Zeugen Jehovas in den Augen der Nazis zu einem *Staat im Staate*, durch den die angestrebte Einheit der „Volksgemeinschaft" in höchstem Maße gefährdet wird.

– Die auf eigene Expansion und unentwegte antinationale Beeinflussung der übrigen Bevölkerung ausgerichteten Aktivitäten der Zeugen Jehovas lassen derartige Gefahren nur noch größer erscheinen.

– Der Antisemitismus der Nazis sieht in Zeugen Jehovas-Lehre und -Schrifttum jüdische und „zionistische" Propaganda. Die starke Hervorhebung des „Jehova"-Namens bis hin zum 1931 angenommenen neuen Namen „Jehovas Zeugen", die vorzugsweise Verwendung alttestamentlicher Texte in den Wachtturm-Schriften der Rutherford-Amtszeit und die unvergessene pro-zionistische Einstellung ihres Gründers und ersten Präsidenten C. T. Russell – nicht zuletzt Rutherfords Buch „Trost für die Juden" – bedeuten für die Mächtigen des „Dritten Reiches" eine Bestätigung dieses Verdachts.[210]

– Die seit 1929 geltende Wachtturm-offizielle Auslegung von Röm. 13,1-7, wonach mit dem Begriff „Obrigkeit" oder „obrig-

---

209 Der Wachtturm von Juli 1922, S. 109: „Unser Bürgerrecht ist im Lande unseres Königs im Himmel. Wir weilen nur noch in diesem Lande, um ihn zu vertreten ..." Dann heißt es, daß „unsere Stellung" mit der „eines Gesandten zu vergleichen ist". Das zitierte Pauluswort 2. Kor. 5,20 meint indes mit „Gesandten" ganz schlicht die von Christus Ausgesandten. Der Begriff „Gesandte" im Sinne einer „diplomatischen Vertretung im Ausland" ist in paulinischer Zeit noch unbekannt.

210 Seit Rutherfords Buch „Rechtfertigung" (1932) hat die Wachtturm-Gesellschaft jedoch die den Juden gegebenen göttlichen Verheißungen vergeistigt und auf die Zeugen Jehovas bzw. den „Überrest" angewandt; die Gerichtsankündigungen gegen Israel aber sollen sich an den *Kirchen* erfüllen ...

keitliche Gewalten" gar nicht der Staat, sondern Jehova-Gott, Jesus Christus und die Verantwortungsträger in der theokratischen Organisation gemeint seien, daß Staaten und Regierungen dieser Welt dagegen zur „Organisation Satans, des Teufels", gehören, muß die Zeugen Jehovas als notorische Staatsfeinde erscheinen lassen.[211]

– Die Verweigerung des Militärdienstes durch die sonst eher militanten und nach eigenem Bekunden keineswegs pazifistischen Zeugen Jehovas[212] muß den Machthabern des „Dritten Reiches" als Konsequenz dieser grundsätzlichen Staatsfeindschaft erscheinen.

Wohlmeinende, wenn auch allzu eilfertige Darstellungen, wonach die Ursache der Verfolgung der Zeugen Jehovas durch den

---

211 Der Wachtturm 1929, S. 196, zitiert in „Vorhaben", S. 124: „Ist es nicht klar, daß die Worte des Apostels Paulus ganz entschieden verkehrt ausgelegt worden sind, wenn man sie auf die Regierungen dieser Welt anwandte? ... Ist es nicht vernünftiger, anzunehmen, daß Gott seine Worte ausschließlich an jene obrigkeitlichen Gewalten richtet, die in der Organisation Gottes bestehen ... und nicht an die Gewalten in der Organisation Satans?"
Im Buch „Die Wahrheit wird euch frei machen" (deutsch 1946), S. 313, wird diese Auslegung als „helles Licht" gerühmt: „Im Jahre 1929 brach das helle Licht hervor. In jenem Jahr veröffentlichte der Wachtturm die biblische Erklärung von Röm. 13. Er zeigte, daß nicht weltliche Herrscher und Regenten, sondern Jehova Gott und Christus Jesus ‚die obrigkeitlichen Gewalten' sind ..., sowie daß alle menschliche Einrichtung, der sie untertan sein müssen, alle schriftgemäße Einrichtung jener Menschen ist, die ... in Gottes Organisation als Diener tätig sind."
In Büchern, die sich kritisch mit der Wachtturm-Gesellschaft auseinandersetzten, wurde dieses „helle Licht" als typisches Beispiel Rutherfordscher Bibel*ein*legung gebrandmarkt und als plumper Versuch der Selbsterhöhung der Watch Tower-Führer. Dabei zeige ja schon Vers 6f.: „Deswegen zahlt ihr ja auch Steuern ..., Steuer, dem die Steuer gebührt; Zoll, dem der Zoll gebührt; Furcht, dem die Furcht gebührt, Ehre, dem die Ehre gebührt", daß hier sehr wohl der Staat gemeint sei (Twisselmann, Vom Zeugen Jehovas, 1. Aufl. 1961, S. 98-100). 1962 ließ die Wachtturm-Gesellschaft das „helle Licht" von 1929 fallen.

212 „Jehova ist kein Pazifist", deshalb auch die Zeugen Jehovas nicht (Der Wachtturm vom 15. 3. 1951, S. 84.86 und Hauptüberschrift: „Warum Jehovas Zeugen keine Pazifisten sind". Kriegsdienstverweigerung wird von ihnen mit ihrer „politischen *Neutralität*" begründet (Der Wachtturm vom 15. 2. 1979, S. 12).

NS-Staat allein in ihrer konsequenten Kriegsdienstverweigerung zu suchen sei, sind daher ebenso abwegig wie die Behauptung, die Zeugen Jehovas seien „die einzige christliche Gemeinschaft gewesen, die sich geschlossen den Nationalsozialisten widersetzte".[213]

Die Wachtturm-Gesellschaft verteufelte ja nicht nur den NS-Unrechtsstaat, sondern *alle* Regierungen überhaupt. Noch 1949 lautete eine Hauptüberschrift im „ERWACHET" vom 8. 11. (Titelseite): „Gangster in Amt und Würden. Überzeugende Beweise dafür, daß Politiker nicht die ‚von Gott verordneten obrigkeitlichen Gewalten' sind." Auch nachdem diese mehr als drei Jahrzehnte vertretene Auslegung von Röm. 13, die hinter solchen Beschimpfungen stand, 1962 aufgegeben wurde, wirkt sie im heutigen Wachtturm-Denken nach: „Die politischen Systeme bilden einen ... wichtigen Bestandteil der Welt Satans ... Die organisierte menschliche Gesellschaft unter Satan, dem Teufel, ist wirklich böse und korrupt ..."[214]

Von „geschlossenem" Widerstand der Zeugen Jehovas gegen das NS-System kann vor allem deswegen nicht die Rede sein, weil die Wachtturm-Führung selbst nach der Machtergreifung Hitlers den Weg der *Anpassung* an die neuen Verhältnisse beschritt – wie andere auch.

Die Wachtturm-Gesellschaft zwischen Anpassung und Konfrontationskurs

Weil gegen die Zeugen Jehovas nach der Machtübernahme der Nazis „härtere behördliche Maßnahmen zu erwarten" waren,[215] reagierte die Wachtturm-Gesellschaft umgehend mit *vorbeugender* Anpassung: Da mußte zunächst der Begriff „International" geklärt werden. Der Name „Internationale Bibelforschervereini-

---

[213] Boike Jacobs in einer Rezension (des Buches von Hartwig Weber, „Lexikon der Grundbegriffe in Christentum und anderen Religionen") im Deutschen Allgemeinen Sonntagsblatt Nr. 20/1993.

[214] „Du kannst für immer im Paradies auf Erden leben (deutsch 1982), S. 210, Abs. 8.10.

[215] Garbe, Zwischen Widerstand und Martyrium, S. 83.

gung" (IBV) war mit der Annahme des neuen Namens „Jehovas Zeugen" (1931) nicht ohne weiteres eine Sache der Vergangenheit. Eine der Tochtergesellschaften des Watch Tower Konzerns trägt diesen Namen bis heute – wenn auch in englisch: „International Bible Students Association" – und erscheint in zahlreichen Büchern der Wachtturm-Gesellschaft im Impressum neben den beiden anderen Gesellschaften dieser Firmengruppe: Watch Tower Bible and Tract Society of Pennsylvania und Watchtower Bible and Tract Society of New York Inc.

Der Begriff „International" und das ganze antinationale Gehabe der Wachtturm-Gesellschaft hatten schon früher patriotische Kreise in Deutschland beunruhigt und gegen die Zeugen Jehovas mobilisiert.[216] Für manche Ohren klang dieses Wort allzusehr nach der verpönten (kommunistischen) „Internationale". Das Gespenst der „überstaatlichen Mächte" kam in Sicht. Darum veröffentlichte die Wachtturm-Gesellschaft schon in der ersten Ausgabe des „Goldenen Zeitalters" nach der Machtergreifung Hitlers einen Artikel, in dem sie betonte, „international" bedeute für die Zeugen Jehovas kein politisches Programm, wie eine „gewisse Presse" unterstellte, sondern die Zeugen Jehovas seien ausschließlich aus religiösen Motiven international, grenzüberschreitend.[217]

Der Begriffsklärung folgte auch für Deutschland eine organisatorische Umstrukturierung: „Ohne Unterrichtung der örtlichen Versammlungen ersetzte die Leitung des Werkes die auch nach der Annahme des Namens ‚Zeugen Jehovas' als Körperschaft weiterhin existierende ‚Internationale Bibelforschervereinigung (deutscher Zweig)' durch zwei neue Rechtspersonen, die ‚Norddeutsche Bibelforschervereinigung' mit Sitz in Hamburg und die ‚Süddeutsche Bibelforschervereinigung' mit Sitz in Stuttgart. Mit dieser – wie man es selbst bezeichnete – ‚Anpassung ... an die nationalen Verhältnisse in Deutschland' hoffte man, sowohl den Gegnern ... eine geringere Angriffsfläche zu bieten, als auch selber für den Fall der befürchteten administrativen Eingriffe besser gerüstet zu sein. Die von der Sorge um den Bestand der Gesellschaft motivierte Umstrukturierung, die sich insofern als eine präventive

---

216 Z.B. Friedrich Loofs, „Die Internationale Vereinigung Ernster Bibelforscher" (Leipzig 1921) S. 5: „... ihr Denken ist so antinational, daß ihre Propaganda auch im vaterländischen Interesse beklagt werden muß."

217 a.a.O., S. 83.

Maßnahme darstellt, bedeutete zugleich eine Einlassung auf die von außen her gesetzten Vorgaben und damit zumindest eine partielle Preisgabe eigener Identität."[218]

Als trotz aller vorbeugenden Maßnahmen der Wachtturm-Gesellschaft im April 1933 die Druckerei der Gesellschaft in Magdeburg durch die Polizei beschlagnahmt, „das Zweigbüro mit der Anklage, die Gesellschft sei umstürzlerisch", geschlossen wurde,[219] standen die Zeichen auf Sturm. Zwar wurde der Wachtturm-Gesellschaft gestattet, ihr Eigentum am 28. April wieder in Besitz zu nehmen, doch mußte stündlich mit neuen polizeilichen Eingriffen gerechnet werden. Schon am 10. April hatte das Schweriner Innenministerium ein Verbot der IBV erlassen für das gesamte Land Mecklenburg-Schwerin. Wenige Tage später schloß sich Bayern an. Bei der gerade um diese Zeit von der Wachtturm-Gesellschaft eingeleiteten „internationalen Zeugnisperiode", in der die Zeugen Jehovas von Haus zu Haus und von Ort zu Ort die Broschüre mit dem die Situation treffenden Titel „Die Krise" verbreiteten, kam es zu ersten Festnahmen von Zeugen Jehovas, zu Hausdurchsuchungen und Beschlagnahmungen.

Am 18. April wurde im Land Sachsen, das damals als Hochburg der Zeugen Jehovas galt, die Internationale Bibelforschervereinigung aufgelöst und ihr Schrifttum landesweit beschlagnahmt. Auch die Missions-Aktivitäten der Zeugen Jehovas wurden unter Strafandrohung gestellt. Am folgenden Tag wurde den Zeugen Jehovas in Hessen die Betätigung untersagt.

Nach der Beschlagnahmung ihres Vermögens in Magdeburg kam es der Wachtturm-Gesellschaft zugute, daß sie in Deutschland rechtlich Zweig eines US-*amerikanischen* Konzerns war. Zur Wahrnehmung ihrer Interessen schaltete ihre Brooklyner Zentrale sofort US-Regierungsstellen ein. Auf *nationaler* Ebene trat der Syndikus der Wachtturm-Gesellschaft, Hans Dollinger, am 26. April 1933 im Namen der „Norddeutschen und der Süddeutschen Bibelforschervereinigung" mit einer Eingabe an den Reichskanzler persönlich heran. Dollinger bat ihn darum, eine Deputation zu empfangen, die darlegen könne, daß die von den Behörden

---

[218] a.a.O., S. 84.

[219] „Vorhaben", S. 130.

eingeleiteten Maßnahmen auf einer „objektiv falschen Darstellung“ über die Ziele der IBV beruhten und versicherte, die IBV arbeite „seit jeher absolut unpolitisch“, ja in ihrem Einsatz gegen Unglauben und Verflachung von Moral und Sitte „in absolut derselben Richtung“ wie die Reichsregierung.

In einem der Eingabe beigegebenen Memorandum der deutschen Bibelforscher-Vereinigungen wird dann jedoch die angebliche politische Neutralität schon verlassen, die allzu durchsichtige Anpassung dabei auf die Spitze getrieben: Es wird beteuert, daß in den beiden „auf Grund der veränderten politischen Verhältnisse“ geschaffenen Vereinigungen „nur deutsche Staatsbürger Mitgliedschaft und Führung“ innehaben. Da bei den behördlichen Maßnahmen der Verdacht der Nähe zum Kommunismus eine Rolle gespielt hatte, meinten die Verfasser des Memorandums, dieser Unterstellung dadurch begegnen zu müssen, daß sie „den von der Regierung ergriffenen Maßnahmen gegen ‚Atheismus‘ und ‚Freidenkertum‘ Beifall zollten und die Bibelforscher zu ‚Feinden des Kommunismus‘ erklärten.

Daß sich ein derartiges Votum eigentlich nicht so recht mit der postulierten ‚politischen Neutralität‘ vertrug, focht die Verfasser nicht an, die durch Sperrung folgende Passage hervorhoben: ‚Wie sich aus Vorstehendem ... ergibt, ist die Vereinigung völlig unpolitisch und lehnt insbesondere den Kommunismus als ungöttlich und staatsgefährlich ab.‘ Der Versuch, den Bestand des Werkes zu retten, war für die Verantwortlichen der Wachtturm-Gesellschaft zum leitenden Gesichtspunkt geworden, um dessentwillen sie auch bereit waren, einen hohen Tribut zu zollen.“[220]

Gleichwohl führte diese Eingabe zu keinem sichtbaren Erfolg. Dagegen wurde als Folge der US-amerikanischen Intervention gegen die Beschlagnahmung das Eigentum der Watchtower-Society wieder freigegeben. Schon kurz vorher wurde eine vom Freistaat Preußen verfügte Beschlagnahmung sämtlicher IBV-Schriften widerrufen, das weitere Erscheinen des „Goldenen Zeitalters“ wieder zugestanden.

Da jedoch die Verbotsverfügungen außerhalb Preußens unverändert in Kraft waren, wußte man im Magdeburger Zweigbüro, daß es sich nur um eine Galgenfrist handelte, wenn es seit Anfang Mai

---

[220] Garbe, Zwischen Widerstand und Martyrium, S. 89.

wieder normal arbeiten konnte. Der Leiter, Balzereit, gab in dem Bemühen, den Watch Tower-offiziellen Anpassungskurs fortzusetzen, die Weisung heraus, alles zu vermeiden, „was als Affront gegen den NS-Staat gewertet werden könne. Dieser Kurs wurde nun auch offensiv gegenüber der eigenen Anhängerschaft vertreten", berichtet Garbe und nennt dafür als Beispiel eine Erklärung zu den Vorgängen um die Besetzung der Magdeburger Zentrale im „Goldenen Zeitalter" vom 15.5.1933, S. 148f.[221] Darin wurde die Aufhebung der Besetzung als Bestätigung dafür bezeichnet, daß die gegen die Zeugen Jehovas erhobenen Anschuldigungen unrichtig seien. Zu linken Gruppierungen habe die Wachtturm-Gesellschaft nie „irgendwelche direkten oder indirekten politischen Bindungen" unterhalten, noch „zu irgendeiner anderen atheistischen Richtung".

Jedoch schon im nächsten Absatz hob die Wachtturm-Gesellschaft hervor, daß ihre Rechtsbeistände Mitglieder der NSDAP bzw. der deutschnationalen Partei seien: „Seit Jahren ist Rechtsbeistand der ‚Wachtturm Bibel- und Traktat-Gesellschaft' das Mitglied der deutschnationalen Partei, Herr Justizrat Karl Kohl ... und seit ca. vier Jahren auch das Mitglied der Nationalsozialistischen Deutschen Arbeiter-Partei, Herr Rechtsanwalt Horst Kohl ..."

Man wolle auch die ausländischen „Schwestervereinigungen" über die „absolut anständige Form" unterrichten, in der die Besetzung und Durchsuchung vorgenommen wurden, und falschen Darstellungen (bekannt als Greuelpropaganda) entgegentreten. Garbe weist ferner darauf hin, daß „im engsten Kreis der deutschen Leitung ... ein gewisser Mißmut" herrschte über die mangelnde Rücksichtnahme der Brooklyner Wachtturm-Schriften auf die deutschen Verhältnisse; diese Differenzen seien selbst dem amerikanischen Generalkonsul nicht verborgen geblieben, was seine Bemerkung (im Gespräch mit Balzereit und Dollinger) verriet: „Diese Männer, die Deutsche sind, verstehen durchaus den Mißkredit, in den die Watch Tower Bible and Tract Society in diesem Land geraten ist."[222]

Trotz solcher Differenzen arbeiteten J.F. Rutherford und sein späterer Nachfolger, N.H. Knorr, die eigens zu einer IBV-Groß-

---

[221] a.a.O., S. 90.
[222] ebenda, S. 90, 91.

veranstaltung nach Berlin angereist waren, zusammen mit Balzereit und anderen Leitungsmitgliedern der Magdeburger Zentrale eine umfangreiche „Erklärung“ aus, die darauf abzielte, die NS-Regierung umzustimmen. Als am 25. Juni 1933 etwa 5 000 bis 7 000 Zeugen Jehovas sich in der Wilmersdorfer Sporthalle in Berlin versammelten, trauten sie ihren Augen und Ohren nicht: Man hatte den „Veranstaltungsort mit Hakenkreuzfahnen versehen ... und ... der auf Außendarstellung bedachte Kongreß [wurde] mit dem Deutschlandlied eingeleitet“.[223]

Zu dieser Zeit war noch nicht bekannt, daß das preußische Innenministerium am Tage zuvor ein Verbot der IBV „einschließlich ihrer sämtlichen Organisationen (Wachtturm-, Bibel und Traktatgesellschaft Lünen-Magdeburg der Neuapostolischen Sekte) im Gebiet des Freistaates Preußen“ verfügt hatte.[224]

Die von den amerikanischen und deutschen Wachtturm-Führern gemeinsam erarbeitete *„Erklärung“* wurde auf dem Berliner Kongreß – nach einer auf Verständnis und Zustimmung drängenden Rede Balzereits – den Kongreßteilnehmern zur Befürwortung vorgelegt. Sie enthielt nicht nur eine Bitte an die verantwortlichen staatlichen Stellen, angesichts der zu Unrecht erhobenen Anschuldigungen gegen die IBV den „wahren Sachverhalt“ zu prüfen, sondern eine deutliche Selbstempfehlung der Zeugen Jehovas als eine den Staat bejahende Einrichtung:

> „Unsere Organisation gefährdet keineswegs die öffentliche Ordnung und Sicherheit des Staates, sondern sie ist die Bewegung, die für öffentliche Ordnung, Ruhe und Sicherheit des Landes eintritt.“

Noch mehr: Diese „Erklärung“, die später im Buch „Vorhaben“, S. 130, als „Protestnote“ deklariert wird, beschwört ausdrücklich

---

223 a.a.O., S. 99 mit Quellennachweis in der Anmerkung 66.

224 Die nähere Bezeichnung des Adressaten dieser Verfügung zeigt, wie wenig Sachkenntnis dahinterstand: Die Wachtturm-Gesellschaft hat mit der „Neuapostolischen Sekte“ so wenig zu tun wie die deutsche Wachtturm-Gesellschafts-Zentrale in Magdeburg mit den „Wahrheitsfreunden“, einer kleinen Absplitterung der IBV, die sich 1923 konstituierte und für die – nach den Ermittlungen der Magdeburger Wachtturm-Gesellschafts-Zentrale – der Ort *Lünen* stand. Ausführliche Erörterungen dazu in Garbe, Zwischen Widerstand und Martyrium, S. 97.

die Gemeinsamkeiten der Watch Tower-Ziele bzw. Ideale und diejenigen der NS-Regierung:

> „Eine sorgfältige Prüfung unserer Bücher und Schriften wird deutlich zeigen, daß die hohen Ideale, die sich die nationale Regierung zum Ziele gesetzt hat und die sie propagiert, auch in unseren Veröffentlichungen dargelegt, gutgeheißen und besonders hervorgehoben werden. [...] Anstatt daß unsere Schriften und unsere Tätigkeit die Grundsätze der nationalen Regierung gefährden, werden in ihnen diese hohen Ideale sehr unterstützt."

Als Bestätigung der angeblichen Gemeinsamkeiten erfolgt dann auch ein unzweideutiger Hinweis auf die „Ausbeutung und Bedrückung vieler Völker" durch die „Handelsjuden des Britisch-Amerikanischen Weltreichs". Ein ganz in diesem Anpassungsstil verfaßtes Begleitschreiben der Wachtturm-Gesellschaft an den „sehr verehrten Herrn Reichskanzler" wurde Hitler persönlich übermittelt (Faksimile im Anhang dieses Buches, S. 278).

Erwartungsgemäß stimmten die in Berlin versammelten Zeugen Jehovas – an Gehorsam gewöhnt – der „Protestnote" zu, von der die Wachtturm-Gesellschaft sich im Jahrbuch 1974, S. 111, in einem geschichtlichen Rückblick ausdrücklich distanziert: Balzereit hätte die „Erklärung" eigenmächtig „verwässert"! Gegen diese Darstellung aber spricht die Tatsache, daß Rutherford sie in vollem Wortlaut im Jahrbuch 1934, S. 89-100 abdrucken ließ und sie als „gewaltiges Zeugnis" rühmte (S. 103).

Der Verdacht liegt nahe, daß der Anpassungskurs der Wachtturm-Gesellschaft vom Jahre 1933 im Nachhinein der damaligen deutschen „Bibelhausleitung" in Magdeburg angelastet werden soll, damit das werbekräftige Bild von der „einzigen christlichen Gemeinschaft, die geschlossen den Nazis widerstanden" habe, erhalten bleibt.

Nun hat Rutherford in der Tat später das Ruder herumgeworfen, als er den Eindruck hatte, daß alle Beschwichtigungsversuche die NS-Regierung nicht friedlich zu stimmen vermochten und daß alle Verhandlungen scheitern würden: In einem Schreiben vom 9. Februar 1934 ersuchte er den Reichskanzler,

> „allen Behörden und Beamten Ihrer Regierung Befehl [zu] geben, daß Jehovas Zeugen (das ist die Bibelforschervereini-

gung und die Wachtturm Bibel- und Traktat-Gesellschaft) sich in Deutschland friedlich versammeln und ungehindert Gott anbeten und seinen Geboten gehorchen dürfen."[225]

Rutherford, jetzt auf Konfrontationskurs, schloß mit einem Ultimatum:

> „Falls bis zum 24. März 1934 auf dieses ernstliche Begehren keine Antwort erfolgt und von seiten Ihrer Regierung nichts getan wird, um den oben erwähnten Zeugen Jehovas in Deutschland Erleichterung zu gewähren, dann wird Gottes Volk in anderen Ländern, unter allen Nationen der Erde, mit der Veröffentlichung der Tatsachen über Deutschlands ungerechte Behandlung von Christen beginnen."

Gleichzeitig drohte Rutherford der Naziregierung an, daß „alle, die Gott und seinem Königreich entgegentreten, vom Herrn in Harmagedon vernichtet werden".

Das erstere realisierte der Watch Tower-Präsident: Er berichtete in den Wachtturm-Publikationen über die Situation der bedrängten Bibelforscher in Deutschland;[226] die Vollstreckung des Gottesgerichts an den Gegnern des Königreiches Gottes vermochte er nicht zu veranlassen. Dies zu vollziehen blieb dem von der Wachtturm-Gesellschaft gescholtenen „Anglo-Amerikanischen Weltreich" (und dessen militärischer Überlegenheit) vorbehalten, das sie für die „Ausbeutung und der Bedrückung vieler Völker" verantwortlich gemacht hatte.

Das im Jahre 1945 mitzuerleben, war jedoch „Richter" Rutherford nicht vergönnt. Er starb am 8. 1. 1942, dreißig Tage nach dem japanischen Überfall auf die US-Flotte in Pearl Harbour, also zu einer Zeit, als Hitlerdeutschland und seine Verbündeten noch ihre „Siege" feierten ...

1934 hatte Rutherford seinen Konfrontationskurs gegen die NS-Regierung fortgesetzt, obwohl die Verhandlungen auf diplomatischer Ebene noch andauerten. Er sah, wie er in einem Schreiben an einen der Verhandlungsführer äußerte, keine Hoffnung, „noch

---

225 Veröffentlicht bei M. Cole, Jehovas Zeugen, S. 194-196; in Garbe, Zwischen Widerstand und Martyrium, S. 116f. in Auszügen zitiert.

226 Z.B. im „Goldenen Zeitalter" vom 1. 6. 1934 unter: „Verfolgungen in Deutschland".

irgendetwas von der deutschen Regierung herauszubekommen".[227] Ein weiterer Grund war offenbar die zunehmende Ungeduld der Bibelforscher-Versammlungen, in denen eine Spaltung drohte. Ein Teil setzte – wie auch die Leitung des deutschen Zweigbüros – auf Verhandlungen und Zurückhaltung, was öffentliche Werbefeldzüge und missionarische Aktivitäten betraf. Ein anderer Teil dagegen wollte kompromißlos weiterkämpfen gegen die „Satansmächte". Einige Zeugen Jehovas-Versammlungen spalteten sich wegen dieser Frage, z.B. die in Flensburg, Kiel und Neumünster.[228]

Der Leidensweg der deutschen Zeugen Jehovas

Im Konflikt zwischen dem Magdeburger Zweigbüro und der Brooklyner Zentrale hatte schließlich doch „Brooklyn" den längeren Arm; im Ringen „Brooklyns" mit der Berliner NS-Regierung aber „Berlin"! Von Ende 1934 an war die Verfolgung der deutschen Zeugen durch das Naziregime nicht mehr aufzuhalten.

Detlef Garbe schreibt dazu:

> „Als im Herbst 1934 der Verhandlungskurs der deutschen Leitung sich langsam auszuzahlen begann, waren in der Brooklyner Watch Tower-Zentrale und bei den zum Handeln entschlossenen Kräften die Würfel jedoch längst gefallen. Seit dem 7. Oktober, zehn Tage vor dem zuletzt genannten Rundbrief der Magdeburger Geschäftsstelle, befanden sich mehrere tausend deutsche Zeugen Jehovas ungeachtet der Verbote und anderer regierungsamtlicher Weisungen im Predigtdienst und beschränkten sich auch nicht auf die Verbreitung von Bibeln und erlaubten Kalendern, sondern warben mit Rutherfords Schriften und anderen Watch Tower-Publikationen für ihren Glauben. Die Entwicklung war über das Magdeburger Zweigbüro hinweggeschritten; die Brooklyner Zentrale hatte das Heft allein in ihre Hand genommen."[229]

---

[227] Garbe, Zwischen Widerstand und Martyrium, S. 116, Anm. 140.

[228] ebenda, S. 115.

[229] ebenda, S. 121.

Zu einem internationalen Kongreß vom 7. bis 9. September 1934 in Basel, zu dem die Wachtturm-Gesellschaft eingeladen hatte, waren unter den 3 500 Teilnehmern aus zehn Ländern auch an die 1 000 deutsche Zeugen Jehovas unter größten Schwierigkeiten angereist. Ihnen gegenüber, die sehr unterschiedliche Ansichten über das weitere Vorgehen hatten, plädierte Rutherford für eine uneingeschränkte Wiederaufnahme des Verkündigungswerkes in Deutschland. Er setzte sich auch hierin durch:

Im Ergebnis kam es

- zur Verabschiedung einer öffentlichen Protestnote in seinem Sinne;
- zum Beschluß, die Tätigkeit in Deutschland trotz des Verbots wieder aufzunehmen, und zwar mit einem gemeinsamen Auftakt am 7. 10. 1934 durch alle Zeugen Jehovas-Versammlungen;
- zu Absprachen über künftige illegale Arbeit und über das Verhalten der Zeugen Jehovas bei Verhaftungen und anderen polizeilichen Maßnahmen.

Das ganze Vorgehen Rutherfords zielte darauf, die Weltöffentlichkeit aufmerksam zu machen und die damals noch um deren Gunst buhlende Hitlerregierung unter Druck zu setzen. Deshalb wurde die genannte Protestnote an die Schweizer Presse gegeben, und „alle fairdenkenden Menschen auf der ganzen Erde“ zur Solidarität mit den deutschen Zeugen Jehovas aufgerufen. Mit einem Schreiben vom 15.9.1934 wurde sie auch Hitler persönlich übermittelt

> „mit der wiederholten Bitte, friedlich gesinnten Menschen in Deutschland, die nur ihrem lebendigen Gott zu dienen wünschen, denen Ihre Regierung jedoch die Möglichkeit hierzu genommen hat, auf Grund der Deutschen Reichsverfassung Art. 137 zu ihrem Rechte zu verhelfen.“

Der Bitte folgte jedoch auch sogleich die unverhohlene Drohung:

> „Sie und Ihre Regierung haben sich der schlimmsten Verfolgungen an Gottes geweihtem Volk in Deutschland schuldig gemacht und werden deshalb, bei verharrendem pharaonischen Trotzen, das Gericht des Allmächtigen über sich bringen.“[230]

[230] ebenda, S. 122.

Als Ergebnis der Baseler Beschlüsse wurden in den Ortsversammlungen, in denen seit dem Verbot keine Zusammenkünfte und Hausbibelkreise mehr stattgefunden hatten, Vorbereitungen für die Wiederaufnahme des Verkündigungswerkes am 7. Oktober getroffen. Jedoch nicht alle Zeugen, die aus diesem Anlaß aufgesucht wurden, waren zur Teilnahme bereit.[231] Man beschränkte sich daher auf die Bildung von Untergruppen, die aus sechs bis zwölf Verkündigern bestanden. Diese versammelten sich am Sonntag, den 7. Oktober 1934, um 9 Uhr – in der Regel in der Wohnung des jeweiligen Leiters. Dieser informierte nach kurzem Gebet über die in Basel gefaßten Beschlüsse und verlas dann ein persönliches Schreiben des Präsidenten Rutherford, in dem es u.a. hieß:

> „Ihr habt bereits einen Bund geschlossen, den Willen Gottes zu tun. Gott hat Euch darauf bei Eurem Wort genommen, Euch als die Seinen gezeugt und für sein Königreich berufen. [...] Im Gegensatz zu und in Übertretung der vorerwähnten positiven Gebote Jehova Gottes, hat die Deutsche Regierung Euch verboten, Euch zu versammeln, Jehova anzubeten und ihm zu dienen. Wem wollt Ihr gehorchen, Gott oder Menschen? Die treuen Apostel wurden in eine ähnliche Lage gebracht, und sie sagten zu den weltlichen Machthabern: ‚Ob es vor Gott Recht ist, auf euch mehr zu hören als auf Gott, urteilt ihr [...] Wir müssen Gott mehr gehorchen als Menschen.‘ (Apost. 4:13-20, 5:29).“

231 Detlef Garbe (S. 123, Anm. 167) dazu: „Eine auch nur annähernd genaue Schätzung ist kaum möglich. Die im WTG-Schrifttum genannten Zahlen über die in der Illegalität tätigen Verkündiger schwanken zwischen 6 000 (Angabe für das Jahr 1936, vgl. Jahrbuch 1937, S. 175) und 20 000 (Jehovas Zeugen in Gottes Vorhaben, S. 163). Die Zahl von ‚mindestens Zehntausend‘ nennt der Geschichtsbericht im Jahrbuch 1974, S. 141. Konrad Franke, Leiter des deutschen WTG-Zweiges von 1955-1969, schätzte 1976 das Verhältnis derjenigen IBV-Angehörigen, die ‚treu blieben‘ und sich an den verbotswidrigen Aktivitäten beteiligten, zu denjenigen, die sich zurückzogen und ihren Glauben – sofern sie nicht von diesem gänzlich abfielen – nur noch im Privaten aufrechterhielten, auf ‚fünfzig zu fünfzig‘ (UaP Helmut Lasarcyk, Franke, Geschichte der Zeugen Jehovas in Deutschland, S. 31).“ (UaP = Unterlagen aus Privatbesitz.)

Über den weiteren Verlauf berichtet Detlef Garbe anschließend:

„Im Anschluß an diese Aufforderung, Jehovas Obrigkeit zu bezeugen und fortan nur ihr untertan zu sein, wurde ein weiterer Text verlesen. Dabei handelte es sich um ein Schreiben in der Art einer Selbstverpflichtung, das jede Versammlung an die Reichsregierung senden sollte und in der dieser kundgetan wurde, daß man ‚dem Rat der treuen Apostel' folgen werde: ‚Daher teilen wir Ihnen mit, daß wir um jeden Preis Gottes Gebote befolgen, daß wir uns versammeln werden, um sein Wort zu erforschen.'

Den Abschluß der Zusammenkünfte bildete eine biblische Besinnung über Matthäus 10,16-24, ein Text, in dem Jesus seinen Jüngern die auf sie zukommende Verfolgung ankündigte. Was dann zu geschehen hatte, war in dem Schreiben Rutherfords wie folgt beschrieben: ‚Dann sollt Ihr die Versammlung schließen und hinausgehen zu Euren Nachbarn und ihnen Zeugnis geben vom Namen Jehova Gottes und von seinem Königreich unter Christus Jesus.'

Um die Einheit mit ihren Glaubensgeschwistern in Deutschland zu bekunden, versammelten sich auch im Ausland zur gleichen Zeit die Bibelforschergemeinden. Anschließend sandten diese Protesttelegramme an die Reichsregierung in Deutschland, die folgenden Wortlaut hatten: ‚Ihre schlechte Behandlung der Zeugen Jehovas empört alle guten Menschen und entehrt Gottes Namen. Hören Sie auf, Jehovas Zeugen weiterhin zu verfolgen, sonst wird Gott Sie und Ihre nationale Partei vernichten.'

Die Postämter verzeichneten eine wahre Flut von Telegrammen. Ein Oberpostrat der Reichspostdirektion sah sich noch im Laufe des 8. Oktobers veranlaßt, bei dem zuständigen Oberregierungsrat in der Reichskanzlei zu erfragen, wie mit den Telegrammen zu verfahren sei. Das Berliner Haupttelegraphenamt faßte daraufhin zur Auslieferung jeweils eine größere Zahl zusammen, wobei die erste Lieferung von 500 Protesttelegrammen am gleichen Tage an die Reichskanzlei abgegeben wurde. In den nächsten zwei Tagen trafen aus allen Teilen der Welt ... Telegramme in Berlin ein. Den ausländischen Postbehörden wurde mitgeteilt, daß eine weitere Übermittlung unterbleiben könne, da der Empfänger die Annahme verweigere ...“[232]

Das NS-Regime ließ sich weder durch diese Drohungen, noch durch das kämpferisch-trotzige Vorgehen der Wachtturm-Gesellschaft und ihrer Zeugen, noch auch durch die aufgeheizte internationale Stimmung beeindrucken. Der Leidensweg der deutschen und österreichischen Zeugen Jehovas begann.[233] Sie haben in Gefängnissen, Zuchthäusern und Konzentrationslagern (KZ) unbeschreibliche Entbehrungen, schlimmste Schikanen, Folter, Hunger und Durst mit großer Geduld und Gottergebenheit auf sich genommen.

Viele Zeugen Jehovas waren den unmenschlichen Leiden physisch und psychisch nicht gewachsen und starben; andere wurden im KZ ermordet oder standrechtlich erschossen, besonders nach der Einführung der allgemeinen Wehrpflicht im März 1935, denn die Zeugen lehnten zu dieser Zeit bereits den Militärdienst ab (während die Bibelforscher im Ersten Weltkrieg noch größtenteils für ihr jeweiliges Vaterland „ins Feld“ zogen).[234]

---

232 ebenda, S. 123.

233 Nach dem „Anschluß“ Österreichs an das Deutsche Reich – am 13. 3. 1938 – traf die Verfolgung auch die österreichischen Zeugen Jehovas, später auch die in den von der deutschen Wehrmacht besetzten Gebieten.

234 In den Wachtturm-Ausgaben der Kriegszeit wurde „Briefliches von unserer Bruderschaft im Felde“ veröffentlicht, z.B. in der Nummer von Juli 1915, S. 110. Auf S. 98 (unter dem Impressum) heißt es dazu: „Seitdem so viele unserer Brüder zum Militärdienst eingezogen worden sind (über 200 an der Zahl), haben wir es nicht unterlassen, soweit es in unseren schwachen Kräften stand, die lieben Brüder durch besondere Briefe und Druckschriften zu ermuntern und zu erfreuen.“ Heute stellt die Wachtturm-Gesellschaft die „Christenheit“ als diejenigen hin, die am Krieg teilnahm, während die Bibelforscher, die „wahren Christen“, „... sich ihr nicht beim Blutvergießen anschließen wollten.“ – „Dann ist das Geheimnis Gottes vollendet“ (1970). S. 188, Abs. 15.
Über die Anzahl der unter Hitler verfolgten Zeugen Jehovas berichtet Der Wachtturm vom 1. 7. 1979, S. 8: „6 019 von ihnen wurden verhaftet, mehrere zweimal, dreimal oder noch öfter. 2 000 litten in Konzentrationslagern. Insgesamt 635 Zeugen starben im Gefängnis, 203 wurden hingerichtet.“
Instruktiv ist der Wachtturm-Kommentar dazu:

Menschen gehorchen oder Gott? – Eine kritische Würdigung

Respekt vor den Opfern

Den gutgläubigen Zeugen Jehovas, die zum Teil über viele Jahre in den Stätten des Grauens gelitten haben oder die gar die Treue zu ihrer Überzeugung mit ihrem Leben bezahlen mußten, kann ich meinen tiefsten Respekt nicht versagen. Das habe ich bereits an geeigneten Stellen zum Ausdruck gebracht.[235] Eine ausführliche Darstellung der Zeugen Jehovas-Verfolgung durch das NS-Unrechtssystem jedoch würde den Rahmen dieses Buches sprengen, dessen Thema ja die Wachtturm-Gesellschaft ist. Es sei daher ausdrücklich auf das bereits zitierte, gründlich recherchierte Buch von Detlef Garbe verwiesen, der die Geschehnisse mit größtmöglicher Objektivität nachzuzeichnen versuchte (vgl. Literaturhinweise im Anhang).

Natürlich wurden die Leiden der Zeugen Jehovas im „Dritten Reich" seitens der Wachtturm-Gesellschaft propagandistisch genutzt: Nach dem Ende des Zweiten Weltkrieges veröffentlichte sie eine Broschüre „Jehovas Zeugen im Feuerofen", in der Artikelreihe „Neuzeitliche Geschichte der Zeugen Jehovas" im Wachtturm ab 15.2.1955 legte sie einige eindrucksvolle Berichte vor.[236]

Im Buch „Jehovas Zeugen in Gottes Vorhaben" wird auf den Seiten 162 bis 174 über die Untergrundtätigkeit bzw. über das Aushar-

---

„Aber Jehovas Zeugen bewahrten ihre geistige Kraft, indem sie sich früher erschienene *Wachtturm*-Artikel in Erinnerung riefen und indem sie Informationen aus neuen Artikeln in die Lager schmuggelten und dort besprachen. Ein gutes Beispiel für geistige Speise ‚zur rechten Zeit' war der *Wachtturm*-Artikel ‚Neutralität', der Ende 1939 veröffentlicht wurde. Er stärkte Jehovas Zeugen in Deutschland und in anderen Ländern in ihrem Entschluß, als Christen neutral zu bleiben (Joh. 17:16)."

[235] Twisselmann, Jehovas Zeugen, die Wahrheit, die frei macht? (Gießen 1992), S. 8,9; ders.: Vom „Zeugen Jehovas" zum Zeugen Jesu Christi (Gießen 1991[10]), S. 10.

[236] Wachtturm vom 1. 11. 1955, S. 649-651. Auf eingehendere Berichte wird in einer Fußnote verwiesen: Watchtower 1945, S. 236.268; Consolation 2. 1. 1946, S. 3-14; 16. 1. 1946, S. 3-14 (Siehe Trost 15.7.45 bis 1.11.45; 1. und 15.4.46 und 15.6.46).

ren der Zeugen Jehovas in der Zeit der Verfolgung ausführlich berichtet; in „Jehovas Zeugen, Verkündiger des Königreiches Gottes“ auf den Seiten 559 bis 565.

Einer der Überlebenden aus Flandern wird zitiert (S. 661): „Nur der unerschütterliche Wunsch zu leben, die Hoffnung und das Vertrauen auf ihn, Jehova, den Allmächtigen, und die Liebe zur Theokratie machten es möglich, all dies zu ertragen und den Sieg zu erringen (Röm. 8:37).“

Kritische Anfragen

Auch in Vorträgen und in persönlichen Äußerungen von Zeugen Jehovas werden in Verbindung mit den Verfolgungen unter den Nationalsozialisten und später unter den Kommunisten gern Bibelworte zitiert wie: „Ihr werdet gehaßt werden um meines Namens willen von allen Völkern“ (Matth. 24,9). Meistens ist ihnen dabei nicht einmal bewußt, daß Jesus hier von *seinem* Namen, nicht vom „Jehova“-Namen spricht. Ebenso wird immer wieder betont, die Zeugen Jehovas hätten trotz Verbots ihre Königreichs-Verkündigung fortgesetzt, und dabei seien sie dem Beispiel der Apostel gefolgt, die auf ein Predigtverbot antworteten: „Man muß Gott mehr gehorchen als den Menschen“ (Apg. 5,29). Dabei wird übersehen:

- Die Apostel waren vom HERRN selbst erwählt und zu „Zeugen *Jesu*“ (Apg. 1,8) berufen worden; die Watchtower-Anhänger hat er nie gebeten und ihnen nie geboten, seine Zeugen zu sein. (Jes. 43,12: „Ihr seid meine Zeugen, spricht Jahwe“ ist dem alten Gottesvolk Israel gesagt!)
- Die Apostel predigten auftragsgemäß das Evangelium vom gekreuzigten und auferstandenen Christus (1. Kor. 1,23; 2,2; 15,3; Röm. 10,8.9); die Zeugen Jehovas predigen trotz der Warnung Gal. 1,8.9 „ein anderes Evangelium“: das vom 1914 „aufgerichteten Königreich“. Hier sollten sie ernstmachen mit dem „Gott mehr gehorchen als den Menschen“!
- Als die Apostel mit dieser Begründung sich über das ihnen auferlegte Predigtverbot hinwegsetzten, war dies ihre ganz persönliche Entscheidung, getroffen in der Freiheit, die allein die Bindung an den auferstandenen Christus schenkt. Als dagegen die

Zeugen Jehovas seit dem 7. Oktober 1934 trotz behördlichen Verbots in so großer Zahl das „Verkündigungswerk" wieder aufnahmen, geschah dies als Ergebnis der massiven Beeinflussung durch den Präsidenten der Wachtturm-Gesellschaft und unter *seinen* detaillierten Anweisungen (wie oben nachgewiesen).

Es stellt sich die Frage, ob die Zeugen Jehovas damals nicht – trotz der schönen Devise, „Gott mehr zu gehorchen als den Menschen" – letztlich doch *Menschen* gehorchten, nämlich der Wachtturm-Gesellschaft bzw. ihrem Präsidenten, wohl ohne diesen inneren Widerspruch bemerkt zu haben.

Eine Erklärung für dieses paradoxe Verhalten stellt die Charakterisierung *Rutherfords* und der Zeugen Jehovas im Buch Dietrich Hellmunds dar:

> „Er hat es verstanden, Person und Werk miteinander zu verschmelzen ... Was er glaubt, glauben auch die Anhänger. Was er ablehnt, lehnen seine Leute ab. Was er will und beschließt, ist Maxime der Wachtturm-Gesellschaft. Seine Fehler sind die Fehler der gesamten Glaubensgemeinschaft ... Er [hat] es verstanden, seine Anhänger – wie kaum ein Führer religiöser Gemeinschaften vor ihm – nach dem Ebenbild seines Charakters zu formen. Jeder Zeuge Jehovas ist ein kleiner Rutherford ... Wenn seine Anhänger heute noch als besonders ‚fanatisch' verschrien sind, dann hat eben Rutherford ihnen diesen Charakterzug eingeimpft."[237]

Mindestens in einem Punkt aber waren die Zeugen in ihrer Mehrheit *keine* kleinen Rutherfords: Ihr Ja war ein Ja, ihr Nein ein Nein. Sie verlegten sich nicht aufs Lavieren und Taktieren, wie er es in der ersten Phase der Kollision der Ideologien getan hatte. Spätestens an dieser Stelle wird der Leser meine bereits genannte These nachvollziehen können, daß wir zwischen der Wachtturm-Gesellschaft und den Zeugen Jehovas deutlich zu unterscheiden haben, so schwierig das auch angesichts des von Dietrich Hellmund betonten starken Geprägtseins der Zeugen Jehovas in der Praxis sein mag.

---

[237] Hellmund, Geschichte der Zeugen Jehovas, im fortlaufenden Text zwischen der Anm. 396 und 397.

Wie sehr Rutherfords Wachtturm-Gesellschaft schon damals in das persönliche Leben der einzelnen Zeugen Jehovas hineinregierte, wird daran deutlich, daß es dem „Richter" gelang, die jungen Zeugen Jehovas lange Zeit von der Eheschließung abzuhalten. Begründung: Harmagedon steht bevor! Das dabei verfolgte Ziel war, sie für vermehrten Einsatz im Dienst von Haus zu Haus zu gewinnen. Tatsächlich übernahmen unzählige junge Männer und Frauen den Grundsatz „M.a.A." (Marriage after Armageddon, Eheschließung nach Harmagedon), besorgten sich, statt für eine Familie sorgen zu müssen, einen Halbtagsjob, um die restliche Zeit für die „Theokratie" zur Verfügung zu haben.

Im Buch „Kinder" (1940) fand diese von Rutherford gesteuerte Entwicklung in Lehre und Leben der Zeugen Jehovas ihren literarischen Niederschlag und sorgte dafür, daß weitere junge Menschen ihren Ehewunsch bis „nach Harmagedon" zurückstellten, zumindest aber, bis die Wachtturm-Gesellschaft ihr damals propagiertes Erweiterungs- und Ausbildungsprogramm erfolgreich abgeschlossen hatte.

Einer der damals alles hautnah miterlebte, W. J. Schnell, schreibt dazu: Daß man diese Lehre „nur als eine List gebrauchte", um Eheschließungen für eine bestimmte Zeit zu verhindern, „ersieht man aus den späteren Ereignissen: Das Missionswerk im Ausland [außerhalb der USA] war erfolgreich angelaufen. Da setzte ein regelrechter Marsch der Paare – ähnlich dem zur Arche Noah – zu den Plattformen der Königreichssäle ein, um sich trauen zu lassen. Den Marsch führten die höchsten Leiter der Gesellschaft an – der harte Kern der theokratischen Junggesellen, die sich plötzlich entschlossen hatten, nicht mehr bis nach Harmagedon zu warten, sondern jetzt zu heiraten, um die Erde zu füllen."[238]

Übrigens heiratete in der Folgezeit auch Nathan H. Knorr, Rutherfords Nachfolger, und unter seiner Regie konnte der Wachtturm vom 15.6.1951 verkünden: „Die Ehe sei ehrbar bei allen" (Überschrift).

Die Zeiten ändern sich ...

Nicht geändert aber hat sich die Taktik der Wachtturm-Gesellschaft, junge Zeugen Jehovas möglichst frühzeitig für den „Pio-

---

[238] Schnell, Sklave des Wachtturms, S. 142f.

nierdienst“ zu gewinnen. Dadurch kommen sie nicht auf den weltlichen Gedanken, Karriere machen zu wollen. Sie übernehmen statt dessen irgendeinen Halbtagsjob und stehen dann, besonders solange sie noch keine Familie haben, für jeden Einsatz – auch außerhalb ihrer engeren Heimat – der Wachtturm-Gesellschaft zur Verfügung. Es mag überraschen, daß ausgerechnet J. F. Rutherford, der selbst eine Vorliebe hatte für „Wein, Weib und Gesang“, wie jeder in seinem „Bethel“ und in den Zweigbüros wußte, den jungen Leuten einen so entbehrungsreichen Lebensweg zumutete.[239]

Viele damals junge Zeugen Jehovas sind heute gezwungen, als Zeitschriftenwerber usw. zu arbeiten, weil sie in ihren jungen Jahren statt einen Beruf zu erlernen, „Pioniere“ der Wachtturm-Gesellschaft geworden waren – in der Erwartung des nahen Weltendes ...

Eine Erklärung für Rutherfords „Jugendpolitik“ ist die: Er glaubte selbst an das nahe Ende. Daneben stand wohl eine pragmatische Überlegung: Junge Leute – attraktiv, einsatzfreudig, aber relativ anspruchslos – sind für die Wachtturm-Gesellschaft die besten, billigsten und gefügigsten Arbeiter in ihrem „Erntewerk“. Um den Fortgang und die Ausdehnung dieses Werkes ging es Rutherford in erster Linie, und dazu war ihm fast jedes Mittel recht. Das zeigte sich in der Zeit der Konfrontation der Ideologien, das wurde auch in seiner „Jugendpolitik“ offenbar.

---

239 Der frühere Rechtsberater der Watch Tower Society, Olin R. Moyle, monierte in seinem Brief an Rutherford vom 21. 7. 1939 u.a., daß Neulinge im „Bethel“ genötigt wurden, Alkohol zu trinken, und es denen verübelt wurde, die dies ablehnten. Unter des Richters „Vormundschaft“ werde geradezu gefordert: „Man kann kein richtiger Bethelit sein, ohne Bier zu trinken.“ Auch aus ihm – Moyle – habe man auf diese Weise „einen Mann machen“ wollen. Totalabstinenzler wurden mit Verachtung als Schwächlinge („weaklings“) angesehen. Andererseits wies Moyle auf die menschenunwürdige entbehrungsreiche Situation der Bethelarbeiter hin. – „Moyles Original Letters“ (engl.), veröffentlicht von Roy D. Goodrich, Fort Lauderdale (Fla., USA) in den 50er Jahren in den „Back to the Bible Way-Publications“ (Nr. 79), die nach Goodrichs Tod nicht fortgesetzt wurden.

In allem wirkte und dominierte er als *Person*. Wenn er einst von seinem Vorgänger gesagt hat: „Bruder Russell war tatsächlich ... *die Gesellschaft*“,[240] so wird man erst recht sagen können: Zu *seiner* Zeit war Rutherford die Gesellschaft und die Gesellschaft Rutherford! Raymond Franz, der fast ein Jahrzehnt (1971 bis 1980) der obersten Leitung der Zeugen Jehovas angehörte, faßt seine detaillierte und mit vielen Zitaten aus den Wachtturm-Schriften belegte Darstellung jener Phase der Watch Tower-Geschichte mit den Worten zusammen: „So haben Russell und Rutherford während der annähernd 60 Jahre ihrer beiden Präsidentschaften jeweils nach ihrem Gutdünken gehandelt; von einer leitenden Körperschaft gab es weit und breit keine Spur.“[241]

Das änderte sich auch nicht grundsätzlich, als von 1938 an Rutherford infolge einer Krankheit in zunehmendem Maße daran gehindert war, sein umfangreiches tägliches Arbeitsprogramm zu bewältigen. Die Wachtturm-Gesellschaft berief ein Siebenerkomitee, das ihn mehr und mehr entlastete.

Dazu berichtet W. J. Schnell, der damals im „Vollzeitdienst“ für die Wachtturm-Gesellschaft tätig war: „Die privilegierten Mitglieder [der Wachtturm-Gesellschaft] wurden also nicht von der breiten Organisation gewählt, sondern ergänzten sich selbst, wobei man darauf achtete, daß stets Nordamerikaner hinzugewählt wurden.“

Selbstverständlich funktionierte auch dieses Konsortium unter der direkten Leitung des Präsidenten.

Gleichwohl wird man davon ausgehen können, daß die „neue Führungsschicht, die sich auf die Übernahme der Leitung nach dem Tod des Judge [‚Richters‘] vorbereitete“,[242] sehr wohl die Mängel des Einmannsystems durchschaute und auch wußte, wie sehr dies alles dem Ansehen der Wachtturm-Gesellschaft und der Ausdehnung der „Theokratie“ schadete. Die Utopie einer kollektiven Führung, also der Gedanke, eine „leitende Körperschaft“ zu bilden, die anstelle des autokratisch regierenden Präsidenten „das

---

[240] Der Wachtturm vom 15. 10. 1923, S. 308.
[241] Franz, Gewissenskonflikt, S. 65.
[242] Schnell, Sklave des Wachtturms, S. 147.

Werk des Herrn“ leiten müßte, dürfte in dieser Zeit geboren worden sein. Diese Männer wußten aber auch, daß für ein totalitäres System der gefährlichste Augenblick dann gekommen ist, wenn es anfängt, sich zu reformieren, Untertanen Freiheit zu geben und dunkle, verfestigte Strukturen durchsichtig zu machen. Darum halfen auch sie mit, jede Opposition im Keim zu ersticken. Dazu gehörte u.a., daß sie „das Spitzelsystem für unentbehrlich“ hielten.[243]

Das Erschütternde: Während die Wachtturm-Gesellschaft eine Broschüre „Faschismus oder Freiheit?“[244] in Millionenauflage durch ihre Zeugen verbreiten ließ und sich unter Hinweis auf die Verfolgung der Zeugen Jehovas in Nazideutschland als Vorkämpferin der Freiheit präsentierte,

> „wußten wir, daß man in den eigenen Reihen Freiheit in keiner Form duldete. Freiwilliger Verzicht auf die Persönlichkeit war unser Leitsatz, und man zwang uns, daß wir in den Reihen der Zeugen Jehovas dafür sorgten, daß jede persönliche Spur von Religion beseitigt wurde. Und indem er [Rutherford] gegen den Totalitätsanspruch des Faschismus und des Nazismus wetterte, legte er zugleich die Grundlage für dieselben Taktiken innerhalb seiner eigenen Organisation.“[245]

Man fühlt sich an die sogenannten antifaschistischen Parolen der einstigen UdSSR und der vergangenen DDR erinnert: Die selbsternannten Kämpfer gegen den Faschismus trugen selbst faschistoide Züge!

Der Mann, der wie kein anderer – nach C. T. Russell – der Wachtturm-Gesellschaft und ihrer Zeugen-Jehovas-Organisation seinen ganz persönlichen Stempel aufdrückte, ja sie so nachhaltig prägte, daß ihre lehrmäßigen und organisatorischen Grundstrukturen heute noch seine Handschrift tragen, hatte sich bei Freund und Feind Respekt verschafft. Getrauert wurde kaum um ihn, als er

---

243 Schnell, Sklave des Wachtturms, S. 147.

244 Ursprünglich Titel eines Vortrags von Rutherford.

245 Schnell, a.a.O., S. 141.

nach langer, schwerer Krankheit trotz erfolgreicher Operation – er war an Dickdarmkrebs erkrankt – am 8. Januar 1942 starb.[246]

Wie so oft in der Vergangenheit, wenn er Erholung und Entspannung brauchte, hatte Rutherford sich in der letzten Phase seines Lebens in das Haus „Beth Sarim“ (Haus der Fürsten) in San Diego im südlichen Kalifornien zurückgezogen, wo ihn der Tod ereilte. Er starb an einem Ort, der geradezu als Symbol des Sieges des Lebens über den Tod gegolten hatte: Die Wachtturm-Gesellschaft hatte nach 1925 das Grundstück erworben und das Haus umbauen lassen in der Erwartung der baldigen *Auferstehung* der „alttestamentlichen Treuen“, die als Fürsten die neue Erde regieren sollten unter der Königsherrschaft Jesu Christi. Das für diesen Zweck zweifellos ebenso repräsentative wie geräumige Bauwerk – Ende der 20er Jahre fertiggestellt, das Buch „Die Neue Welt“ spricht von 1930 – sollte nach Rutherfords eigener Erklärung „einen greifbaren Beweis“ darstellen, „daß es heute Menschen auf Erden gibt, die völlig an Gott, Jesus Christus und sein Königreich glauben und auch glauben, daß der Herr die treuen Männer alter Zeiten bald auferwecken wird, ... sodaß sie ... die sichtbaren Angelegenheiten der Erde in die Hand nehmen“.[247]

Bis dahin sollte es – so heißt es anschließend – „von dem Präsidenten der Gesellschaft und seinen Gehilfen benutzt werden und hernach immerdar den ... Fürsten auf Erden zur Verfügung stehen“.

1948 wurde das „Haus der Fürsten“ kurzerhand verkauft; für die Lokalzeitung „San Diego Union“ Anlaß zu der spöttischen Bemerkung, daß „Daniel und die anderen bei ihrem Eintreffen nun

---

246 Das Buch „Jehovas Zeugen, Verkündiger“ zitiert den „Bethel“-Mitarbeiter W. A. Elrod: „Die Mitteilung [vom Tod Rutherfords] war kurz. Es wurden keine Reden gehalten. Niemand nahm sich den Tag frei, um zu trauern. Nein, wir gingen wieder in die Druckerei und arbeiteten härter denn je.“ – Ebenda, S. 89. – Diese Äußerung dürfte die allgemeine Stimmung im „Bethel“ widerspiegeln. J. F. Rutherford konnte kumpelhaft scherzend mit Mitarbeitern umgehen – er erzählte gern deftige Witze –, aber er stauchte seine Leute auch zusammen; unter den so Traktierten war auch sein späterer Nachfolger N. H. Knorr. Berichtet in „Moyles Original Letters“ (nur in engl.). Zur Quelle vgl. Anm. 239 in diesem Kapitel.

247 Im Buch „Die Rettung“ (1939), S. 326. Vgl. auch „Die Neue Welt“ (deutsch 1942), S. 104.

selbst für ihre Unterkunft sorgen" müßten.[248] Immerhin hatte das Haus fast zwei Jahrzehnte hindurch für J. F. Rutherford, der auch sonst einen standesgemäßen Lebensstil schätzte, und für andere Watch-Tower-Prominenz als Urlaubsdomizil gedient und sich auf diese Weise als nützlich erwiesen.

So wortkarg wie die Mitteilung über das Ableben Rutherfords war, die der „Bethelfamilie" am Mittagstisch ausgerichtet wurde, so spärlich sind auch die Informationen über seine Angehörigen. Er hinterließ seine seit langem kränkliche Frau Mary und ihren gemeinsamen Sohn Malcolm.[249] Von seinem Familienleben erfahren wir sonst nichts, was keineswegs überrascht. Marley Cole, selbst ein Zeuge Jehovas, schreibt in seinem Buch „Jehovas Zeugen – Die Neue-Welt-Gesellschaft" (1956):

> „Als er am 8. Januar 1942 starb, ging der Richter, wie vor ihm der Pastor, angetan mit seinen Arbeitsschuhen, aus dieser Welt, und grimmig entschlossen, so zu gehen, wie er gekommen war – im Kampf ... Für die Zeugen war auch der Tod des Richters ein schwerer Schlag. Aber diesmal herrschte keine Verzweiflung unter ihnen ... Nun waren sie eine Organisation, eine Gesellschaft, eine in sich geschlossene, ‚unzerstörbare Nation' ... So trat die letzte große ‚Einzelpersönlichkeit' in der Geschichte der modernen Zeugen Jehovas in aller Stille von ihrem Schauplatz ab."[250]

Wie wahr: Den Nachfolgern des „Pastors" und des „Richters" waren „die Schuhe des Präsidenten" – um bei dem Bild zu bleiben – einige Nummern zu groß.

Der durch den Tod Rutherfords notwendig gewordene Wechsel an der Spitze der Wachtturm-Gesellschaft ist daher weit mehr als die übliche Stafettenübergabe; er bedeutet vielmehr das Ende einer Epoche und den Beginn einer neuen Ära der Wachtturm-Gesellschaft. War die Amtszeit J. F. Rutherfords gekennzeichnet durch

---

248 Zitiert in Rogerson, Viele ..., S. 62.

249 „Jehovas Zeugen, Verkündiger ...", S. 89, Anmerkung.

250 Cole, Jehovas Zeugen, S. 109. – Daß Marley Cole selbst Zeuge Jehovas war, als er dieses Buch schrieb, bestätigt ein mir vorliegender Brief des dänischen Zweigbüros der Wachtturm-Gesellschaft auf eine diesbezügliche Anfrage. Der Verfasser.

häufige und oft geradezu unberechenbare Änderungen in der Lehre oder in der Taktik bzw. der Arbeitsmethode, so daß die seit Russells Tagen vertretene Theorie von der „stetig zunehmenden Erkenntnis“, dem „immer heller werdenden Licht“, sich letztendlich selbst widerlegte, so zeigt sich von nun an eine Tendenz zu mehr Kontinuität und Berechenbarkeit. Zwar gibt es auch künftig manchen Wechsel in der Lehre und im organisatorischen Bereich – und das von der Basis bis hin zu den Chefetagen der Wachtturm-Gesellschaft in Brooklyn – aber alles geschieht im Rahmen einer *zielgerichteten, langfristigen Konzeption und demgemäß in größeren Zeiträumen.* Dem gilt es im folgenden Rechnung zu tragen.

Die Manager an die Macht!

Die mit dem Machtwechsel in Brooklyn zu Ende gegangene Ära der Wachtturm-Gesellschaft war für die gesamte Öffentlichkeit eng verknüpft mit dem Namen einer *Einzelperson*. Auch intern war alles bezogen auf die charismatische Führergestalt „Pastor" Russells und dann später auf den übermächtigen Diktator und versierten Juristen „Richter" Rutherford. Wachtturm-offizielle Rundschreiben und -briefe trugen die Unterschrift des Präsidenten; Briefe der „lieben Geschwister" aus aller Welt wurden an sie persönlich gerichtet. In den Büchern der Wachtturm-Gesellschaft standen, auf den Titelseiten oder im Impressum, die Namen der Autoren, bisher in der Regel C. T. Russell bzw. J. F. Rutherford.

Es ist daher mehr als eine Äußerlichkeit, wenn seit dem Machtwechsel in Brooklyn in den Büchern der Wachtturm-Gesellschaft der Name des Autors nicht mehr erscheint. Wird auch unter den Zeugen Jehovas gern gesagt, dies sei so, damit „Jehova" alle Ehre empfange, so sind doch eher *praktische* Erwägungen dafür bestimmend: Die „neue Führungsschicht", die sich aus dem Siebener-Komitee der letzten Jahre der Amtszeit Rutherfords herausgeschält hat, weiß aus den Beobachtungen und eigenen Erfahrungen jener Jahre, daß das Übermaß an Arbeit nicht mehr von *einer* Führergestalt bewältigt werden kann.

Russell und Rutherford hatten nicht nur das Präsidentenamt über die Watch-Tower-Firmengruppe, also ein Verwaltungsamt, inne; sie standen außerdem an der Spitze der IBV bzw. der Zeugen Jehovas-Organisation, was organisatorische und „geistliche" Leitungsfunktionen implizierte, *und* sie waren gleichzeitig unermüdliche *Schreiber*. Zwar muß die Wachtturm-Gesellschafts-Darstellung, Russell sei „wohl der fruchtbarste Schriftsteller über biblische Wahrheiten, der je gelebt hat",[251] als Übertreibung angesehen werden, eins ist jedoch unbestreitbar: Er und sein Nachfolger J. F. Rutherford haben so viele Bücher geschrieben, daß diese – zusam-

---

[251] Bd. VII der „Schriftstudien" zu Offbg. 3,14: „Schreibe ..." (Ausgabe von 1917, S. 72).

men mit den gebundenen Jahrgängen ihrer Zeitschriften – allein schon eine kleine *Bibliothek* darstellen.[252]

Beide leisteten über insgesamt sechs Jahrzehnte ein Übermaß an aufreibender Arbeit, so daß kaum jemand als Einzelperson sie ersetzen konnte, der nicht wie sie langsam in diese Aufgabenfülle hineingewachsen war. Dies konnte nur ein gut funktionierendes Team bewältigen, selbstverständlich – gemäß den satzungsmäßig festgelegten „theokratischen" Grundprinzipien – unter der Oberaufsicht des neuen Präsidenten.

Ein Team geht an die Arbeit

Anders als nach dem Tod Russells verläuft der Machtwechsel des Jahres 1942 undramatisch. Kein Machtkampf findet statt wie 1916/17, an dessen Ende ein Sieger steht, der dann seine Machtposition erst festigen und ausbauen muß. Als Nathan Homer Knorr (1905-1977) am 13. Januar 1942, nur fünf Tage nach dem Ableben des „Richters", zum neuen Präsidenten der beiden amerikanischen Körperschaften und noch im selben Monat zum Präsidenten der britischen Körperschaft, der „International Bible Students Association" gewählt wird,[253] sind die organisatorischen Strukturen dieser Firmengruppe „von oben bis unten" stabil. Auch die nun beginnende Arbeit als *Team* kann die unumschränkte Macht und Vollmacht des Präsidenten nicht mehr gefährden.

Wer sind seine Mitarbeiter, und wie funktioniert die Arbeitsteilung? Marley Cole gibt dazu folgende Auskunft: *Hayden C. Covington* (*1911), „der hervorragende, konstitutionelle *Anwalt* der Zeugen", führte den „legalen Kampf des Richters"[254] um das Recht der Zeugen Jehovas fort, sich in Freiheit zu versammeln und

[252] Rutherford schrieb eine Flut von Publikationen der Wachtturm-Gesellschaft: 24 Bücher, 86 Broschüren, jedes Jahr ein „Jahrbuch", dazu Artikel für den Watch Tower und dessen Schwesterzeitschrift, die heute „ERWACHET!" heißt.

[253] Zu den einzelnen Körperschaften vgl. S. 57f. im vorliegenden Buch.

[254] Cole, Jehovas Zeugen, S. 111 und 109.

den organisierten Predigtdienst in Gestalt der Verbreitung der gedruckten Botschaft durchzuführen.

Nach dem Tode Rutherfords wird er zum Vizepräsidenten der Wachtturm-Gesellschaft gewählt. Als er im September 1945 auf dieses Amt freiwillig verzichtet, tritt *Frederick Franz* am 5. Oktober 1945 an seine Stelle. Schon Rutherford hatte sich „hinsichtlich des doktrinären [lehrmäßigen] Materials ... seit Jahren auf den scharfen Bibelverstand von Fred Franz gestützt".[255] Nun wird er einer der „engsten Mitarbeiter und getreuesten Berater" Nathan H. Knorr,[256] dem Fred Franz im Jahre 1977 auf den Präsidentenstuhl folgen wird. Man kann daher die Zeit von 1942 bis 1992, dem Todesjahr von Fred Franz, als die Ära Knorr-Franz bezeichnen.

Schließlich ist noch ein weiterer Mitarbeiter in diesem Team zu nennen, *Thomas J. Sullivan*, den der Zeuge Jehovas Marley Cole in seinem Buch – mit einem zweifellos von der Wachtturm-Gesellschaft zur Verfügung gestellten Foto Sullivans – als „Superintendent der Prediger und Evangelisten" (der „Neuen-Welt-Gesellschaft") vorstellt.[257] Und was macht N. H. Knorr?

Nathan H. Knorr – ein Verwaltungsfachmann als Präsident

Der am 23. April 1905 in Bethlehem/Pennsylvania geborene N. H. Knorr hatte sich schon als Sechzehnjähriger den Bibelforschern angeschlossen und ließ sich zwei Jahre später bei ihnen taufen. Noch im selben Jahr trat er einen hauptberuflichen Dienst im „Bethel" der Wachtturm-Gesellschaft an und bewährte sich in der Folgezeit in vielen Bereichen der Verwaltung. Ab 1932 wurde er verantwortlicher Koordinator für das gesamte Druckereiwesen der Wachtturm-Gesellschaft, 1940 ihr Vizepräsident.

Der *Präsident* Knorr (ab 1942) läßt zwischenmenschliche Regungen nur äußerst selten erkennen. In Gesprächen mit seinen

255 ebenda, S. 109.

256 Jehovas Zeugen, Verkündiger ..., S. 91 im „Kasten".

257 a.a.O., zwischen den S. 128 und 129 zum Teil ganzseitige Fotos von Russell, Rutherford, Knorr, Covington und Sullivan.

Untergebenen verhält er sich zurückhaltend freundlich, aber korrekt. Im Gegensatz zu seinem Vorgänger wird er nie ausfallend. Damit andere ihm gegenüber sich auch so verhalten, wahrt er eine gewisse kühle Distanz. Während des Wachtturm-Kongresses im August 1955 in Nürnberg stehe ich beim Mittagessen in der Cafeteria ihm unmittelbar gegenüber. Knorr schützt sich vor dem Belagertwerden durch Fragen der ihn umgebenden Zeugen Jehovas, indem er durch sie „hindurchsieht" bzw. an ihnen vorbei- oder über ihre Köpfe hinwegschaut – seine beachtliche Körpergröße kommt ihm dabei zugute – und sich in vielsagendes Schweigen hüllt.

Im privaten Umgang mit Freunden zeigt er sich warmherzig und gesprächsoffen, doch sobald er in seinem Präsidentenamt tätig wird, spielt er perfekt seine Rolle. Er weiß, was er seinem Amt schuldig und was für die Wachtturm-Gesellschaft von Nutzen ist. Als er mit dem früheren Leiter des Wiener Zweigbüros, Walter Voigt, über die Frage der Herausgabe eines eigenen Jahrbuches der Zeugen Jehovas für den deutschen Raum verhandelt, zieht er gelassen sein Notizbuch hervor, stellt seinem Gesprächspartner die Frage, wie viele deutschsprachige Zeugen Jehovas insgesamt als Leser infrage kommen, und nach einem Augenblick des Rechnens und Nachdenkens gibt er seine Zustimmung zu dem Projekt mit den Worten kund: „Well, we can make much money ..."

Seither wird Knorr dort liebevoll-ironisch „Mr. Money-Maker" genannt. Auch der damalige Zweigaufseher für Belgien und Luxemburg, Maurice Fleury, schildert Knorr als einen in Geldangelegenheiten – auch vor seiner Präsidentschaft – äußerst versierten Fachmann. Fleury über Knorr: Er trägt das Dollarzeichen schon in seiner Brille.

Es überrascht daher nicht, daß er sich nach seiner Wahl zum Präsidenten als ein „Watch Tower-Manager neuen Typs" erweist: Er leitet den Konzern nach den Prinzipien moderner Wirtschaftsunternehmen. Es geht um Verbesserung der Produktion in bezug auf Quantität und Qualität, Steigerung der Umsatzzahlen, Erschließung neuer Absatzmärkte! In dieser Kalkulation spielen natürlich die Bücher- und Zeitschriftenverbreiter der Wachtturm-Gesellschaft – die Zeugen Jehovas – eine ganz entscheidende Rolle. Nicht *daß* sie fleißig arbeiten „im Felddienst von Haus zu Haus und auf den Straßen" (Fachjargon) ist entscheidend, sondern *wie* werbe-

Nathan Homer Knorr (geb. am 23. April 1905), Präsident der Wachtturm-Gesellschaft vom 13. Januar 1942 bis zu seinem Tod am 8. Juni 1977.

wirksam, wie effektiv sie arbeiten. Knorrs Devise für sie: „Ergebnisse sind das, was zählt!"

Schwachpunkte im Verbreitungssystem müssen daher ausgeschaltet werden. Was der angestrebten Expansion im Wege steht, entfernt er mit der Gebärde der schieren Selbstverständlichkeit. Den alten „Kolporteur", der sich an den Türen der Leute mit einer „Zeugniskarte" einführte oder mit einer von einer Grammophonplatte vorgespielten Präsidentenrede, kann Knorr nicht mehr länger gebrauchen. Das Bücherverkaufen darf nicht länger als Selbstzweck erscheinen. Es erweckt den Verdacht des „Hausierens" zum Zweck der Umsatzsteigerung. Dieser Eindruck hatte der Wachtturm-Gesellschaft früher ungezählte Konflikte mit Behörden und Gerichten eingebracht.[258] Das soll nun anders werden: Knorr will den Kolporteur und Bücherverkäufer durch den gesprächsfähigen

---

[258] Cole, a.a.O., S. 110-124; Jehovas Zeugen, Verkündiger, S. 690f.

Prediger ersetzen, der die ihm aufgetragene Botschaft überzeugend an den Mann und an die Frau bringt, dabei dann freilich für die „bibelerklärenden Schriften" Interesse erwecken soll. Zu diesem Zweck entwirft er ein mehrstufiges Erziehungs- und Schulungsprogramm:

Wachtturm-Bibelschule „Gilead" in den USA

Auf dem Gelände der 324 ha großen eigenen „Königreichsfarm" in South Lansing (ca. 400 km von New York City entfernt) errichtet die Wachtturm-Gesellschaft ihre Bibelschule „Gilead". Hier werden seit 1943 in fünfmonatigen Kursen jeweils etwa 100 zumeist jüngere Zeugen Jehovas zu Missionarinnen und Missionaren oder für die Übernahme anderer Dienstämter geschult.[259]

„Theokratische Predigtdienstschule" gleich um die Ecke

Auf örtlicher Ebene wird ab 1943 zunächst in den USA, später auch in anderen Ländern, die „Theokratische Predigtdienstschule" in den Zeugen Jehovas-Versammlungen wöchentlich durchgeführt. Als Leitfaden dient das kleine Buch „Kurs im theokratischen Dienstamt". Hier lernen die Zeugen Jehovas, was und wie sie zu predigen haben. Wer eine „Studierendenansprache" gehalten hat, bekommt vom Studienleiter „konstruktiven Rat", wie er seine Redefähigkeit verbessern kann – sei es in bezug auf Aufbau der Rede, der Gesten, des Ausdrucks oder auch der Lautstärke, des Wechsels in der Tonlage usw. So werden aus den Bücher-Kolporteuren von einst „in der konversationellen Art des öffentlichen Redens" geschulte *Prediger*.[260] Noch mehr: „Als Folge davon konnten befähigte Redner, die in dieser Predigtdienstschule ausgebildet worden waren, an einem weltweiten Feldzug öffentlicher Vorträge zur Verkündigung der Königreichsbotschaft teilnehmen.

---

259 Der Wachtturm vom 1. 1. 1956, S. 11f.
260 Der Wachtturm vom 15. 1. 1956, S. 44.

Vielen kam diese Schulung später zugute, als sie auf Kongressen Ansprachen hielten und große organisatorische Verantwortung übernahmen." Anschließend werden dafür Beispiele genannt.[261]

Kongresse mit „Reichsparteitagseffekt"

Der ideologischen Zurüstung der Zeugen Jehovas für ihren Verkündigungsauftrag dienen auch die überregionalen Zusammenkünfte auf Kreis-, Bezirks- und Landesebene sowie die großen *internationalen* Kongresse. Mögen die Zeugen Jehovas zu Hause, in ihren örtlichen Versammlungen, auch nur eine kleine Zahl sein, hier, auf den Kreis- und Bezirksversammlungen, vor allem aber auf den großen Kongressen, erleben sie je und je Massenaufmärsche der „neuen Nation", die in den 50er Jahren auch gern als die „Neue-Welt-Gesellschaft" bezeichnet wird und auf den Kongressen sich selbst feiert. Sie wird seitens der Zeugen Jehovas als „Gegenstück zum bestehenden System der Dinge" betrachtet, das „zur Vernichtung bestimmt ist" ...

Eine Zeugin, die von einem Kreiskongreß zurückkehrte – der frühere Begriff Kreisversammlung war mittlerweile überholt –, verkündete ihren Bekannten daheim triumphierend: Ich war „drei Tage in der *neuen Welt*".

Eine eigene Bibelübersetzung zur Rechtfertigung der Zeugen Jehovas-Lehre

Der psychologischen Rückenstärkung dient darüber hinaus die Herausgabe einer eigenen Bibelübersetzung durch die Wachtturm-Gesellschaft. Wie die Kongresse, so stellt auch sie „einen bedeutsamen Faktor für die Zunahme" der Zeugen Jehovas dar. Das Buch „Jehovas Zeugen, Verkündiger" nennt ausdrücklich diesen Zusammenhang und fährt dann fort: „Ein Meilenstein auf diesem Gebiet war die Freigabe der in moderner Sprache geschriebenen ‚Neuen-Welt-Übersetzung' der Christlichen Griechischen Schriften

---

[261] Jehovas Zeugen, Verkündiger, S. 94.

[gemeint ist: des Neuen Testaments] in Englisch ... am 2. August 1950 [auf dem „Mehrung der Theokratie"-Kongreß im New Yorker Yankee-Stadion]. Die Kongreßbesucher freuten sich sehr, zu erfahren, daß in dieser neuen Übersetzung der Gottesname Jehova an 237 Stellen im Haupttext von Matthäus bis Offenbarung wiedereingeführt worden war ..."[262]

Im Laufe des nächsten Jahrzehnts sollten weitere Teile folgen, so daß Jehovas Zeugen schließlich eine genaue, leicht verständliche Übersetzung der gesamten Bibel hätten, die sie anderen mit Begeisterung anbieten könnten.[263]

Biblische Antworten beim Predigtdienst „parat"

Lange genug haben Zeugen Jehovas den Anspruch erhoben, nur sie verfügten über die „biblische Wahrheit", blieben aber im Gespräch mit bibelfesten Christen allzuoft den Beweis dafür schuldig. Das soll nun anders werden: Auf dem „Neue-Welt-Gesellschafts"-Kongreß in New York 1953 wird das Buch „Vergewissert euch über alle Dinge" freigegeben und „mit donnerndem Applaus bedacht".[264] Darin werden zu 70 Hauptthemen alle Bibelstellen

---

[262] Mit dem Begriff „wiedereingeführt" und mit der tatsächlichen Übernahme des „Jehova"-Namens in die „Neue-Welt-Übersetzung" des Neuen Testaments versucht die Wachtturm-Gesellschaft, ihre starke Betonung des „Jehova"-Namens biblisch zu legitimieren. Eine Auseinandersetzung mit dieser These im Licht des Evangeliums wurde in Twisselmann, *Jehovas Zeugen – Die Wahrheit, die frei macht?* (S. 15-28) vorgenommen (Brunnen Verlag Gießen/Basel; 1992 als Taschenbuch). Ferner: „Sollte Gottes Name in der ganzen Bibel erscheinen?" in Nr. 49/50 des „Bruder-Dienst", Schriftenreihe für biblische Orientierung (beziehbar beim Bruderdienst Missionsverlag, Postfach 30, 25764 Wesselburen).

[263] Daß es sich um eine *genaue* Übersetzung handelt, ist mit Fug und Recht zu bezweifeln; eher ist sie als tendenziös zu bezeichnen. Selbst der verstorbene Präsident Fred Franz räumte ein, andere Übersetzungen vorzuziehen, wie sein Neffe, Raymond Franz, in seinem Buch „Der Gewissenskonflikt", S. 29 berichtet. Ob es dem *„leichteren Verstehen"* dient, wenn die Neue-Welt-Übersetzung beispielsweise statt von der „Welt" von einem „System der Dinge" spricht, mag der Leser selbst beurteilen.

[264] Jehovas Zeugen, Verkündiger, S. 100.

zusammengetragen, die die Sicht der Wachtturm-Gesellschaft stützen. „Jehovas Zeugen hatten nun die biblischen Antworten auf Fragen parat, die in ihrem Predigtdienst von Haus zu Haus aufgeworfen wurden.“[265]

„Nun sind wir unschlagbar“, jubelten einige Zeugen.

Offenkundige Irrlehren revidiert

Altes neu verpackt

Knorr und Franz sind sich dessen bewußt, daß eine allzu plötzliche Abkehr von Rutherfords offensichtlichen Irrlehren bei vielen Zeugen Jehovas Unmut, vielleicht sogar energischen Widerstand hervorrufen würde. Im großen und ganzen werden daher die alten Lehrbesonderheiten beibehalten, aber sozusagen „neu verpackt“, vor allem einfühlsamer. Dies gilt z.B. für die Lehre vom Vorrang der „Rechtfertigung Jehovas“ gegenüber der Errettung des Menschen durch das Erlösungswerk Christi. Im Buch „Die Wahrheit wird euch frei machen“, (deutsch 1946) erscheinen Sätze, die auch aus der Feder Rutherfords stammen könnten:

> „Gerade die Bestimmung Jesu zum Messias oder Christus beweist, daß der Hauptzweck seines Kommens auf die Erde nicht darin bestand, die Menschheit zu erlösen und zu erretten.“

Im Unterschied zu Rutherfords schroffer Diktion baut die neue Führung jedoch dem christlich eingestellten Leser „goldene Brükken“, indem sie sogleich hinzufügt:

> „Wohl ist diese Errettung menschlicher Geschöpfe wichtig für die Menschen selbst, die ewiges Leben suchen, doch ist sie in Gottes erhabenem Ratschluß von untergeordneter Bedeutung. Dieser Ratschluß oder Vorsatz Jehovas läuft nämlich darauf hinaus, eine gerechte Regierung, eine theokratische Regierung zu errichten, die auf den Schultern seines treuen

---

[265] ebenda, S. 100.

Sohnes ruhen wird, und durch diese Regierung seinen Namen vor allen lebenden Geschöpfen des Universums zu rechtfertigen. Dadurch wird der Teufel als Verleumder und Lügner und falscher Gott erwiesen sein. Der Titel *Messias* oder *Christus* bezeichnet nicht den Erlöser, sondern den herrlichen König, den Jehova salbt, um in jener Theokratie oder dem Königreich Gottes der Herrscher zu sein."[266]

Dem gleichen Ziel, christlich eingestellte Leser gleichsam „abzuholen", dient wohl auch die vermehrte Erwähnung Jesu Christi und seines Erlösungswerkes insbesondere in Überschriften des Wachtturms.[267] Auch daß anstelle des offiziellen Namens „Jehovas Zeugen" oft von den „*christlichen* Zeugen Jehovas" die Rede ist, dürfte demselben Ziel dienen.[268] Ebenso das Aufgeben offensichtlich falscher Bibelauslegungen.

Willkürliche Deutung von Römer 13 fallengelassen

Doch auch dies geschieht nicht „von heute auf morgen". Im Buch „Die Wahrheit wird euch frei machen" lehrt die Knorr-Franz-Administration noch ganz im Sinne des „Richters":

> „Im Jahre 1929 brach das helle Licht hervor. In jenem Jahre veröffentlichte ‚Der Wachtturm' die biblische Erklärung über Römer, Kapitel 13. Er zeigte, daß nicht weltliche Herrscher und Regenten, sondern Jehova Gott und Christus Jesus ‚die obrigkeitlichen Gewalten' sind, und daß die christlichen Seelen ‚Gott mehr gehorchen müssen als Menschen', sowie daß ‚alle menschliche Einrichtung', der sie untertan sein müssen,

---

[266] Die Wahrheit wird euch frei machen, S. 252.

[267] Z.B.: Ausgaben vom 1. 7. 1964, S. 403: „Baue auf Christus, den sicheren Grund"; vom 15. 2. 1973, S. 112: „Dem Hauptvermittler der göttlichen Herrschaft folgen"; vom 15. 3. 1973, S. 179: „Unterwirfst du dich der Leitung Christi heute?" – Der Leser wird jedoch schnell bemerken, daß *in* den so überschriebenen Artikeln typische Wachtturm-Anliegen zur Sprache kommen.

[268] Z.B.: Der Wachtturm vom 15. 3. 1973, S. 175, Abs. 17; vom 1. 10. 1973, S. 593, Abs. 3.

Nathan Homer Knorr (rechts), Präsident der Wachtturm-Gesellschaft ab 1942, im Gespräch mit seinem Vizepräsidenten Frederick Franz, der das Präsidentenamt 1977 nach Knorrs Tod übernahm und bis 1992 ausübte, als er im Alter von 99 Jahren verstarb.

> alle schriftgemäße Einrichtung jener Menschen ist, die unter dem König Christus Jesus in Gottes Organisation als Diener tätig sind. (1. Petrus 2:13) Diese Enthüllung einer ungemein wichtigen Wahrheit machte den Geist des geweihten Volkes Gottes frei wie nie zuvor.
>
> Diese Wahrheit befähigte sie, ‚Freie des Herrn' zu bleiben, selbst wenn sie körperlich von weltlichen Beamten gepackt, eingekerkert und auf ein Sklavendasein beschränkt wurden."[269]

Hier wird offenbar auf die Verfolgungszeiten während des Naziregimes, sowie während des Zweiten Weltkrieges auch in anderen

---

269 a.a.O., S. 313.

Staaten angespielt. Das *Fehlen* dieser erst 1929 gewonnenen Erkenntnis wird für die „babylonische" Gefangenschaft der Bibelforscher in der Zeit des Ersten Weltkrieges verantwortlich gemacht:

> „Während des ersten Weltkrieges kamen jene geistlichen Israeliten in körperlicher Weise unter die Gewalt der babylonischen politischen Systeme dieser Welt ... Im Jahre 1918 n.Chr. ließen die geistlichen Israeliten eine politische Einmischung der Welt in ihre christliche Tätigkeit zu. Sie zogen sich von ihrem öffentlichen Unterrichtswerk zurück, großenteils wegen der immer noch herrschenden religiösen Ansicht, daß die politischen Behörden der sichtbaren Organisation Satans die ‚obrigkeitlichen Gewalten' seien, denen alle Christenseelen, wie in Römer 13:1 befohlen, untertan sein sollten. Durch solche Bibelverdrehung vermochte die gewalthabende Religionshierarchie als ‚geistlicher Berater' der politischen Mächte zu handeln und mittels der Staatsgewalt die Rede-, Preß-, Versammlungs- und Gottesdienstfreiheit zu beseitigen und zu unterdrücken. Solch religiöse Falschanwendung der Bibelaussagen über die ‚obrigkeitlichen Gewalten' hat lange Zeit verursacht, daß bekennende Christen sich unwissentlich in der Knechtschaft weltlicher Amtsstellen befanden, auf Kosten der Interessen des Werkes Gottes und wahrer Freiheit."[270]

Noch im Wachtturm vom 15. 1. 1951 wird Rutherfords Römer 13-Deutung von 1929 vertreten. Wer diese krampfhafte Bemühung, das Unhaltbare festzuhalten, aufmerksam liest, spürt jedoch, wie es den Verfassern offensichtlich schwerfällt – und die Darstellung überzeugt den unvoreingenommenen Leser nicht.

Es sei mir gestattet, an dieser Stelle etwas sehr Persönliches zu berichten: Beim Lesen dieses Wachtturms wuchsen in mir damals erhebliche Zweifel an der Seriosität der Wachtturm-Gesellschaft, wenn auch die definitive Entscheidung *gegen* ihre Organisation und Lehre sich an ganz anderen, wichtigeren Stellen entzündete. Als ich Anfang 1956 im Gespräch mit drei führenden Funktionä-

---

270 ebenda, S. 312.

ren, darunter ein Bezirksaufseher und ein Kreisaufseher, Schriftbeweise gegen die Wachtturm-Auslegung von Römer 13,1-7 ins Feld führte, verteidigten sie diese mit keinem Wort. Vielmehr deutete der Bezirksaufseher an, daß die Wachtturm-Gesellschaft eine lehrmäßige Umstellung in dieser Frage bereits „im Schilde führte", und forderte mich wiederholt und inständig bittend auf: „Warte doch, bis der *Wachtturm* das bringt."

Offenbar sind die höheren Funktionäre bereits über den geplanten Kurswechsel informiert, aber die Wachtturm-Gesellschaft wartet wohl noch eine Weile ab, denn zumindest die KZ-Generation unter den Zeugen Jehovas könnte durch eine allzu überraschende und allzu schnelle Änderung der Römer 13-Auslegung brüskiert werden. Wie viele von ihnen haben den weltlichen „Obrigkeiten" Widerstand geleistet unter Berufung auf das von Rutherfords Wachtturm-Gesellschaft ihnen vermittelte Römer 13-Verständnis!

Möglicherweise stoßen jedoch Knorr und Franz auch auf massiven Widerstand im eigenen Hause, in den Reihen der von Rutherford geprägten alten Herren in Brooklyn. Sie, die seit den Tagen des „Richters" eine ständige Zunahme der Erkenntnis – und also *Veränderung* – auf ihre Fahne geschrieben haben, können im eigenen Zirkel alles ertragen, nur *eins* nicht: Veränderung! Schon jeder Anflug eines Gedankens an einen Wandel im Bereich ihres Dogmenkatalogs läßt sie Verrat, Revolution, Abtrünnigkeit wittern.

Unter diesen Umständen fällt es der Knorr-Franz-Administration schwer, das Erbe Rutherfords abzuschütteln. Die „Mehrung der Theokratie", die die neue Führung endlich voll aufdrehen will, kommt so nicht voll zur Entfaltung. Das alte Düstere hindert das „neue Licht", verzögert jedenfalls dessen Durchbruch.

Erst auf den Kongressen des Jahres 1962 wird das „neue Licht über Römer 13" verkündet und dann auch im Wachtturm vom 1. und 15. Januar und vom 1. Februar 1963 schwarz auf weiß vorgelegt. Nur ist das „neue" in Wahrheit nicht *neu*: Es handelt sich ja um eine Rückkehr zu jener alten Auslegung von Römer 13, die Rutherford 1929 verlassen hat und die seither als „Bibelverdrehung" gegolten hat. Und was als „helleres" Licht seit 1929 gepriesen wurde, erweist sich nun als Finsternis.

Dabei geht die Wachtturm-Gesellschaft sehr geschickt vor: Sie entfaltet das Verhältnis „Christ und Staat" im Wachtturm vom 1.1.1963 zunächst durch eine gründliche Analyse von Titus 3,1 (nach der Übersetzung von Thimme): „Ermahne sie immer wieder, sich der Obrigkeit und den Behörden unterzuordnen und ihnen zu gehorchen, zu allem Guten bereit zu sein."

Obwohl der Satz unmißverständlich ist, stellt der Wachtturm die Frage: „Wen hat Gott mit dem Ausdruck ‚Obrigkeit' und ‚Behörden' gemeint ...? Wem untertan zu sein, sollte Titus den ... Versammlungen einschärfen?" und dann gibt er den Zeugen Jehovas die für sie wahrhaftig schockierende Antwort: „Offenbar den politischen Obrigkeiten oder Regierungen und Behörden der Welt."[271]

Im danach folgenden spürt man, daß der Wachtturm Überzeugungsarbeit leisten muß nach jahrzehntelanger falscher Unterweisung:

> „Wenn die Christen nichts mit den Regierungen und Behörden dieser Welt zu tun haben wollten, müßten sie die Erde verlassen. Aber sie können keinem Fahrer das Zeichen geben, daß er die Welt anhalte, um sie aussteigen zu lassen. (1. Kor. 5:9.10) Gott hat die Christen nicht aus der Welt herausgenommen. Sie müssen mit den Regierungen und Behörden, die immer noch bestehen, auskommen. Daher sagt Paulus, sie sollten ihnen untertan sein."[272]

Erst nach weiteren ausführlichen Darlegungen zu diesem Titustext und zu 1. Petr. 2,11-17, in deren Verlauf der Wachtturm sogar mühsam nachweist, daß mit dem „Ehret den König" nun gerade nicht Jesus Christus gemeint ist, sondern der weltliche Landesherr, geht er dann in seinen nächsten Nummern auf Röm. 13,1-7 ein und kommt zu dem Schluß: Paulus spricht hier „logischerweise von den ‚vorgesetzten' oder ‚obrigkeitlichen' Gewalten in der *Welt*"[273] – also nicht innerhalb der christlichen Gemeinde, wie die Wachtturm-Gesellschaft 33 Jahre lang gelehrt hat. Die geforderte Unterordnung sei jedoch keine unbedingte und grenzenlose. Wo immer Gottes eindeutiges Gebot dem des Staates widerspricht, habe das Wort der Apostel zu gelten: „Man muß Gott mehr gehorchen als den Menschen."

---

271 Der Wachtturm vom 1. 1. 1963, S. 14.15, Abs. 8.9.

272 ebenda, Abs. 9.

273 Der Wachtturm vom 15. 1. 1963, S. 39, Abs. 6; vgl. auch Ausgabe vom 1. 2. 1963.

Gegen Schluß der 1. Januar-Ausgabe von 1963 wird erkennbar, warum die Kehrtwendung in der Wachtturm-Gesellschafts-Politik den irdischen Regierungen gegenüber notwendig ist:

> „Unsere bedingte Unterordnung wird nicht nur diesen Leuten gefallen, sondern sie wird vor allem Gott gefallen. Sie wird uns davor bewahren, uns an politischen Verschwörungen oder Aufständen gegen die legalen Behörden zu beteiligen, selbst wenn wir verfolgt werden, weil wir christliche Zeugen Jehovas sind. Sie wird die Feinde des Reiches Gottes, das wir verkündigen, entwaffnen, denn sie werden keine Schuld an uns finden oder uns nachweisen können, außer in bezug auf das Gesetz unseres Gottes."[274]

Die drei aufeinander folgenden Wachtturm-Ausgaben zum Thema „Christ und Staat" haben also programmatischen Charakter und signalisieren eine diesbezügliche Trendwende: Schluß mit dem Provozieren der Regierungen! Jehovas Zeugen sind nicht länger als Staatsfeinde zu verdächtigen!

Verteufelung aller Religion aufgegeben

Ziel der Wachtturm-Gesellschaft ist, für ihre Zeugen den Status einer anerkannten Religionsgemeinschaft zu erlangen. Aber wie soll das gehen, da sie doch seit Rutherfords Amtszeit lehrt, sie *habe* keine Religion![275] Darum muß diese über so viele Jahre vertretene Wachtturm-Lehre um des höheren Zieles willen aufgegeben werden. Seit 1953 lehren die Wachtturmschriften: Jehovas Zeugen haben Religion, die wahre Religion,[276] nur sie allein! Der Wachtturm vom 1. Juni 1994 sucht dafür den *Nachweis* zu erbringen, daß die Zeugen Jehovas *„die richtige Religion"* haben (Überschrift!), und zwar anhand von Kriterien, die er selbst vorher aufstellte. Es

---

[274] Der Wachtturm vom 1. 1. 1963, S. 30, Abs. 36.

[275] Wachtturm-Buch „Kinder" (Bern 1941), S. 57.

[276] Was hat die Religion der Menschheit gebracht? (Deutsch 1953), S. 351f.

komme jedoch nicht nur darauf an, sie zu identifizieren, sondern sie zu *praktizieren.*[277]

Seit 1953 sind somit die Zeugen Jehovas nicht mehr länger Religionslose, die andere, wie vorher geschehen, als „Religionisten" verteufeln.[278] Diese Entscheidung ist bis heute für die Zeugen Jehovas von größter Bedeutung.

Der Wandel spiegelt sich wider bis in die Wortwahl beim Briefkopf der Zentrale der deutschen Zeugen Jehovas: „Religionsgemeinschaft der Zeugen Jehovas in Deutschland" heißt es heute (früher: Wachtturm Bibel- und Traktat-Gesellschaft bzw. Watch Tower Bible and Tract Society). Dies hängt zusammen mit dem Bemühen der Wachtturm-Gesellschaft, für die Zeugen Jehovas den Status einer Körperschaft des öffentlichen Rechts (KdöR) zu erlangen. Weil die diesbezügliche Entwicklung nicht abgeschlossen ist, kann an dieser Stelle nur der gegenwärtige Stand der Dinge und dessen jüngster geschichtlicher Hintergrund dargestellt werden:

Zur Zeit der Wende in der ehemaligen DDR hielten die seit dem 31. August 1950 dort verbotenen Zeugen Jehovas ihre Stunde der Wiederzulassung für gekommen. Sie stellten im Januar 1990 den Antrag an die damalige DDR-Regierung, als Religionsgemeinschaft anerkannt zu werden. Der Ministerrat – Amt für Kirchenfragen – übersandte ihnen als Antwort eine auf den 14. März 1990 datierte Urkunde, in der es heißt: *„Staatliche Anerkennung. Die ‚Religionsgemeinschaft der Zeugen Jehovas der DDR' mit Sitz in Berlin, Hauptstadt der Deutschen Demokratischen Republik, ist staatlich anerkannt. Mit der staatlichen Anerkennung ist die Religionsgemeinschaft rechtsfähig und legitimiert, auf der Grundlage des Art. 39 (2) der Verfassung der DDR ihre Tätigkeit auszuüben."*

Die Juristen der Wachtturm-Gesellschaft witterten Morgenluft für die Zeugen Jehovas und suchten aus dieser „staatlichen Anerkennung" weiteres Kapital zu schlagen. In ihrem Schreiben vom 23. 10. 1990 an den Magistrat und den Senat der Stadt Berlin teilten sie ihre „Auffassung" mit, sie hätten damit zugleich „den Status einer Körperschaft des öffentlichen Rechts" erlangt und baten um eine schriftliche Bestätigung ihrer Rechtsstellung. Als dieser

---

[277] Der Wachtturm vom 1. Juni 1994, S. 11.12.

[278] Die neue Welt, S. 223.

Antrag seitens der Senatsverwaltung abgelehnt wurde, klagte die „Religionsgemeinschaft der Zeugen Jehovas in Deutschland" gegen das Land Berlin vor dem Berliner Verwaltungsgericht.

In dessen Urteil vom 25. Oktober 1993 wird die Klage der Zeugen Jehovas insofern abgewiesen: Die staatliche Anerkennung der Zeugen Jehovas vom 14.3.1990 durch den Ministerrat der damaligen DDR bedeutet *nicht*, daß die Zeugen Jehovas den Status einer Körperschaft des öffentlichen Rechts erlangt haben. Eine derartige Rechtsform sei „dem zu diesem Zeitpunkt geltenden Recht der DDR fremd" gewesen. „Auch das zusammen mit dem Einigungsvertrag am 29. September 1990 in Kraft getretene Gesetz zur Regelung des Kirchensteuerwesens ... verleiht der Klägerin keine Körperschaftsrechte."[279]

Gleichzeitig aber wird in diesem Urteil des Berliner Verwaltungsgerichts festgestellt: „Die Klägerin [also die Religionsgemeinschaft der Zeugen Jehovas in Deutschland] hat einen Rechtsanspruch auf Anerkennung als Körperschaft des öffentlichen Rechts im Land Berlin."[280]

Begründung:

- Sie erfülle die „verfassungsrechtlichen Voraussetzungen" (sie sei nicht verfassungsfeindlich im Sinne des Grundgesetzes Art. 140);
- Sie biete nach ihrer Satzung und zahlenmäßigen Größe „die Gewähr der Dauer".

Das sind zweifellos formal richtige Gesichtspunkte; Glaubensinhalte zu bewerten sieht das Gericht natürlich nicht als seine Aufgabe an.

Der Berliner Senat hat gegen das Urteil Widerspruch eingelegt. Nun wird die nächsthöhere Instanz entscheiden müssen. Sollte dann der Senat eines Tages genötigt werden, den Zeugen Jehovas den Status einer Körperschaft des öffentlichen Rechts in Berlin zuzubilligen, so wäre damit ein Präzedenzfall geschaffen: andere Bundesländer würden früher oder später nachziehen müssen, was eine ungeahnte Aufwertung der Zeugen Jehovas-Organisation bedeuten würde.

---

279 Urteil des Verwaltungsgerichts vom 25.10.1993 (VG 27 A 214/93), S. 6.7.
280 ebenda, S. 9 unter II.

Dieser aktuelle Vorgang zeigt deutlich, daß die Wachtturm-Gesellschaft unter Knorr eine für die Interessen der Zeugen Jehovas-Organisation überaus wichtige Entscheidung traf, als er die alte Watch Tower-Lehre über *Religion* abschaffte. Man stelle sich nur einmal vor, eine Vereinigung von Religionslosen hätte sich um Anerkennung als Religionsgemeinschaft bemüht oder gar um den Status einer Körperschaft des öffentlichen Rechts! Die Erfolgsaussichten wären gleich null gewesen! *Darum* war es auch notwendig, den Namen „Religionsgemeinschaft der Zeugen Jehovas in Deutschland" zu wählen und im Briefkopf herauszustellen. Wie hätte – um beim aktuellen Beispiel zu bleiben – das Berliner Verwaltungsgericht wohl entschieden, wenn eine amerikanische Watch Tower Bible and Tract Society oder auch die Wachtturm Bibel- und Traktat-Gesellschaft, deutscher Zweig, für ihre Leser und Schriftenverbreiter die Körperschaftsrechte beantragt hätte?

„Richter" Rutherford und seine Nachfolger als Rechtsanwälte der Wachtturm-Gesellschaft, Moyle, Covington und andere, werden auch bei den ungezählten Prozessen ihrer Zeit, bei denen es um die Durchsetzung der religiösen Rechte der Bibelforscher bzw. Zeugen Jehovas ging, einschlägige Erfahrungen gesammelt haben.

Es ist eben schwierig, die Rechte der Zeugen Jehovas als *Religionsgemeinschaft* einzuklagen, sobald klar wird, daß an ihrer Spitze eine Aktiengesellschaft steht, eine „Geschäftsfirma", wie C.T. Russell sie ehrlicherweise nannte. Noch schwieriger aber wird es, wenn die so geleitete Organisation sich als die einzige von Gott gebilligte „Christenversammlung" darstellt und ihre Führung als den „treuen und klugen Knecht des Herrn", als „Vertreter des Herrn" und als Verwalterin der in dieser Organisation verwirklichten „Theokratie", des Königreiches Gottes auf Erden.

Das Führungsteam Knorr-Franz-Covington erkennt daher die dringende Aufgabe, dieses peinliche und für die Ausdehnung und „Mehrung der Theokratie" schädliche Bild durch ein für die Watch Tower-Interessen günstigeres zu ersetzen:

Das neuentworfene Bild von einer „leitenden Körperschaft"

Das in der Überschrift Angedeutete ist Teil einer gutdurchdachten langfristigen Strategie, zu der die baldige Abschaffung des Aktienwesens gehört und die auf lange Sicht die führende Stellung der Wachtturm-Gesellschaft über die Zeugen Jehovas – zumindest für die Optik – „herunterspielt". Zu diesem Zweck entwirft das Wachtturm-Schrifttum das Bild von einer kollektiven geistlichen Führung, von einer „leitenden Körperschaft" an der Spitze der Zeugen Jehovas, in deren Hand die Wachtturm-Gesellschaft selbst nur eine untergeordnete, dienende Funktion hat.

Im Wachtturm werden beide strategischen Maßnahmen gern in einem Atemzug genannt, doch während die Abschaffung des Aktienwesens ausführlich und unter Nennung eindeutiger Daten berichtet wird, erschöpft sich die Auskunft über die „leitende Körperschaft" zunächst im Wiederholen stereotyper Formeln, vor allem der Vokabel „leitende Körperschaft". Z.B. berichtet der Wachtturm 1945: Am 2. 10. 1944 wurde „in einer gesetzmäßig einberufenen Geschäftsversammlung aller stimmberechtigten Anteilschein-Inhaber der Gesellschaft einstimmig beschlossen ..., daß die Gründungsurkunde oder die Statuten der Gesellschaft revidiert und in vollen Einklang mit der theokratischen Regel und Wahrheit zu bringen sind ... Logischerweise sollte bei regulären Wahlen der Gesellschaft ... die leitende Körperschaft nicht durch die finanziellen Beiträge irgendeiner Person berührt werden ..."[281]

Mit dieser Revision ihrer Satzung schafft die Wachtturm-Gesellschaft die bisherige Regelung ab, daß jedermann durch den Kauf von Anteilscheinen Mitgliedschaft und Stimmrechte erwerben konnte. Mit der ständigen Wiederholung des Begriffs „leitende Körperschaft" suggeriert sie, daß an der Spitze der Zeugen Jehovas nicht die „legale Korporation" steht (gemeint ist die Wachtturm-Gesellschaft), sondern eine Art kollektive geistliche Leitung.

Die Frage aber drängt sich dem kritischen Leser auf: Wann, wie und wo denn eine solche Einrichtung entstanden ist.

Als Antwort kann wohl gelten, was der Wachtturm später über die Verbindung von „leitender Körperschaft" mit den sieben Direktoren der Gesellschaft schreibt. Noch im Jahre 1990 deutet

---

281 Der Wachtturm von Dez. 1945, S. 14. Bei dem letzten hier zitierten Satz handelt es sich offenbar um eine Anspielung auf den bereits beschriebenen Sachverhalt, daß C. T. Russell sich dank seiner großen Zahl von Anteilscheinen – und dementsprechend von „Stimmrechten" – Macht und Einfluß sichern konnte.

der Wachtturm eine solche Identifikation an, wenn er rückblickend die Satzungsänderung von 1944 kommentiert:

„Die sieben Direktoren der Gesellschaft waren treue Christen. Doch wegen ihrer Rolle in der gesetzlich eingetragenen Körperschaft hätte der Gedanke naheliegen können, daß sie ihre Stellung in der leitenden Körperschaft der Wahl durch Mitglieder der Watch Tower Society verdankten. Zudem wurde nach Gesetz nur denjenigen die Mitgliedschaft mit einem entsprechenden Stimmrecht gewährt, die Spenden an die Gesellschaft machten. Diese Einrichtung bedurfte der Änderung. Das geschah am 2. Oktober 1944 anläßlich der jährlichen Mitgliederversammlung der Watch Tower Bible and Tract Society of Pennsylvania. Die Statuten der Gesellschaft wurden geändert, so daß die Mitgliedschaft nicht mehr von der finanziellen Unterstützung abhing. Die Mitglieder wurden unter den treuen Dienern Jehovas ausgewählt, und nun gehören viele Vollzeitdiener aus der Zentrale in Brooklyn (New York) und aus den Zweigbüros der Gesellschaft auf der ganzen Erde dazu.

In der englischen Ausgabe des *Wachtturms* vom 1. November 1944 hieß es über diese Verbesserung: ‚Geld, wie dieses durch finanzielle Beiträge repräsentiert ist, sollte keine entscheidende Stimme haben, ja sollte in der Tat keine Rolle spielen bei der Besetzung der leitenden Körperschaft der Zeugen Jehovas auf Erden.‘“[282]

Auch hier – wie im Wachtturm vom Dezember 1945 – die Verquikkung der Satzungsänderung von 1944 mit der vom 2. Weltkrieg bis 1971 noch rein fiktiven „leitenden Körperschaft“ und ihre Identifizierung mit den sieben Direktoren der Gesellschaft! In ihrem Buch „Zum Predigtdienst befähigt“ (1957) drückte die Wachtturm-Gesellschaft diese Identifizierung so aus: „In all den Jahren, seitdem der Herr zum Tempel gekommen ist [angeblich 1918], ist die sichtbare leitende Körperschaft eng mit dem Direktionsausschuß dieser Korporation verbunden, ist sozusagen mit ihm identisch.“[283]

---

282 Der Wachtturm vom 15. 3. 1990, S. 17f.

283 Zum Predigtdienst befähigt, S. 353.

Sieht man einmal von der Widersprüchlichkeit dieser Auskunft ab – wenn ich mit jemandem noch so eng verbunden bin, so bin ich doch nicht mit ihm identisch! –, mit der *Wirklichkeit* stimmte die Theorie vorn und hinten nicht überein.

Beweise für das Fehlen einer leitenden Körperschaft

Präsident Knorr stellt Direktoren vor vollendete Tatsachen

Wären tatsächlich die Direktoren der Wachtturm-Gesellschaft zu jener Zeit „die *leitende* Körperschaft" gewesen, so hätte z.B. ein Jahrhundertwerk wie es die „Neue-Welt-Übersetzung" zweifellos für die Zeugen Jehovas darstellt, von diesen Direktoren vor seiner Realisierung geplant, diskutiert und genehmigt werden müssen. Statt dessen überraschte – gemäß dem eigenen Geständnis der Wachtturm-Gesellschaft – der *Präsident* die Direktoren mit dem *Vorhandensein* eines Neue-Welt-Bibelübersetzungskomitees und einer schon *vollendeten* Übersetzung des Neuen Testaments! Die angebliche leitende Körperschaft durfte nur noch staunen und zustimmen:

> „Besonders seit 1946 hat der Präsident der Watch Tower Bible & Tract Society nach solch einer Übersetzung der Christlichen Griechischen Schriften gesucht. Am 3. September 1949, 8 Uhr morgens, berief der Präsident der Gesellschaft eine gemeinsame Sitzung des Direktionsausschusses, sowohl der pennsylvanischen als auch der New Yorker Körperschaft, ins Hauptbüro (Bethel), bei welcher nur ein Direktionsmitglied fehlte. Nachdem diese Sitzung mit Gebet eröffnet worden war, gab der Präsident diesen acht Mitdirektoren das Vorhandensein eines ‚Neue-Welt-Bibelübersetzungskomitees' bekannt und teilte ihnen mit, daß es eine Übersetzung der Christlichen Griechischen Schriften vollendet habe."[284]

Offensichtlich war der Direktionsausschuß *keine* leitende Körperschaft, die Wachtturm-Gesellschaft nicht ihr Werkzeug. Auch der

[284] „Vorhaben", S. 257; vgl. auch Wachtturm vom 15. 9. 1950, S. 315f.

Zeuge Jehovas Marley Cole räumt in seinem Buch ein, daß schon Rutherford die Verwaltung selbst handhabte, „ohne die Vorstandsmitglieder zu befragen. Er ließ sie erst wissen, was er tat, nachdem es bereits geschehen war ... Vor ihm hatte es der Pastor ebenso gehalten ..."

Dann fügte Cole in einer Fußnote hinzu: „Daß der Präsident der Gesellschaft danach fortfuhr, sein Amt in so unumschränkter Freiheit auszuüben, geht aus folgendem Bericht über N.H. Knorrs Tätigkeit bei der Herausgabe einer neuen Bibelübersetzung hervor." (Cole zitiert dann einen Präsidenten-Bericht aus dem Wachtturm vom 15.9.1950, S. 315.316, ausführlich wiedergegeben im Buch „Vorhaben", dem das zitierte Geständnis von der Überraschung des Direktionsausschusses entnommen ist.)

Fred Franz gibt vor Gericht tatsächliche Machtverteilung zu

Als der damalige Vizepräsident Fred Franz 1954 in Schottland vor Gericht aussagen mußte (im Fall Walsh), wurde er u.a. zu dem Verfahren bei größeren Veränderungen in der Lehre der Wachtturm-Gesellschaft befragt und ob diese vom Direktorium genehmigt werden müßten. Frage des Anwalts: „Sagen Sie bitte, wird über die Fortschritte, wie Sie es nennen, von den Direktoren abgestimmt?"

Fred Franz: „Nein."

Frage des Anwalts: „Wie werden sie dann zu offiziellen Verlautbarungen?"

Fred Franz: „Sie werden dem Herausgeberkomitee vorgelegt,[285] und ich prüfe sie an Hand der Bibel und gebe meine Zustimmung.

---

285 Raymond Franz, Neffe von Fred Franz, der in seinem Buch *Der Gewissenskonflikt,* S. 69, die Aussage des damaligen Vizepräsidenten Franz festgehalten hat, fügt an dieser Stelle in einer Fußnote hinzu:
„Der Vizepräsident spricht zwar von einem ‚Herausgeberkomitee', gibt aber später an, daß aus dem Kreis des Vorstands nur er und Präsident Knorr dazugehörten. In Wahrheit gab es außer den beiden gar kein *offizielles* Herausgeberkomitee. Im Jahr 1965 brauchte auf den Manuskripten, die zur Veröffentlichung gelangten, außer diesen beiden lediglich die Unterschrift von Karl Adams zu stehen, und er gehörte nicht zu den Direktoren und zählte sich auch nicht zur Klasse der ‚Gesalbten'."
Nach dem erwähnten Ausscheiden von H. C. Covington blieb vom Team letztlich also nur das Duo Franz und Knorr.

Dann leite ich sie an Präsident Knorr weiter, und Präsident Knorr trifft die endgültige Entscheidung."

Frage des Anwalts: „Und dem Direktorium werden sie überhaupt nicht vorgelegt?"

Fred Franz: „Nein."

Die Aussagen des Vizepräsidenten Fred Franz bestätigen somit, daß die Direktoren der Wachtturm-Gesellschaft damals *keine* leitende Körperschaft waren, sondern daß die letzten Entscheidungsbefugnisse beim Präsidenten der Wachtturm-Gesellschaft lagen.

Ein Direktor gesteht seine Machtlosigkeit

Der Autor des Buches *Der Gewissenskonflikt*, Raymond Franz, berichtet:

> „Vor dem Jahr 1971 nahm ich an einer Sitzung von mehreren Mitarbeitern der Schreibabteilung teil, die von Karl Adams einberufen worden war. Es tauchte die Frage auf, wie man die Genehmigung des Präsidenten für einige vorgeschlagene Verbesserungen im *Watchtower* bekommen könnte. Einer schlug vor, Lyman Swingle, der als einer der Autoren zugegen war, solle das Thema gegenüber Knorr anschneiden. Swingles Antwort war kurz, sprach aber Bände über die wahre Situation. Er sagte: ‚Wieso ich? Was kann ich schon machen? Ich bin doch bloß ein Direktor.'"[286]

Es bedarf kaum eines weiteren Nachweises, daß es trotz ihrer gegenteiligen Behauptung in der ganzen Geschichte der Wachtturm-Gesellschaft und ihrer Zeugen zumindest bis 1971 keine leitende Körperschaft gab – außer auf dem Papier, das ja bekanntlich geduldig ist. Einen indirekten Nachweis dafür liefert die Wachtturm-Gesellschaft dadurch, daß sie – möglicherweise ausgelöst durch bohrende Fragen ihrer eigenen Anhänger – die Realität endlich der ach so fadenscheinigen Theorie anzupassen versucht.

---

[286] a.a.O., S. 69.

Eine „leitende Körperschaft" entsteht

Tatsächlich wird 1971 eine Einrichtung geschaffen, die diesen Namen trägt. Ob sie dem darin zum Ausdruck kommenden Anspruch gerecht wird, steht auf einem anderen Blatt. Erklärlicherweise sagt die Wachtturm-Gesellschaft nicht: „So, jetzt haben wir sie gemacht, von der wir seit fast drei Jahrzehnten geredet und geschrieben haben, als ob es sie schon gäbe."

Die Gesellschaft geht vielmehr abermals von der unwahrhaftigen Theorie aus, daß bisher die Direktoren die leitende Körperschaft bildeten: „Um dem Bedürfnis nach weiterer Ausdehnung gerecht zu werden, wurde im Jahre 1971 die Zahl der ‚älteren Männer', die als leitende Körperschaft dienten, von sieben [den Direktoren der Wachtturm-Gesellschaft] auf insgesamt elf erhöht. Ende 1974 wurde sie auf achtzehn erhöht."[287]

Aber immerhin ist jetzt ein Gremium geschaffen, das leitende Körperschaft heißt. Nur kann die Führung der Wachtturm-Gesellschaft sich keineswegs dazu entschließen, nun auch tatsächlich die Leitung des Werkes an *sie* abzutreten.

„Leitende Körperschaft", die nicht leitet

Die „leitende Körperschaft" muß sich mit Aufgaben befassen, die man gern einem Unterausschuß zuweisen würde. Diese Tatsache wird niemandem so schmerzlich bewußt wie ihren Mitgliedern selbst, und niemand kann so authentisch darüber berichten wie sie.

Raymond Franz, einer von den 1971 in die „leitende Körperschaft" Berufenen, berichtet in seinem Buch *Der Gewissenskonflikt*, welch eine „ungeheure Verantwortung" er empfand bei dem Gedanken, in das führende Gremium der Weltorganisation von Jehovas Zeugen berufen worden zu sein.

> „Die ersten der wöchentlichen Sitzungen, an denen ich teilnahm, entsprachen jedoch ganz und gar nicht meinen Erwar-

[287] Der Wachtturm vom 1.4.1977, S. 207.

tungen ... Was ... auf die Tagesordnung kam, das entschied der Präsident der Gesellschaft, Nathan Knorr. Alle Angelegenheiten, deren Beratung er für geeignet erachtete, brachte er ... mit, und das war gewöhnlich das erste Mal, daß wir von dem Diskussionsgegenstand überhaupt erst erfuhren. Manchmal erschöpfte sich die ganze Sitzung einfach in der Besprechung einer Liste von Empfehlungen für die Ernennung reisender Beauftragter in verschiedenen Ländern ... Die ganze Sitzung war manchmal schon nach wenigen Minuten vorbei. Eine hat nur sieben Minuten gedauert ..."[288] (inklusive Gebet zu Beginn).

Bisweilen dauerten die Sitzungen auch länger, besonders dann, wenn der Präsident der Wachtturm-Gesellschaft „Problempost" mitbrachte. Es handelte sich um „Anfragen zu bestimmten Handlungsweisen einzelner Zeugen Jehovas, wobei das Gremium entscheiden sollte, wie in jedem Fall zu verfahren sei, ob die Handlungsweise einen Gemeinschaftsentzug erforderte oder weniger streng geahndet werden sollte, oder ob überhaupt nichts zu unternehmen sei".[289]

R. Franz schildert dann sehr ausführlich, wie die Entscheidungen der „leitenden Körperschaft" durch mehr oder weniger zufällige Mehrheitsverhältnisse bei den Abstimmungen zustandekamen (u.a. auch in sexualethischen, z.B. Ehe- bzw. Ehescheidungsfragen), Beschlüsse, die dann für die Zeugen Jehovas den Rang von „Gesetzen Jehovas" erhielten. Daraufhin wurden entsprechende Regeln im Wachtturm veröffentlicht und zahlreiche Verstöße gegen sie durch den gefürchteten Gemeinschaftsentzug geahndet.

Später entschied die „leitende Körperschaft" bisweilen in der gleichen Frage genau entgegengesetzt, und es gab erklärlicherweise Rückfragen an die „leitende Körperschaft". Raymond Franz selbst hatte in einem konkreten Fall die Möglichkeit, einer betroffenen Frau diesbezüglich Erleichterung zu verschaffen, indem er ihr einen entsprechenden Brief schrieb, aber er bekennt: Es „blieb doch die ernüchternde Erkenntnis zurück, daß damit der Schaden niemals wiedergutgemacht werden konnte, den die vorherige

288 Raymond Franz, Gewissenskonflikt, 2. Aufl. 1991, S. 45.

289 a.a.O., S. 46.

Lehrmeinung über Jahrzehnte hinweg bei zahllosen Menschen angerichtet hatte, nur Gott weiß bei wievielen".[290]

Was also ist die „leitende Körperschaft" zu dem von Raymond Franz beschriebenen Zeitpunkt? Er selbst antwortet: „... Gerichtshof und gesetzgebende Körperschaft."

> Denn „ihre Entscheidungen und Maßgaben hatten für alle Zeugen Jehovas bindende Gesetzeskraft ... Sie übte aber, entgegen ihrem Namen, keinerlei *Leitungs*funktionen aus. Entscheidungsbefugnis und administrative Verantwortung lagen allein beim Präsidenten der Gesellschaft, Nathan H. Knorr. Das hatte ich nicht erwartet, denn im Jahr meiner Ernennung hatte Vizepräsident Franz eine Rede gehalten, die später im Wachtturm vom 1. April 1972 abgedruckt wurde, in der er die Rolle der leitenden Körperschaft beschrieb ... Immer wieder betonte er, die Gesellschaft sei lediglich ein ‚Verwaltungsorgan', dessen sich die leitende Körperschaft bediene, damit es ihr ‚vorübergehend nützliche Dienste leisten' solle."[291]

Aus dem genannten Wachtturm, den auch Raymond Franz anschließend ausgiebig zitiert, soll hier wenigstens das wiedergegeben werden, was die Ansprüche und Behauptungen der Wachtturm-Gesellschaft verdeutlicht, die mit den genannten Tatsachen nicht zu vereinbaren sind:[292]

Leitende Körperschaft nicht von Menschen eingesetzt

> „... die Leitende Körperschaft ... [ist] nicht von einem Menschen ... [sondern] ... wie die zwölf Apostel im ersten Jahrhundert u. Z. von Jesus Christus ... eingesetzt."[293]

---

[290] a.a.O., S. 56.

[291] a.a.O., S. 56f.

[292] Die folgende Gliederung des unübersichtlichen Stoffes nahm der Verfasser vor.

[293] Der Wachtturm vom 1. 4. 1972, S. 214.

Leitende Körperschaft schon zu Russells Zeiten

„Wie die Tatsachen zeigen, kam es zu einer Verbindung der leitenden Körperschaft mit der Watch Tower Bible and Tract Society of Pennsylvania. C. T. Russell gehörte damals ... offensichtlich der leitenden Körperschaft an."[294]

Leitende Körperschaft sogar älter als die Wachtturm-Gesellschaft

„... die leitende Körperschaft [bestand] schon vor der ... Watch Tower Bible and Tract Society ..."[295]

Wachtturm-Gesellschaft nur „ausführendes Organ" der leitenden Körperschaft

„Nach der heutigen Satzung der Gesellschaft [1944 abgeändert] ist die Gesellschaft als gesetzlich eingetragene Körperschaft lediglich ein ‚Verwaltungsorgan' der Zeugen Jehovas und somit auch der leitenden Körperschaft der Zeugen Jehovas. Die stimmberechtigten Mitglieder der Gesellschaft sorgen also dafür, daß die leitende Körperschaft möglichst eng mit diesem ‚Verwaltungsorgan' zusammenarbeiten und es sich im Interesse des Werkes der Klasse des ‚treuen und verständigen Sklaven' zunutze machen kann, indem sie Glieder der leitenden Körperschaft in den Vorstand der Gesellschaft wählen. Sie erkennen an, daß die Gesellschaft nicht die ver-

---

294 ebenda, S. 216.

295 ebenda, S. 217f.
In einer Fußnote, auf die das Sternchen im Wachtturm verweist, wird ein längerer Auszug aus der Wachtturm-Gesellschafts-Satzung abgedruckt, von dem in unserem Zusammenhang nur die Einleitung relevant ist:
„Die Zwecke dieser Gesellschaft sind: Als Dienerin und als gesetzliches weltweites Verwaltungsorgan für jene Gruppe christlicher Personen zu handeln, die als Jehovas Zeugen bekannt sind ..."

waltende Körperschaft ist, sondern daß sie lediglich das ausführende Organ ist.

Die stimmberechtigten Mitglieder der Gesellschaft möchten also nicht die Voraussetzungen für einen Konflikt oder Zwiespalt schaffen. Sie möchten es nicht so weit kommen lassen, daß die leitende Körperschaft, die die Klasse des ‚treuen und verständigen Sklaven' vertritt, von dem ‚Verwaltungsorgan', dessen sie sich bedient, beaufsichtigt und geleitet wird. Schließlich wedelt der Schwanz nicht mit dem Hund, sondern der Hund wedelt mit dem Schwanz. Ein den Bestimmungen des Cäsars entsprechendes religiöses Rechtsinstrument sollte nicht versuchen, seinen Urheber zu beaufsichtigen und zu leiten, sondern es sollte von seinem Urheber geleitet und beaufsichtigt werden."[296]

Zeugen Jehovas-Organisation kein Einmannsystem

> „Die Tatsachen sprechen lauter als Worte. Die leitende Körperschaft ist vorhanden. Dankbar und mit Überzeugung erklären Jehovas christliche Zeugen, daß ihre religiöse Organisation keine Einmannorganisation ist, sondern daß sie eine aus gesalbten Christen bestehende leitende Körperschaft hat."[297]

Eine „leitende Körperschaft", die nicht leitet! Eine Einrichtung, von der die oben zitierten hochtönenden Aussagen gemacht werden, die teils *nie* gestimmt haben, teils zu dem Zeitpunkt – vor 1976 – noch nicht den Tatsachen entsprechen! Raymond Franz dazu:

> „Leider war das ganz einfach nicht wahr. Die *Tatsachen*, die anhand der Veröffentlichungen der Watch Tower Society selbst und der Äußerungen ihrer Direktoren belegt wurden, zeigen eindeutig, daß von einer leitenden Körperschaft unter der Präsidentschaft Russells im 19. Jahrhundert keine Rede sein konnte, ebensowenig im 20. Jahrhundert unter der Rutherfords, und daß es auch zu Knorrs Präsidentenzeit keine gab, die der Beschreibung im *Wachtturm* entsprochen hätte. Das

[296] a.a.O., S. 215f.
[297] ebenda, S. 217.

Bild, das man präsentierte, war sehr eindrucksvoll, doch es war ein Wunschbild, eine Erfindung. *Tatsache* ist, daß seit Gründung der Organisation eine monarchische Herrschaftsform bestand."[298]

Raymond Franz betont in diesem Zusammenhang, daß die große Mehrheit der Zeugen Jehovas, die in der englischen Ausgabe des zitierten Wachtturm-Artikels als „Fußvolk" (engl.: „rank and file") bezeichnet wurden, *„davon keine Ahnung"* hatten.

„Bestätigen konnten das nur die, die selbst eine Position in der Nähe dieses Sitzes der Macht bekleideten, und zwar um so besser, je näher sie ihm waren. In besonderem Maße traf dies auf die Mitglieder der leitenden Körperschaft zu [zu der ja Raymond Franz selbst auch gehörte!], und 1975 beschloß der ‚Hund', es sei an der Zeit, ‚mit dem Schwanz zu wedeln'. Das Gremium war mehrheitlich der Ansicht, es sei höchste Zeit, daß Worte und Fakten ... miteinander zur Deckung gebracht wurden."[299]

Die Tatsache, daß es in der Folgezeit tatsächlich dahin kommt – trotz des Widerstandes des Watch-Tower-Präsidenten und seines „Vize", Fred Franz –, daß der Präsident Machtkompetenzen an die „leitende Körperschaft" abtritt, ist ein weiterer schlagender Beweis dafür, daß so lange – nämlich 30 Jahre lang! – die Wachtturm-Gesellschaft ihre Zeugen bewußt getäuscht hat.

Die „leitende Körperschaft" erkämpft sich die Führungsrechte

Erster Anlaß: Neuregelungen für „unten" gelten nicht „oben"

Erster Auslöser des internen Machtkampfes ist eine von der Wachtturm-Gesellschaft angeordnete Umstrukturierung an der *Basis*. Seit J.F. Rutherford die demokratisch gewählten Ältesten durch

[298] „Monarch" (griech.) = Alleinherrscher. – R. Franz, a.a.O., S. 71.
[299] ebenda, S. 71

einen von oben eingesetzten Erntewerksleiter ersetzte, wurden die Zeugen Jehovas-Versammlungen von einer Einzelperson geleitet, der allerdings „Dienstamtsgehilfen" zur Seite standen. In der Zeit der Präsidentschaft Knorrs leitete ein „Gruppendiener", später „Versammlungsdiener", schließlich der „Versammlungsaufseher" die Ortsversammlung der Zeugen Jehovas. Seit dem Erscheinen des Buches „Hilfe zum Verständnis der Bibel" (1971) führt die Wachtturm-Gesellschaft auf Versammlungs-(also auf „Gemeinde"-) Ebene eine Art kollektive Leitung wieder ein: „Älteste" teilen sich jetzt die Aufgaben der Leitung.

Wie aber steht es mit der Führung der einzelnen Zweigbüros der Wachtturm-Gesellschaft? Dort ist weiterhin ein „Aufseher" für ein ganzes Land zuständig. Raymond Franz fügt in seinem Bericht über diese offensichtliche Ungereimtheit hinzu: „Und die Weltzentrale hatte ihren Präsidenten, den ich in einer Ansprache einmal selbst (während einer Zweigaufseherschulung in Brooklyn) als den ‚vorsitzführenden Aufseher für alle Versammlungen auf der Erde' bezeichnet hatte."[300]

Obwohl diese zutreffende Charakterisierung nicht mit der Lehre des Wachtturms übereinstimmte, widersprach Präsident Knorr, der währenddessen auf der Bühne saß, dieser Darstellung nicht.[301]

Den weiteren Gang der Entwicklung schildert das damalige Mitglied der „leitenden Körperschaft", Raymond Franz, wie folgt:

> „Dieser augenscheinliche Widerspruch zwischen der Situation in den Versammlungen und der im internationalen Hauptbüro war offenbar auch der Anlaß für die Ansprache und die *Wachtturm*-Artikel über den ‚Schwanz, der mit dem Hund wedelt', denn damit wollte man beweisen, daß es einen Unterschied zwischen den örtlichen Gemeinden und der Weltzentrale gar nicht gab. Man kann als sicher annehmen, daß diese Artikel zugleich als Signal an die stimmberechtigten Korporationsmitglieder gedacht waren, nicht mittels ihres Stimmrechts zu versuchen, eine Änderung der Organisations-

300 a.a.O., S. 72.

301 ebenda, Fußnote 1.

struktur des Hauptbüros oder der Mitgliedschaft in der leitenden Körperschaft und ihrer Organe zu erwirken.

Im Jahr 1971, in dem die Ansprache gehalten wurde, rang sich Präsident Knorr dazu durch, der leitenden Körperschaft das Buch *Organisation zum Predigen des Königreiches und zum Jüngermachen* zur Beurteilung vorzulegen. Es war eine Art Kirchenhandbuch, in dem beschrieben wurde, wie die ganze Organisation aufgebaut war und nach welchen Grundsätzen sie funktionierte, angefangen beim Hauptbüro, über die Zweigbüros, die Bezirke und Kreise, bis hin zu den Versammlungen. Die leitende Körperschaft war nicht gebeten worden, etwas zum Inhalt des Buches beizusteuern. Die Zuständigkeit für die Abfassung des Werkes hatte der Präsident in die Hände von Karl Adams, dem Leiter der Schreibabteilung, gelegt (der nicht der leitenden Körperschaft angehörte und sich auch nicht zu den ‚Gesalbten' zählte)! Dieser wiederum hatte Ed Dunlap und mich damit beauftragt, ihm dabei behilflich zu sein. Jeder von uns hat etwa ein Drittel des Buches verfaßt.

Darin hatten wir die Beziehung der leitenden Körperschaft zu den gesetzlich eingetragenen Körperschaften, den Korporationen, so dargestellt, wie es den Artikeln über den ‚Schwanz, der mit dem Hund wedelt', entsprach, was zu hitzigen Wortgefechten in dem Gremium führte. Präsident Knorr sagte klipp und klar, er habe das Gefühl, man wolle ihm seine Verantwortung und seine Arbeit ‚wegnehmen'. Er betonte, die leitende Körperschaft habe sich ganz auf die ‚rein geistigen Belange' zu beschränken; den Rest würde die Gesellschaft erledigen. Alle Mitglieder des Gremiums wußten aber, daß die ‚geistigen Angelegenheiten', die ihnen zugestanden wurden, damals fast gänzlich aus dem so gut wie leeren Ritual der Zustimmung zur Ernennung weitgehend unbekannter Personen zu reisenden Beauftragten und der Besprechung der ständig eingehenden Briefflut zum Thema ‚Gemeinschaftsentzug' bestand.

Ich beteiligte mich mehrfach an der Diskussion und vertrat die Ansicht, gemäß der Bibel müßten auch andere Angelegenheiten geistlicher Art in die Zuständigkeit des Gremiums fallen. (Nach meiner Meinung paßten Jesu Worte ‚ihr alle seid

Brüder' und ,einer ist euer Führer, der Christus' nicht zu dem herrschenden Ein-Mann-Führungssystem, genausowenig wie seine Äußerung, daß ,die Herrscher der Nationen den Herrn über sie spielen und die Großen Gewalt über sie ausüben, [doch] unter euch ist es nicht so'.[302] Ich fand es einfach nicht redlich, in den *Wachtturm*-Ausgaben von 1971 erst etwas zu sagen und es dann nicht auch zu tun.)

Doch jedes Mal, wenn ich etwas sagte, faßte der Präsident meine Worte als gegen ihn persönlich gerichtet auf und antwortete wortreich und mit energischer, gespannter Stimme. Er meinte, manche seien wohl nicht zufrieden mit der Art, wie er seine Arbeit tue. Bis ins einzelne beschrieb er dann, was er alles tue, und sagte dann: ,Und jetzt wollen anscheinend einige, daß ich das nicht mehr mache. Womöglich soll ich alle Unterlagen herholen und sie Ray Franz übergeben, damit er den ganzen Kram übernimmt.'

Es war kaum zu glauben: Er hatte gar nicht begriffen, um was es ging, daß ich mich dafür ausgesprochen hatte, die Aufgaben auf ein mehrköpfiges Kollegium zu verteilen, und gar nichts davon gesagt hatte, die Macht von einer Einzelperson auf eine andere zu übertragen. Diesen Punkt wiederholte ich immer wieder und stellte klar, daß meine Worte nicht als ein persönlicher Angriff gegen ihn gemeint waren, daß ich der Auffassung war, NIEMAND solle als Einzelperson diese Verantwortung tragen, sondern daß ich vielmehr die Bibel und den *Wachtturm* so verstand, diese Aufgaben müßten von einem Kollegium getragen werden. Mehrfach sagte ich, wenn es darum ginge, einen einzelnen zu finden, der diese Aufgabe erfüllte, so wäre er meine Wahl. Er habe lediglich das getan, was er seiner Meinung nach habe tun müssen und wie es immer schon getan worden sei; daran gab es für mich überhaupt nichts auszusetzen. Doch all dies machte offensichtlich keinerlei Eindruck auf ihn, und als ich nach mehreren Anläufen gemerkt hatte, daß jedes zusätzliche Wort zu diesem Thema den Zorn nur noch verstärkte, gab ich auf. Die anderen saßen alle daneben und sagten kein Wort. Sie guckten nur zu.

302 Matth. 23,8.10; 20,25f.

Umsomehr überraschte mich, was ein paar Jahre später geschah."[303]

Zweiter Anlaß: Bethelmitarbeiter beklagen sich

Raymond Franz berichtet weiter: 1975 schrieben zwei Bethelälteste (ein leitender Mitarbeiter der Dienstabteilung und der stellvertretende Bethelaufseher) Briefe an die „leitende Körperschaft", „in denen sie sich besorgt über die Stimmung unter den Mitarbeitern in der Weltzentrale äußerten". Da war die Rede von einer „Atmosphäre der Angst" und von den krassen sozialen Gegensätzen zwischen den leitenden Mitarbeitern und den kleinen Bethel-Angestellten, deren „Leben bis zur letzten Minute verplant war, nur nach starrem Schema ablief", so daß sie „total erschöpft waren. Ließen aber ihre Anstrengungen ... nach, so konnten sie fest damit rechnen, daß man ihnen das als Zeichen einer ‚schlechten Einstellung' auslegen und sie zu einem Gespräch zitieren würde ..."[304]

Es kam zu einer Anhörung der beiden Briefeschreiber auf Drängen des Präsidenten Knorr, der alles wieder „als Kritik an der Art seiner Amtsführung" auffaßte. Raymond Franz erinnert sich:

> „Eine Reihe von Bethelältesten nahm dabei Stellung, und etliche der bereits erwähnten Mißstände wurden angesprochen. Es wurde niemand angegriffen und keine Forderung erhoben, sondern lediglich gesagt, man müsse mehr auf den einzelnen Rücksicht nehmen, brüderlich miteinander reden und bei Entscheidungen die unmittelbar Betroffenen mitwirken lassen. Der stellvertretende Bethelaufseher sagte: ‚Uns geht es anscheinend mehr um die Produktion als um die Menschen.' Dr. Dixon, der Betriebsarzt, berichtete, zu ihm kämen häufig Ehepaare, die ganz verzweifelt seien, weil die Frau dem Druck nicht mehr standhalten und nicht mehr mit dem überfrachteten Zeitplan mithalten könne. Viele Frauen hätten in seiner Sprechstunde zu weinen angefangen."

---

303 a.a.O., S. 72-74.
304 a.a.O., S. 74f.

In der folgenden Woche wird die Bildung eines Fünferkomitees beschlossen, das sich mit diesen Problemen befassen soll „und darüber hinaus mit den Pflichten der leitendenden Beamten der Korporationen und den damit zusammenhängenden Fragen ...“

Drei Wochen später, auf der Sitzung der „leitenden Körperschaft“ vom 30. April 1975, kommt es dann zu einem entscheidenden Durchbruch: Präsident Knorr überraschte „uns mit einem *Antrag*, fortan sollten alle Beschlüsse (in der leitenden Körperschaft) mit einer Mehrheit von zwei Dritteln der aktiven Mitglieder gefaßt werden (damals waren es 17)“.[305]

Das Protokoll dieser Sitzung lautet:

> „Darauf begann L. K. Greenlees mit dem Bericht des Fünferkomitees, das sich mit dem Wunsch Brd. Knorrs befaßt hatte, man solle ihm sagen, wie er zu handeln habe. Das Komitee hat sich sehr eingehend mit dem *Watchtower* vom 15. Dezember 1971, Absatz 29 [*Wachtturm* vom 1. April 1972, Seite 210], befaßt, ebenso mit Seite 760 (216). Das Komitee ist der Ansicht, daß die leitende Körperschaft die Korporationen leiten solle und nicht umgekehrt. Die Korporationen sollten anerkennen, daß die 17 Mitglieder der leitenden Körperschaft die Verantwortung für die Tätigkeit in den Versammlungen auf der ganzen Erde tragen. In Bethel hat sich die Einführung dieser Struktur verzögert. Es hat in dieser Sache Verwirrung gegeben. Wir wollen keine zweigleisig vorgehende Organisation. Es folgte eine lange Aussprache über Fragen, die die leitende Körperschaft, die Korporationen und den Präsidenten betrafen, an der sich alle Anwesenden beteiligten. Am Abend stellte N. H. Knorr einen Antrag, wozu E. C. Chitty eine Stellungnahme abgab. L. K. Greenlees stellte ebenfalls einen Antrag. Es wurde beschlossen, alle drei Texte zu vervielfältigen und an alle Mitglieder zu verteilen und am nächsten Morgen um 8 Uhr wieder zusammenzukommen. So bliebe Zeit, diese wichtige Angelegenheit gebetsvoll zu erwägen.“

---

305 a.a.O., S. 76.

Die erwähnten Anträge lauteten:

„N.H. Knorr: ‚Ich stelle den Antrag, die leitende Körperschaft möge die Verantwortung für die Durchführung des in der Satzung der pennsylvanischen Gesellschaft bezeichneten Werkes übernehmen, sowie die Aufgaben und Pflichten wahrnehmen, die in der Satzung der pennsylvanischen Gesellschaft sowie aller Korporationen, die Jehovas Zeugen weltweit gegründet haben, angegeben sind.'"

„E.C. Chitty führte dazu mündlich aus: ‚Der Ausdruck ‚übernehmen' bedeutet, daß die andere Partei damit entlastet ist. Die Zuständigkeiten bleiben meines Erachtens unverändert. Korrekterweise müßte es vielmehr heißen: ‚Sie übernimmt die Oberaufsicht über die Erfüllung der Aufgaben.'"

„L.K. Greenlees: ‚Ich stelle den Antrag, die leitende Körperschaft möge in Übereinstimmung mit der Bibel die volle Zuständigkeit für die Leitung der Organisation der Zeugen Jehovas – in materieller wie in geistiger Hinsicht – erhalten und deren Tätigkeit weltweit beaufsichtigen. Des weiteren sollen sämtliche Mitglieder und Wahlbeamten aller Korporationen, derer sich Jehovas Zeugen bedienen, mit der leitenden Körperschaft zusammenarbeiten und ihren Anweisungen Folge leisten. Diese erweiterte Zuständigkeit der leitenden Körperschaft soll wirksam werden, so schnell dies ohne Schaden für das Werk möglich ist.'"[306]

Entscheidender Durchbruch? – Mitglied der „leitenden Körperschaft" fordert: Es muß endlich „losgehen mit dem Leiten"!

Man sollte meinen, nun sei „die Kuh endlich vom Eis". Wie Raymond Franz ausführlich berichtet, kommt es jedoch am Tag danach schon wieder zu langen Debatten. Besonders der damalige Vizepräsident Fred Franz widerspricht den Vorschlägen und wendet sich „gegen jede Veränderung des gegenwärtigen Zustandes, durch die die Macht des Präsidenten in irgendeiner Form beschnitten" würde. (Raymond Franz erinnert sich daran, wie der Vizepräsident

[306] Protokoll und Anträge zitiert nach Raymond Franz, a.a.O., S. 76.

1971 schon einmal geäußert hat: „Nach seiner Meinung leite Jesus Christus die Organisation durch eine Einzelperson, bis die neue Ordnung da wäre.") Raymond Franz dazu weiter: „Kein Wort verlor er über den offensichtlichen Widerspruch zwischen der Darstellung im Wachtturm (wo in markigen Worten gesagt worden war, die leitende Körperschaft bediene sich der gesetzlichen Körperschaften lediglich als Werkzeug) und den vorliegenden drei Anträgen. Diese bewiesen allesamt, daß die Antragsteller (darunter der Präsident selbst) zugaben, daß die leitende Körperschaft damals nicht die Korporationen [den Watch-Tower-Konzern] beaufsichtige."[307]

Zu einer Wende kommt es in dieser Debatte offenbar erst unter dem Eindruck der Worte von Grant Suiter, des Sekretär-Kassierers, der mit wachsender Schärfe und rot anlaufendem Gesicht erklärte: „Wenn wir jetzt eine leitende Körperschaft sein sollen, dann soll es aber auch losgehen mit dem Leiten! Ich habe bisher jedenfalls noch nichts zu leiten gehabt."[308]

Die Wirkung dieses internen Donnerwetters: Der Wachtturm-Präsident N.H. Knorr selbst gibt eine Stellungnahme ab, die gemäß dem Sitzungsprotokoll u.a. diese Worte zum Inhalt hat:

> „Ich glaube, es ist am besten, wenn die leitende Körperschaft so vorgeht, wie Bruder Henschel es vorgeschlagen hat, und eine Planung aufstellt, die sich an den Gedanken im *Wachtturm* orientiert, wonach die leitende Körperschaft die Führung unter den Zeugen Jehovas übernimmt. Ich werde mich weder dafür noch dagegen äußern. Das ist meiner Meinung nach gar nicht nötig. Es steht alles im *Wachtturm*. (...)
>
> Die Richtlinienkompetenz und die Entscheidungsbefugnis liegen bei der leitenden Körperschaft. Sie wird die Leitung übernehmen und durch noch zu schaffende Organe ausüben und sich eine eigene Verwaltung aufbauen."[309]

Wie Raymond Franz weiter berichtet, sagt Knorr zum Schluß: „Das bringe ich als Antrag ein."

Er wird einstimmig angenommen. Auch Vizepräsident Fred Franz befürwortet den Antrag. Nun scheint alles das Wirklichkeit

---

[307] a.a.O., S. 77.

[308] Zitiert von Raymond Franz, a.a.O., S. 77.

[309] ebenda, S. 78.

zu werden, was der Wachtturm über die leitende Funktion der „leitenden Körperschaft" und die nur dienende Rolle der Wachtturm-Gesellschaft seit Jahr und Tag geschrieben hat. Raymond Franz dazu: „Nach den Worten des Präsidenten sah es so aus, als stünde ein reibungsloser Übergang bevor. Doch stattdessen war es nur die Stille vor dem Sturm."[310]

Unbegreiflicher Widerstand der Watch Tower-Oberen

Knorr: „Veränderungen nur über meine Leiche"

Erstaunlicherweise widersetzt sich derselbe Präsident, der den Antrag einbrachte, endlich so zu verfahren, wie es der Wachtturm beschrieben hatte, nun doch wieder jeder Veränderung des Status quo. Er polemisiert, als er bei den Mahlzeiten in der 1200 Mitglieder zählenden „Bethelfamilie" gerade für eine Woche den Vorsitz führt, gegen die Arbeit des Fünferkomitees. Aber er nennt es nicht ausdrücklich, so daß nur wenige Eingeweihte wissen, wen er meint; alle anderen müssen auf interne Machtkämpfe in der „leitenden Körperschaft" schließen. Er deutet an, daß „einige Personen" Dinge verändern wollen, die seit Bestehen der Organisation immer so gehandhabt wurden. „Welchen Beweis haben sie denn, daß das so nicht funktioniert und geändert werden muß?" fragt er wiederholt, ruft alle auf, sie sollten doch „an die Gesellschaft glauben", und einmal entfährt ihm in höchster Erregung der Satz, Veränderungen an Arbeitsweise und Organisationsform der Bethelfamilie „wird es nur über meine Leiche geben".[311]

Raymond Franz, der übrigens fairerweise aus seinem Verständnis für Knorr kein Hehl macht, fügt dann hinzu: „Die zuletzt zitierten Worte ... waren fast prophetisch. Als er sie sprach, hatte sich bei ihm offenbar bereits ein bösartiger Hirntumor gebildet, wenn das auch endgültig erst feststand, als die Umstrukturierung der Organisation schon ihren offiziellen Abschluß gefunden hatte. Die Reorganisation trat mit Wirkung vom 1. Januar 1976 offiziell in

---

310 ebenda, S. 78.
311 a.a.O., S. 79.

Kraft, und Knorr starb etwa anderthalb Jahre später, am 8. Juni 1977."[312]

Fred Franz argumentiert gegen seine eigenen Darstellungen im Wachtturm

Noch schärferer Widerstand gegen Neuerungen im Sinne der genannten Anträge geht vom Vizepräsidenten Fred Franz aus. Er argumentiert völlig richtig und biblisch, daß – etwa im Fall des Apostels Paulus – „der Herr Jesus Christus als Haupt der Versammlung waltete und unmittelbar eingriff, ohne irgend jemand hier auf Erden zu befragen, was er tun und lassen solle. So wurden Paulus und Barnabas Apostel der Versammlung von Antiochia".

Eine (nach Wachtturm-Lehre) in Jerusalem residierende „leitende Körperschaft" war nicht gefragt worden ...

Raymond Franz zu dieser Rede seines Onkels: „Ich weiß noch, wie ich an dieser Stelle des Vortrags dasaß und zu mir sagte: Merkt der Mann eigentlich, was er da sagt? Man weiß zwar, worauf er hinaus will, um die Autorität der Gesellschaft und ihres Präsidenten zu betonen. Doch ... um sein Ziel zu erreichen, untergräbt er total die Lehre, es habe im 1. Jahrhundert in Jerusalem eine zentralistische leitende Körperschaft gegeben, ausgestattet mit der Autorität, alle wahren Christen in sämtlichen Gemeinden weltweit in allem zu überwachen und zu steuern. Diese Vorstellung haben die Zeugen Jehovas fest etabliert, und praktisch alle glauben das."

Und nun proklamiert Fred Franz „genau das Gegenteil von dem, was in den Veröffentlichungen der Gesellschaft stand". Ja, der Präsident argumentierte mit Gedanken, für die jeder Zeuge Jehovas mit Gemeinschaftsentzug bestraft würde, wenn er sie laut äußerte!

Auch bezüglich der Neuzeit, auf die er ja hinaus will, argumentiert er genau *gegen* das, was seit Jahrzehnten im Wachtturm stand: Er schildert die Berufung *C. T. Russells*, schildert, wie er eine neue religiöse Zeitschrift, den Watch Tower herausgab, und stellt dann die rhetorische Frage: „Wer gab diesem Mann die Befugnis dazu?"

---

312 a.a.O., S. 79.80.

Natürlich hatte er darin recht: Russell holte nicht die Erlaubnis einer „leitenden Körperschaft“ ein. Es gab ja keine! Als weiteres Beispiel nennt Fred Franz schließlich die Gründung der *Wachtturm-Bibelschule Gilead*, „daß sie eine Idee des Präsidenten war, daß die Direktoren das Vorhaben befürworteten, als man sie davon in Kenntnis setzte, und daß die verantwortliche Leitung der Schule dem Präsidenten übertragen wurde.“

Während er auf Knorr zeigte, fügte er hinzu: „Ihr seht also, liebe Freunde, die Direktoren der New Yorker und der pennsylvanischen Gesellschaft hatten damals Respekt vor dem Amt des Präsidenten, und sie behandelten ... [ihn] nicht als starre, unbewegliche Gallionsfigur einer x-beliebigen Gesellschaft, einer *unnützen* Gesellschaft.“[313]

Dieses Taktieren der beiden Watch-Tower-Oberen, das allen Beteuerungen im Wachtturm von einer „leitenden Körperschaft“, die seit Russells Zeiten die Wachtturm-Gesellschaft als bloßes Werkzeug gebrauche, geradezu ins Gesicht schlägt, wird im Buch von Raymond Franz ausführlich geschildert. Es im gleichen Umfang auch hier tun zu wollen, würde den Rahmen dieses Buches sprengen. Der Leser wird jedoch fragen, wie es denn trotz der Widerstände von höchster Stelle des „Hauses“ schließlich doch zur Durchsetzung der genannten Anträge kam. Wir folgen auch hier am besten der Darstellung von Raymond Franz, einem der Mitakteure dieses äußerst instruktiven Schauspiels: Nach dem langen Tauziehen geht es in der zweiten Hälfte des Jahres 1975 doch relativ zügig voran:

Der „Count-Down“ zum Tag X

15. August: Abschlußbericht

„Am 15. August 1975 legte das Fünferkomitee seinen Abschlußbericht einschließlich der Empfehlungen vor. Im Auftrage des Komitees hatte ich ein Schriftstück von 45 Seiten Umfang ausgearbeitet, in dem ich die geschichtlichen und vor allem die biblischen Gründe darlegte, weshalb die Änderung der im wesentlichen monarchischen Grundstruktur der

---

313 a.a.O., S. 80-85.

Organisation empfohlen wurde. Auf weiteren 19 Seiten wurde ein System von Ausschüssen der leitenden Körperschaft vorgestellt, von denen jeder die Leitung eines Ressorts übernehmen sollte. Der Schlußabsatz des erstgenannten Dokuments lautete:

'Das Fünferkomitee ist bei allen Beratungen gebetsvoll und äußerst bedachtsam vorgegangen und hat alles gewissenhaft erwogen. Wir hoffen aufrichtig, daß Gottes Geist uns zu den Ergebnissen geführt hat, und beten darum, daß diese der leitenden Körperschaft eine Hilfe sein mögen, zu einer Entscheidung zu gelangen. Wir hoffen, daß die empfohlenen Maßnahmen im Fall ihrer Verabschiedung zu einer noch angenehmeren friedvolleren Zusammenarbeit innerhalb des Gremiums führen und die Spannungen vermindern, die in unseren Zusammenkünften bisweilen zu Tage getreten sind (Ps. 133:1; Jak. 3:17, 18). Des weiteren hoffen wir, daß die empfohlenen Änderungen, sofern sie Zustimmung finden, die Stellung Jesu Christi als Haupt stärken und noch deutlicher hervortreten lassen, ebenso den Geist der Bruderschaft unter seinen Jüngern (Mark. 9:50).'

Darin war mein aufrichtiges Denken und Hoffen ausgedrückt. Wie man aus diesen Worten herauslesen konnte, daß darin die Leitungsfunktion Jesu Christi über die Versammlung angezweifelt wurde, war mir schleierhaft."[314]

10. September: Einsetzung eines zweiten Fünferkomitees

Bei der Vorlage der Schriftstücke zeigt sich, daß „inzwischen die überwältigende Mehrheit für den grundlegenden Wandel" ist. Ein zweites Fünferkomitee wird eingesetzt, das letzte Änderungen vornehmen soll. Doch „weder der Präsident noch der Vizepräsident" gehören ihm an,

„da diese ihre ablehnende Haltung bereits unmißverständlich zu erkennen gegeben hatten. Der Präsident bezweifelte in der Sitzung vor allem, daß ein solcher Wechsel praktikabel sei. Der Vizepräsident hingegen sagte ganz offen, für ihn stelle der Vorschlag ‚einen Angriff auf die Stellung des Präsidenten' dar.

[314] a.a.O., S. 91.

Als man ihm den Wortlaut des Antrags vorlas, den der Präsident selbst gestellt hatte, erwiderte er, das habe Bruder Knorr nur gesagt, weil er ‚unter Druck stand'."[315]

3. Dezember: Schlußabstimmung

In der Sitzung vom 3. 12. 1975 liegen die Vorschläge des zweiten Fünferkomitees auf dem Tisch des Hauses zur Abstimmung. Der Vorsitzende bittet um das Handzeichen. Alle Hände heben sich als Zeichen der Zustimmung für die vorgeschlagenen Änderungen – nur zwei Ausnahmen: die des Präsidenten und des Vizepräsidenten.[316]

4. Dezember: Endgültige Entscheidung für den Wandel!

Die beiden Watch-Tower-Oberen leisten erbitterten Widerstand gegen die Verwirklichung ihrer eigenen, seit 1944 im Wachtturm propagierten Ideen. Dazu noch einmal aus dem persönlichen Bericht des Insiders Raymond Franz:

> „Der Vizepräsident gab bekannt, am Vortage habe er sich nicht an der Diskussion beteiligt, weil er ‚damit nichts mehr zu tun haben wolle'; eine Teilnahme würde bedeuten, daß er dafür sei, und das könne er ‚aus Gewissensgründen nicht'. Mehrfach nannte er Nathan Knorr ‚die oberste Führung' der Gesellschaft, die ‚oberste Führung des Volkes Gottes auf Erden', und sagte: ‚Jesus Christus ist nicht selbst auf Erden anwesend und bedient sich daher seiner Beauftragten, die seinen Willen ausführen sollen.'
>
> Dan Sydlik, breitschultriger Slawe mit Baßstimme, meinte: ‚Ich hätte mich sehr gefreut, wenn Bruder Knorr und Bruder Franz sich auf die Bibel oder wenigstens auf die *Wachtturm*-Veröffentlichungen gestützt hätten, um ihre Ansicht zu untermauern, doch das ist nicht der Fall gewesen.' Leo Greenlees fragte, weshalb sich nicht auch die Korporationen freudig der Führung durch die leitende Körperschaft unterstellen könnten, wenn alle Versammlungen auf Erden dies doch täten.

---

315 a.a.O., S. 92.

316 a.a.O., S. 92.

Der Präsident beschränkte sich in seiner Stellungnahme darauf zu sagen, seiner Meinung nach wirke die Gesellschaft ‚parallel' zur leitenden Körperschaft, doch gemäß der vorgeschlagenen Neuordnung sei sie ihr unterstellt, und fügte hinzu, ‚was wohl auch richtig ist'. Der Vizepräsident ließ wissen, auch nach seiner Ansicht sollten die beiden Organisationen nebeneinander tätig sein (vielleicht wie Antiochia und Jerusalem?) und stellte fest: ‚So habe ich mir das nie vorgestellt, wie es die leitende Körperschaft jetzt machen will.'

Es war eindeutig, daß Präsident wie Vizepräsident ihren Widerstand aufrechterhielten. Sichtlich bewegt, flehte Lloyd Barry sie darauf mit zitternder Stimme inständig an, doch zu einer einstimmigen Entscheidung beizutragen, da die Sache nun sowieso durchkommen werde.

So wurde noch einmal abgestimmt. Diesmal hob Präsident Knorr die Hand, und dann schloß sich der Vizepräsident ihm an.

Vier Jahre später, während einer Sitzung der leitenden Körperschaft im Jahre 1979, sagte Fred Franz, jetzt als Präsident, er habe damals seine Zustimmung ‚unter Druck' gegeben. Dem möchte ich zustimmen. Als Nathan Knorr nachgab, fühlte sich Fred Franz verpflichtet mitzuziehen. Damals habe er den Wechsel nicht gewollt ..."[317]

Letztlich haben *beide* nicht gewollt, sondern sich nur in das – bei diesem Diskussionsstand Unvermeidbare – *gefügt*! Damit wird vollends deutlich, daß sie zu keiner Zeit ernsthaft darauf bedacht waren, *das* zu verwirklichen, was sie selbst seit 1944 im Wachtturm als angebliche Realität proklamiert und in jüngster Vergangenheit sogar in ihren Anträgen gefordert haben. Wenn sie schließlich ihren Widerstand aufgaben, dann offensichtlich aus der Angst heraus, ihr Gesicht zu verlieren – und das der Wachtturm-Gesellschaft. Aber kam diese Angst-Einsicht nicht reichlich spät? – „Wer zu spät kommt, den bestraft das Leben", hat Michail Gorbatschow einmal denen „ins Stammbuch geschrieben", die aus Angst, ihre Machtpositionen zu verlieren, das Gebot der Stunde nicht erkannten.

---

317 ebenda, S. 92f.

Ein Abgrund zwischen Anspruch und Wirklichkeit

Als Knorr und Franz 1944 erstmals begannen, ihre Hypothese von einer „leitenden Körperschaft" im Wachtturm darzustellen, wäre es an der Zeit gewesen, Schritt für Schritt das Beschriebene zu verwirklichen. Daß die Idee der Realität immer ein Stück voraus ist, gehört ja zu unserem Menschsein. Der Mensch ist nun einmal ein „Mängelwesen". Niemand hätte deswegen „den ersten Stein" auf sie geworfen, niemand, der um eigene Schwachheit weiß, niemand, der selbst leidet unter der Diskrepanz zwischen dem, was wir sein sollten, und dem, was wir *sind*. Nun aber lebte die Wachtturm-Gesellschaft dreißig Jahre in der Unwahrheit, weil ihre Oberen sich beharrlich weigerten, diesen unwürdigen Zustand zu beenden, und so widerlegte sie selbst ihren hohen Anspruch.

Im folgenden ist eine ganze Reihe von Ansprüchen zu nennen, und zwar zunächst solche, die durch das geschilderte Verhalten der beiden Wachtturm-Oberen geradezu „entlarvt" werden.

Der Anspruch des Wahrheitsmonopols

Unter Zeugen Jehovas ist es gängige Redeweise, daß sie durch den Wachtturm „die Wahrheit" kennengelernt haben und nun „in der Wahrheit" sind – nur sie! Auf die Frage: „Sind Jehovas Zeugen der Meinung, daß sie allein den wahren Glauben haben?" antwortet die Wachtturm-Gesellschaft in einem ihrer neuesten Lehrbücher:[318]

> „... Da Jehovas Zeugen alle ihre Glaubensansichten, ihre Sittenmaßstäbe und ihr organisatorisches Vorgehen aus der Bibel

[318] Unterredungen anhand der Schriften (deutsch 1985; erste Auflage in Englisch: 2 000 000 Exemplare), S. 233. – *Kritiker* der Zeugen Jehovas werden demgemäß als „Gegner der Wahrheit" eingestuft (Der Wachtturm vom 1. 6. 1983, S. 21, Überschrift).

ableiten, sind sie aufgrund ihres Glaubens an die Bibel als das Wort Gottes davon überzeugt, daß sie die Wahrheit haben."

Daß auch andere Christen sich „an die Bibel halten", wird im darauf folgenden Absatz zurückgewiesen.

Hier ist nicht der rechte Ort, Lehrfragen zu diskutieren. Das geschah bereits an anderer Stelle.[319] In unserem Zusammenhang stellt sich die Frage, wie der Anspruch auf das Wahrheitsmonopol der Wachtturm-Gesellschaft- bzw. Zeugen Jehovas-Organisation aufrechterhalten werden kann angesichts der oben nachgewiesenen Tatsache, daß deren Führung drei Jahrzehnte lang eine bloße *Fiktion* als Wahrheit und als Wirklichkeit „verkauft" und damit ihre eigenen gutgläubigen Anhänger bewußt und wider besseres Wissen hinters Licht geführt hat.

Derartiges Vorgehen hat der Wachtturm selbst in bezug auf andere gern als „gesetzlose religiöse Heuchelei"[320] und als „Religionsbetrug" gegeißelt. „Jede Lüge erfordert eine weitere, um sie zu stützen, und bald gerät man in einen Teufelskreis ... Warum nicht Manns genug sein, um ehrlich zu sein ...?"[321]

In jenen Fällen sprach der Wachtturm von *anderen*! Wäre es für die Zeugen Jehovas nicht angebracht, diese Sätze selbst zu beherzigen? Das gilt auch für folgende Anfragen des Wachtturms an andere: „Wenn du für Weizen zahlst, wirst du dich mit Stroh begnügen? Wenn du Wein kaufst, wirst du Wasser nehmen? Wenn du nach Wasser dürstest, wirst du mit Schlamm zufrieden sein? Was nun, wenn jemand zu dir käme, um zu beweisen, daß du auf diese Art betrogen worden bist? Wärst du wütend über ihn oder eher über den, der dich prellte? ... [Du solltest] einen solchen Beweis beherzigen, um dem geistigen Betrug Einhalt zu tun, und dies ungeachtet, ob dein Stolz verletzt ist. Weise Menschen überwinden einen solchen Stolz, ehe er sie ins Verderben führt."[322]

---

319 Twisselmann, Jehovas Zeugen – die Wahrheit, die frei macht? Eine Orientierungs- und Entscheidungshilfe. Brunnen Verlag Gießen/Basel, 2. Taschenbuchauflage 1992. Vom selben Verfasser: Vom „Zeugen Jehovas" zum Zeugen Jesu Christi, ... Brunnen Verlag, 10. Auflage 1991.

320 Der Wachtturm vom 15. 7. 1992, S. 12.

321 Der Wachtturm vom 15. 7. 1974, S. 439.

322 Der Wachtturm vom 15. 4. 1955, S. 240.

Bezogen auf andere spricht der Wachtturm ganz unverblümt von „geprellt“ und „betrogen werden“, wenn sich bei ihnen ein Widerspruch zwischen Theorie und Praxis, zwischen Anspruch und Wirklichkeit zeigt, wenn es mit der angebotenen „Wahrheit“ nicht stimmt. Redliche Zeugen Jehovas werden, statt mit zweierlei Maß zu messen, diesen Maßstab auch an die Wachtturm-Gesellschaft anlegen.

Sie werden ferner fragen, ob es denn der Wachtturm-Gesellschaft überhaupt noch um die Wahrheit geht. Hat nicht all das, was sie während drei Jahrzehnten über die internen Machtstrukturen an der Spitze der Zeugen Jehovas-Organisation schrieb, längst den Charakter eines „ideologischen Überbaus“, wie man ihn von *politischen* ideologischen Systemen in Rot und Braun kennt, bei dem die Frage sich verbietet, ob eine ideologische Aussage der Wahrheit entspricht oder nicht. Entscheidend ist, daß sie ihren *Zweck* erfüllt. Wenn das bejaht werden kann, genügt die bloße schriftliche Fixierung; *Realisierung* ist nicht mehr *nötig*. Es sei denn, durch kleine Gesten (oder minimale Änderungen als Ersatz für den großen Wandel) wird dieser gleichsam vorgetäuscht. Raymond Franz nennt dafür ein Beispiel: 1971 entschloß sich der Präsident Knorr, „sein Monopol auf den Vorsitz bei den Mahlzeiten der Bethelfamilie aufzugeben und diesen mit den anderen Mitgliedern des Vorstands der Gesellschaft zu teilen. Außerdem gestattete er ihnen, der Reihe nach den Vorsitz bei den Sitzungen der leitenden Körperschaft zu übernehmen ...“

Dann bringt Raymond Franz die Sache auf den Punkt:

> „An der Machtstruktur ... hatte sich sonst überhaupt nichts geändert, und man glaubte auch gar nicht, das sei nötig, um aus dem eindrucksvoll gezeichneten Bild Wirklichkeit werden zu lassen.“[323]

Als weiteren Beleg dafür, daß *„dies auch die Sichtweise von Fred Franz war“*, der es gar nicht für nötig hielt, die Realität mit der theoretischen „Wahrheit“ in Einklang zu bringen, erinnert Raymond Franz daran: Schon 1944 schrieb Fred Franz „Aufsätze im Watch Tower ..., in denen alle *wesentlichen* Punkte, die [später] im *Hilfe*-Buch über Älteste und Aufseher erschienen, bereits enthal-

---

[323] a.a.O., S. 90.

ten waren.[324] Doch das hatte damals trotzdem keinerlei Änderungen in der Versammlungsstruktur zur Folge gehabt. Immerhin war es *gesagt* worden, man hatte es *veröffentlicht*, und das sah man als hinreichend an."[325]

Damit bestätigt die Führung durch ihr eigenes Vorgehen von damals bis in die jüngere Vergangenheit hinein, was der Leser bei ihrer wechselnden Römer 13-Auslegung und ihrer sprunghaften Änderung im Verständnis des Begriffs „Religion" schon ahnen konnte: Was die Wachtturm-Gesellschaft als „*Wahrheit*" anbietet, ist von den jeweiligen Zielen abhängig, wird also instrumentalisiert, d.h. bestimmten Zwecken unterworfen. Eine Anpassung an die Wirklichkeit ist überflüssig. Wie das Vorgehen der Wachtturm-Gesellschaft in der Leitenden Körperschafts-Frage zeigt, kann man sich einer Anpassung sogar energisch und beharrlich widersetzen!

Aber was heißt hier schon Wachtturm-Gesellschaft? Raymond Franz kann im Zusammenhang mit ihren Vorstandswahlen und der „glatten Routine" ihrer Versammlungen sagen: „... daß die Wahlen eine reine Formsache sind."

Und: „Die große Mehrheit der Stimmberechtigten hat buchstäblich keine Ahnung von den internen Abläufen und kann auf die Leitlinien und die Vorhaben der Organisation weder Einfluß noch Kontrolle ausüben, denn sie hat kein Mitspracherecht und braucht nicht gehört zu werden. Der geschäftliche Teil einer solchen Versammlung dauert meist nicht länger als eine Stunde, und das war dann auch schon alles bis zum nächsten Jahr."[326]

Der Anspruch, „der treue und verständige Sklave des Herrn" zu sein

Haben die gegenwärtig etwa 450 Mitglieder weder Einfluß noch Kontrolle, noch Mitspracherecht in den Angelegenheiten der

---

324 The Watchtower vom 15. 10. 1944 (z.T. auf deutsch erschienen im Wachtturm, Ausgabe Bern, Oktober 1945).

325 Raymond Franz, a.a.O., S. 90.

326 ebenda, S. 91.

Wachtturm-Gesellschaft (abgesehen lediglich von ihrem *Stimmrecht* bei Wahlen), wieviel weniger kann vom „*Überrest*" der „*gesalbten Königreichsmiterben*", die irgendwo in der Welt in den Zeugen Jehovas-Versammlungen sitzen, behauptet werden, daß *sie* „das Werk leiten" als der „treue und verständige Sklave" des Herrn![327]

Auch die Erklärung: „Im Hauptbüro in Brooklyn ... befinden sich *mehr* reife christliche Älteste – bestehend aus Gliedern des ‚Überrests' und der ‚anderen Schafe' – als an irgendeinem anderen Ort der Erde",[328] macht diese Behauptung nicht glaubwürdiger: Diese haben ja ebensowenig Macht und Kontrolle über „das Werk" wie die 450 Wachtturm-Gesellschafts-Mitglieder. Aus diesem, aber nicht nur aus diesem Grund wird der in diesem Zusammenhang ausgesprochene Appell, „Wir sollten dem von Gott gebrauchten Kanal *vertrauen*", ebenso fragwürdig wie die an anderer Stelle erhobene Forderung nach „*Gehorsam gegenüber der theokratischen Vertretung*", die der Wachtturm mit den Worten begründet: „Der Sklave erfüllt ... seine eigene Pflicht vor Jehova ... Daher ist der Wille des Sklaven der Wille Jehovas. Rebellion gegen den Sklaven ist Rebellion gegen Gott."[329]

Der Anspruch, „Kanal" Gottes zu sein

Die alte Wachtturm-Lehre vom alleinigen „Kanal Jehovas" erlebte unter Knorrs Präsidentschaft fröhliche Wiederkehr, wenn auch mit neuen Wortverbindungen. (Wer die Begriffe prägt, beherrscht die Köpfe!) Da ist die Rede von einem von Jehova geschaffenen „Mitteilungs-Kanal" – an anderen Stellen von einem „Mitteilungs- und Verbindungskanal", durch den Gott „mit seinem Volke verkehrt" und dem es darum zu folgen gelte „wie der Stimme Gottes".[330]

---

327 Z.B. im Wachtturm vom 15. 3. 1990, S. 10f., 15-20.

328 Der Wachtturm vom 15. 5. 1981, S. 19.

329 Der Wachtturm vom 1. 8. 1956, S. 474, Abs. 13 und 11. Weitere Gründe für eine Ablehnung des „Sklaven"-Anspruchs lege ich im Faltblatt „Die Sache mit dem treuen und verständigen Sklaven" vor. Beziehbar beim Bruderdienst (Anschrift im Anhang).

330 Der Wachtturm 1957, S. 498, Abs. 6.7.

Für Christen ist es an dieser Stelle völlig unerheblich, ob bei dem „Kanal" an die Wachtturm-Gesellschaft oder an den „Überrest" gedacht ist, an „Kopf" oder „Schwanz" des Hundes, um mit dem im Wachtturm einmal gebrauchten Begriffspaar zu reden; der „Überrest" ist ja *ihr* Anhang! – Entscheidend ist allein die Tatsache, daß hier eine religiöse Führung eine Art Mittlerfunktion in Anspruch nimmt, der bereits von Gott vergeben ist. Jesus Christus sagt: „Ich bin der Weg und die Wahrheit und das Leben; niemand kommt zum Vater denn durch mich" (Joh. 14,6), und der Apostel Paulus läßt nur ihn als Mittler zwischen Gott und Menschen gelten (1. Tim. 2,5).

Da bleibt kein Raum für einen anderen „Kanal", durch den er mit Menschen „verkehrt"! Der Wachtturm versucht indes, sich einen Platz für seinen „Kanal" zu öffnen, indem er von Jesus als „Jehovas Hauptvermittler" spricht – als ob es neben ihm weitere Mittler gäbe![331]

In den letzten Jahrzehnten trat der Begriff „Mitteilungs- und Verbindungskanal Jehovas" deutlich in den Hintergrund. Seit es die Leitende Körperschaft gibt, schreibt der Wachtturm lieber „‚Der treue Sklave' und seine leitende Körperschaft", oder: „Heute mit der leitenden Körperschaft zusammenarbeiten".[332] Gelegentlich, wie z.B. im Wachtturm vom 1.10.1994, S. 8 unten, wird er noch benutzt.

---

331 Der Wachtturm vom 15. 5. 1982, S. 28, Abs. 8. Schon der Begriff „Mitteilungs- und Verbindungskanal" verrät, daß er bzw. die Organisation für die Zeugen eine heilsvermittelnde Funktion hat: „Um dem Souverän des ... Universums zu dienen ..., muß man mit der Organisation der christlichen Zeugen Jehovas verbunden sein." Denn sie ist „die einzige ..., die durch Jehovas Geist ... geleitet wird", die „im Interesse des Vorhabens Jehovas" wirkt, für die die Bibel „kein versiegeltes Buch" ist, sondern die „die einzige Organisation auf der Erde" darstellt, „die die ‚tiefen Dinge Gottes' versteht." – Der Wachtturm vom 1. 10. 1993, S. 593f., Abs. 3.4.

332 Der Wachtturm vom 15. 3. 1990, Hauptüberschriften zu den beiden Studienartikeln. Der Wachtturm schreibt fast immer „leitende ..." mit einem *kleinen* l, während ich – den deutschen Rechtschreib-Regeln folgend – den *Namen* (!) dieses höchsten Leitungsgremiums vom Zeitpunkt seiner tatsächlichen Existenz und „Machtübernahme" an mit *großen* Anfangsbuchstaben schreibe und – von nun an – *ohne* Anführungszeichen (außer in Zitaten).

Der Anspruch göttlicher Führung durch die Leitende Körperschaft

Nachdem es die Leitende Körperschaft nun endlich gibt (1971) und nachdem ihr schließlich auch tatsächlich die Leitungskompetenzen übertragen wurden (1976), ist es begreiflich, daß der Wachtturm den neuen Verhältnissen Rechnung trägt. Diese eröffnen der Wachtturm-Gesellschaft die Chance für einen neuen Anfang in Wahrhaftigkeit und Redlichkeit.

Um so mehr ist jeder Kenner ihrer historischen Entwicklung, der sich um eine wohlwollende Würdigung der Wachtturm-Gesellschaft bemüht, überrascht, wie auch im Wachtturm von 1990 wieder „Dichtung und Wahrheit" vermengt werden.

Da wird – offenbar um des in unserer Überschrift angedeuteten Anspruchs willen – die Entstehung der Leitenden Körperschaft zurückdatiert in die Anfangszeit, wobei die Wachtturm-Gesellschaft, „Sklavenklasse" und Leitende Körperschaft so sehr „in einen Topf" geworfen werden, daß weder von Redlichkeit noch von Klarheit die Rede sein kann: 1884

> „wurde die Zion's Watch Tower Tract Society gesetzlich eingetragen ... Mit dieser Gesellschaft ... kamen Gott hingegebene, getaufte und gesalbte Christen in Verbindung. Sie stellten sich der Klasse des ‚treuen und verständigen Sklaven' für besondere Aufgaben zur Verfügung ... Sie halfen, die Sklaven-Klasse

Abbildung Seite 213:
„Vom Himmel hoch ..." Watchtower Weltzentrale Brooklyn (USA) in der Darstellung des Wachtturms vom 1.10.1987, S. 10 (dort mehrfarbig) unter der Überschrift: „Bist du zufrieden mit Jehovas geistigen Vorkehrungen?"

zu speisen und zu leiten, und auf diese Weise [?] trat eine leitende Körperschaft in Erscheinung. Das geschah ohne Zweifel unter der Leitung ... des heiligen Geistes und ... Jesu Christi ...“[333]

Entgegen den in diesem Buch nachgewiesenen Tatsachen wird also der Anspruch erhoben, daß „unter der Leitung ... Jesu Christi“ die Leitende Körperschaft schon in der Anfangszeit der Wachtturm-Gesellschaft entstanden sei. In Wahrheit regierten C. T. Russell und seine Nachfolger J.F. Rutherford und N.H. Knorr als „Monarchen“, als Alleinherrscher.[334]

Daß über die Leitung Jesu Christi bei der Entstehung der Leitenden Körperschaft hinaus deren dauernde Führung beansprucht wird, zeigt die graphische Darstellung im Wachtturm vom 1.4.1977, S. 208:

333 Der Wachtturm vom 15.3.1990, S. 14, Abs. 20 (Bezugnahme auf den Wachtturm vom 1.4.1972).

334 Raymond Franz, Gewissenskonflikt, S. 58.

Eine sachgerechte Beurteilung dieses Anspruchs der Leitenden Körperschaft setzt eine realistische Einschätzung ihrer Möglichkeiten voraus – wie auch ihrer *Grenzen.*

Zunächst aber ein Wort der Anerkennung: Verglichen mit der uneingeschränkten Präsidentenherrschaft in den ersten neunzig Jahren der Watch-Tower-Geschichte bedeutet allein schon die Entstehung dieses Gremiums einen echten Fortschritt. Die Bethelmitarbeiter, deren Beschwerdebriefe mit dazu beigetragen haben, „den Stein ins Rollen" zu bringen, werden vor Freude Luftsprünge gemacht haben, als sie von der „Entmachtung" des Präsidenten und der „Machtübernahme" durch die Leitende Körperschaft erfuhren. Eine besondere Würdigung verdienen die Mitglieder der Leitenden Körperschaft – unter ihnen nicht zuletzt auch Raymond Franz –, die mit beispielhafter Zielstrebigkeit und Geduld die Entwicklung dahin (gegen den hartnäckigen Widerstand der beiden Wachtturm-Gesellschafts-Oberen) vorangetrieben haben. Daß sie über das schließlich Erreichte froh und erleichtert aufgeatmet haben, ist nur verständlich. Raymond Franz spricht auch von anfänglich positiven Auswirkungen:

> „Im Hauptbüro schien ein völlig verändertes Klima zu herrschen, ein Geist größerer Bruderliebe, Offenheit und Gleichheit. Das ist manchmal mit dem ‚Fenster' verglichen worden, das Papst Johannes XXIII. in der katholischen Kirche aufgetan hatte, damit etwas frischer Wind hereinwehen konnte.
>
> Die neuen Komitees der leitenden Körperschaft veranlaßten etliche Neuregelungen, die das Leben der Bethelfamilie im Hauptbüro in Brooklyn und in den über 90 Zweigbüros erleichterten. Für die einfachen Mitarbeiter wurde finanziell besser gesorgt, die besonderen Bedürfnisse der Frauen und der Älteren wurden berücksichtigt. Im Verlauf des Jahres 1976 wurden eine Reihe von Treffen mit Männern abgehalten, auf deren Rat man Wert legte. Als erstes berief man Vertreter von Zweigen in der ganzen Welt, danach reisende Vertreter der leitenden Körperschaft aus allen Teilen der Vereinigten Staaten, und schließlich lud man Älteste aus den Versammlungen der verschiedenen Gegenden der USA nach Brooklyn ein. Alle Treffen waren geprägt von einer Atmosphäre der freien Mei-

nungsäußerung, die von den meisten gegenüber dem bislang Gewohnten als erfrischend anders empfunden wurde.

In die Versammlungen ist davon wahrscheinlich nicht sehr viel gedrungen, denn die vielen Anregungen, die kamen, hat man fast überhaupt nicht in die Praxis umgesetzt. Dennoch war zu beobachten, wie sich viele Zeugen anerkennend darüber äußerten, daß wenigstens eine Zeit lang in den Veröffentlichungen das Hauptgewicht auf die Autorität der Bibel und die Leitung durch Jesus Christus und nicht so sehr auf die einer menschlichen Organisation gelegt wurde. Allgemein stellten sie fest, daß eine gemäßigtere, ausgewogenere und barmherzigere Linie verfolgt wurde. Ein langgedienter Zeuge sagte: ‚Sonst hatte ich immer das Gefühl, ich *mußte* etwas tun; jetzt geht es mir langsam so, daß ich es tun *will*.'

Die Veränderung des Klimas zeigte sich zum Teil auch bei den Sitzungen der leitenden Körperschaft ... In den Abstimmungen zeigte sich die Tendenz, weniger vorschnell neue Verhaltensnormen festzulegen und nicht gleich für jede Handlung einen Gemeinschaftsentzug vorzuschreiben. Allerdings war sich das Gremium dabei nie vollständig einig."[335]

Raymond Franz berichtet dann jedoch von Rückfall in „alte Verfahrensweisen. Sie kamen wie eine kalte Brise im Herbst, die die nahende Kälte ankündigt". Seine erklärte Hoffnung auf „Raum für mehr Milde", einen „Abbau des Dogmatismus" und mehr Aufmerksamkeit „für den einzelnen Menschen und dessen Lebensumstände und Probleme" wurden enttäuscht.

Dies alles zeigt, daß man die Auswirkungen der Umstrukturierung nicht überschätzen sollte. Die *Basis*, das „Fußvolk" (engl. „rank and file"), von dem in der englischen Ausgabe des Wachtturms vom 1.4.1972 die Rede war, hat nach wie vor absolut keine Einflußmöglichkeit – weder auf die Zusammensetzung noch auf die Entscheidungen der Leitenden Körperschaft und ihrer Unterabteilungen, die in der graphischen Darstellung genannt sind. Die Zeugen Jehovas haben z.B. nicht einmal das Recht, ihre Führung *abzuwählen*, was in jedem demokratischen Staat für die Bürger, in

[335] a.a.O., S. 95.

jedem demokratisch organisierten Verein den Mitgliedern selbstverständlich ist.

Die Leitende Körperschaft ist somit *kein* demokratisch gewähltes Gremium, das eine kontrollierende und korrigierende Funktion – im besten Sinne *für* den Wachtturm-Konzern und die Zeugen Jehovas-Organisation – erfüllen könnte. Sie stellt daher *kein* echtes Gegenüber dar zum Watch Tower-Konzern und seinen Präsidenten. Der Präsident und der Vizepräsident sowie die Direktoren der Wachtturm-Gesellschaft gehören ja selbst der Leitenden Körperschaft an! Bei dem, was als Umstrukturierung bezeichnet wird, handelte es sich somit lediglich um eine interne *Umverteilung der Macht* von den Schultern des Präsidenten auf die eines leicht erweiterten Vorstandes.[336] Im Volksmund nennt man das eine Transaktion „von der Kasse in die Beilage".

Andererseits ist festzuhalten: Der Wachtturm-Präsident kann heute nicht mehr wie seine Vorgänger von Russell bis Knorr als Alleinherrscher regieren. Er ist jetzt von „demokratischen" Mehrheitsbeschlüssen innerhalb der Leitenden Körperschaft abhängig – also von den so lange verpönten und (unter Rutherford) verhöhnten „untheokratischen" Entscheidungsprozessen. Wie diese in der Praxis sich auswirken können, dafür einige Beispiele aus der reichen Erfahrung des früheren Leitenden Körperschafts-Mitglieds Raymond Franz. Sie lassen auch Schlüsse zu bezüglich der behaupteten göttlichen Führung der Leitenden Körperschaft:

Entscheidung in der Frage der Verweigerung des Zivildienstes

Seit dem Zweiten Weltkrieg stand die noch während des Krieges entwickelte Ansicht der Wachtturm-Gesellschaft fest: Ein Zeuge Jehovas, der Zivildienst leistet (in den Ländern, die dafür gesetzliche Voraussetzungen geschaffen haben), geht Kompromisse ein. Dieser Dienst werde ja als Ersatz für den Kriegsdienst geleistet, zu dem (zumindest potentiell) das Töten von Menschen gehört. Daher sei auch der „Ersatzdienst" eine Form, sich am Kriegsgeschehen

---

336 Aus diesem Grunde ist es berechtigt, hier im Rahmen der Watch Tower-Ansprüche auch den Anspruch der Leitenden Körperschaft auf göttliche Leitung zur Sprache zu bringen.

mitschuldig zu machen und so seine „Lauterkeit Gott gegenüber" aufzugeben. Infolge dieser Sicht, die schon in der Zeit vor der Entstehung einer Leitenden Körperschaft „offenbar von Fred Franz und Nathan Knorr beschlossen" wurde, „als alle grundsätzlichen Entscheidungen noch von ihnen allein gefällt wurden", gingen im Laufe der Jahre „daraufhin buchstäblich Tausende von Zeugen Jehovas lieber ins Gefängnis ... als Zivildienst zu leisten." Wer diesen Richtlinien der Wachtturm-Gesellschaft nicht folgt, wird automatisch als jemand angesehen, „der die Gemeinschaft verlassen hat", und so behandelt, als sei er ausgeschlossen.[337]

Wie Raymond Franz berichtet, zog ein Zeuge Jehovas aus Belgien in einem Brief an die Leitende Körperschaft im November 1977 die Schlüssigkeit der bisherigen Argumentation in Zweifel, so daß die Zivildienstfrage „vor die leitende Körperschaft kam" (auf die Tagesordnung am 28. 1. 1978, dann am 1. 3., am 26. 9., 11. 10., am 18. 10. und 15. 11. 1978). Auf eine Befragung hin, auf die mehr als 90 Zweigbüros aus aller Welt antworteten, erklärten „recht viele": „Die Zeugen Jehovas vor Ort hätten Mühe zu erkennen, daß es für diese Position überhaupt eine biblische Basis gebe."[338]

Zu dem, was dann in der Leitenden Körperschaft ablief, hören wir am besten den Augen- und Ohrenzeugen Raymond Franz selbst:

> „In der Sitzung vom 11. Oktober 1978 stimmten von den dreizehn Anwesenden neun für eine Änderung der bisher üblichen Praxis. Die Entscheidung für oder gegen den Zivildienst sollte danach jeder Betroffene selbst fällen, gemäß seinem Gewissen. Vier stimmten dagegen. Die Folge war, daß sich nichts änderte, da es insgesamt sechzehn Mitglieder der leitenden Körperschaft gab und neun keine Zweidrittelmehrheit bildeten.
>
> Am 15. November waren alle sechzehn anwesend und elf stimmten für eine Änderung, so daß ein Zeuge Jehovas, der die Ableistung des Zivildienstes mit seinem Gewissen vereinbaren konnte, nicht automatisch als untreu gegen Gott einge-

337 Zitate aus Raymond Franz, Gewissenskonflikt, S. 103.
338 a.a.O., S. 103.

stuft wurde, so als habe er die Versammlung verlassen. Das war eine Zweidrittelmehrheit. Kam es nun zu der Änderung?

Nein, denn nach einer kurzen Sitzungsunterbrechung gab einer bekannt, er habe es sich anders überlegt. Damit war die Zweidrittelmehrheit hinfällig. Bei der dann folgenden Abstimmung waren fünfzehn Mitglieder anwesend, von denen neun für eine Änderung stimmten, fünf dagegen, und einer sich enthielt.

So blieb diese Richtlinie in Kraft, obwohl sich in allen Abstimmungen eine deutliche Mehrheit der leitenden Körperschaft für deren Abschaffung ausgesprochen hatte. Das Ergebnis war, daß von jungen Männern unter den Zeugen Jehovas weiterhin erwartet wurde, lieber ins Gefängnis zu gehen, als Zivildienst zu leisten, auch wenn sie diesen mit ihrem Gewissen hätten vereinbaren können. So unglaublich es klingen mag, aber das war die Entscheidung, und die meisten in der leitenden Körperschaft schien das nicht weiter zu beunruhigen. Schließlich hatte man sich einfach an geltende Regeln gehalten."[339]

Dieses Beispiel zeigt sehr eindrücklich, daß die Richtlinien der Leitenden Körperschaft, denen die Zeugen Jehovas dann als „Gesetz Jehovas" zu gehorchen haben, letztlich das Ergebnis mehr oder weniger zufälliger Mehrheitsentscheidungen sind, ja von den wechselnden Meinungen und Vorurteilen einzelner Mitglieder abhängen können. Dazu ein weiteres Beispiel:

Bei einem Zeugen-Jehovas-Ehepaar in Kalifornien hatte jemand im Schlafzimmer Schriften und Bilder mit Darstellungen ungewöhnlicher Sexualpraktiken gesehen. Raymond Franz dazu: „Ich kann mich nicht erinnern, daß wir erfahren hätten, wie (er) eigentlich Zugang zu dem Schlafzimmer erlangt hatte. Ermittlungen der Ältesten am Ort ergaben, daß das Ehepaar beim Geschlechtsverkehr tatsächlich auch andere Praktiken als den einfachen Genitalkontakt pflegte.[340] Die Ältesten schrieben nach Brooklyn ..."

---

339 a.a.O., S. 103f.

340 Zitat und Fußnote a.a.O., S. 48: Den Auslöser bildete ein Artikel im *Wachtturm* vom 15. März 1970 (S. 189-191), der die Aufmerksamkeit auf derartige sexuelle Beziehungen gelenkt und sie sehr ausführlich erörtert

Und wie entschied die Leitende Körperschaft? Obwohl keiner von den Mitgliedern sich vorher mit einer derartigen Fragestellung hatte beschäftigen können, wurde „nach wenigen Stunden die Entscheidung gefällt, daß dem Ehepaar die Gemeinschaft zu entziehen sei. Später wurde das als offizielle Lehrmeinung veröffentlicht" und dieses Verbot für alle verbindlich gemacht.[341]

In den folgenden Jahren ging eine „noch nie dagewesene Flut von Briefen" ein. Manche – oft solche von Ehefrauen – zeugten „von einer großen Verwirrung und einer Qual wegen der Unsicherheit", aber auch von einem fast grenzenlosen Vertrauen, daß dieses Gremium der „älteren Männer" (Wachtturm-Diktion) schon die gottgewollten Ratschläge geben werde. Eine Frau schrieb: „Meiner Meinung nach ist das eine Frage des Gewissens, doch ich schreibe euch, um ganz sicher zu gehen."

Sie schloß mit den Worten:

> „‚Ich habe schreckliche Angst, und ich fühle mich so verletzt, und diesmal habe ich vor allem die Sorge, wie (mein Mann) über die Wahrheit denken wird ... Ich weiß, daß ihr mir sagen werdet, was ich tun soll."
>
> In einem anderen typischen Brief schreibt ein Ältester, er habe ein Problem, das ihn sehr bewege, und dafür sei es seiner Ansicht nach das Beste, ‚sich an die ›Mutter‹ um Rat zu wenden'. Das Problem bezog sich auf sein eheliches Sexualleben. Seine Frau und er seien sich im unklaren darüber, ‚wie weit man beim Vorspiel zum Geschlechtsakt genau gehen kann'. Er versicherte der Gesellschaft: ‚Meine Frau und ich werden jeden Rat, den Ihr uns gebt, genauestens befolgen.'
>
> Diese Briefe zeigen, welch absolutes Vertrauen diese Menschen in die leitende Körperschaft zu setzen gelernt hatten."[342]

---

hatte. Ohne Zweifel waren die Ältesten dadurch für solche Berichte erst sensibel geworden, er war wahrscheinlich auch verantwortlich dafür, daß im vorliegenden Fall die Vorgänge im Schlafzimmer erst gemeldet wurden.

341 Zitat und Fußnote a.a.O., S. 48: Siehe *Wachtturm* vom 15. Februar 1973, S. 126-128; ebenso vom 1. Februar 1973, S. 95. 96.

342 a.a.O., S. 49. – Mit „Mutter" ist – ganz im Sinne der offiziellen Lehre der Wachtturm-Gesellschaft – die *Organisation* gemeint.

Dahinter stand ja die Überzeugung, daß durch sie der Wille und die Weisung „Jehovas und Jesu Christi“ den Zeugen mitgeteilt würde. Wie fragwürdig aber wird diese den Zeugen Jehovas eingehämmerte Überzeugung, wenn man erfährt, wie sich die lange zur Schau getragene Sicherheit der Leitenden Körperschaft, in solch intimen Fragen „theokratischen“ Rat erteilen und ihn mit rigorosen Maßnahmen durchsetzen zu können, im Laufe der Jahre gleichsam abnutzte, so daß „nach über fünf Jahren das Thema schließlich wieder auf der Tagesordnung stand“, die alte Entscheidung umgestoßen wurde und die Leitende Körperschaft sich lieber „aus diesem Intimbereich des Lebens anderer Leute“ wieder zurückzog.

Von nun an soll „ein Ehepaar selbst die Verantwortung vor Gott“ übernehmen, und den Ältesten in den Versammlungen wird das Recht abgesprochen, „das Verhalten in solchen ehelichen Intimbeziehungen zu bestimmen oder jemandem lediglich aufgrund derartiger Handlungen die Gemeinschaft zu entziehen“.

Raymond Franz wurde damals die Aufgabe zugewiesen, darüber eine Ausarbeitung zu schreiben – der übrigens die vorangehenden Zitate, die später im Wachtturm abgedruckt wurden, entnommen sind.[343] Es war sozusagen eine *Berichtigung* früher publizierter „theokratischer Grundsätze“, die R. Franz schon vorher in zunehmendem Maße fragwürdig geworden waren. Er hatte es also als Genugtuung empfunden, jetzt die Richtigstellung schreiben zu können. Aber er bekennt, diese Genugtuung empfinde er beim Lesen der ihm vorliegenden Briefe als „ziemlich hohl“. Er sei sich

> „vielmehr im klaren darüber, daß es auch durch noch so viele Worte nicht möglich ist, den angerichteten Schaden wiedergutzumachen, all die Peinlichkeiten, die Verunsicherungen und seelischen Leiden, die quälenden Schuldgefühle und die zerrütteten Ehen, zu denen es als Folge der ersten Entscheidung kam, einer Entscheidung, die innerhalb weniger Stunden von Männern gefällt wurde, die ganz kalt an die Sache herangingen, ohne zuvor darüber in Kenntnis gesetzt worden zu sein und nachgedacht zu haben, ohne gesondert darüber zu

343 Der Wachtturm vom 15. 5. 1978, S. 30f., ausführlicher als oben zitiert in Raymond Franz, Gewissenskonflikt, S. 53.

> beten oder die Schrift zu erforschen. Und doch hatte ihre Entscheidung fünf Jahre lang weltweit Gesetzeskraft und brachte vielen Menschen Folgen, an denen sie ein Leben lang zu tragen haben. All das wäre nicht nötig gewesen."[344]

„Nicht *nötig* ...", und man möchte hinzufügen: Bei tatsächlich göttlicher Überwaltung und Führung nicht *möglich*! Die berichteten Vorgänge erinnern an einige Fehlentscheidungen und „Messen mit zweierlei Maß" (in der Zeit vor der Leitenden Körperschaft), die hier aus Platzgründen nur angedeutet werden können: Im afrikanischen Land Malawi verlangte die dortige Regierung in den 60er Jahren von ihren Bürgern, eine Mitgliedskarte der herrschenden politischen Partei zu kaufen. Die dortigen Zeugen Jehovas weigerten sich, weil der Erwerb einer solchen Mitgliedskarte ihrer Ansicht nach eine „Verletzung der politischen Neutralität" bedeutet hätte. Diese Sicht wurde auch vom Zweigbüro vertreten und von der Weltzentrale bestätigt und in den Publikationen der Wachtturm-Gesellschaft „genauestens erläutert". Die Haltung der Zeugen Jehovas löste in ganz Malawi in der Folgezeit eine Welle von Gewaltakten gegen Zeugen Jehovas aus, die zu beschreiben einer Verharmlosung gleichkäme. Raymond Franz dazu: „Schläge, Folterungen und Morde nahmen so überhand, daß Tausende Familien Haus und Hof verließen und in angrenzende Länder flüchteten. Nach genaueren Schätzungen flohen 1972 insgesamt 8 975 Menschen nach Sambia und 11 600 nach Mosambik."

Grund: Der Erwerb einer Parteimitgliedskarte wurde von der Wachtturm-Gesellschaft abgelehnt. Unbegreiflicherweise entschied sie dagegen ganz anders, als in Mexiko in den 60er Jahren der Brauch aufkam, Beamten Geld zu geben zur Erlangung eines Ausweises, der dessen Besitzer als Reservisten kennzeichnete, der seinen einjährigen Militärdienst abgeleistet hätte. Auf die briefliche Anfrage des mexikanischen Zweigbüros hin, ob es richtig sei, Bestechungsgelder zu zahlen, um an eine gefälschte Militärbescheinigung heranzukommen, antwortet die Wachtturm-Gesellschaft in ihrem Brief vom 2. 6. 1960 u.a.: „Das Geld fließt in diesem Fall nicht dem Militärapparat zu, sondern geht an die daran beteiligten Einzelpersonen über. Wenn das Gewissen einiger Brüder es

[344] a.a.O., S. 54.

ihnen gestattet, sich darauf einzulassen, damit sie größere Freiheit haben, so besteht unsererseits kein Einwand dagegen. Für den Fall allerdings, daß sie wegen dieser Handlungsweise Schwierigkeiten bekommen sollten, müßten sie diese selbst tragen ..."[345]

Die berichteten Beispiele, die für viele weitere stehen, machen überzeugend deutlich, daß weder vor noch nach der Gründung der vielgerühmten Leitenden Körperschaft die Watch Tower-Führung unter der Leitung Gottes und Christi stand, sondern nach dem jeweiligen menschlichen Ermessen oder den bei ihr geltenden dogmatischen Grundsätzen entschied. Für jeden Zeugen Jehovas aber galten diese Entscheidungen als „Gesetze *Jehovas*"!

Freiheit, Gleichheit – und das „liebe Geld"

„Wahre Freiheit" – Moral per Gesetz

Wie im Eingangsteil des vorliegenden Buches deutlich wurde, lockt die Wachtturm-Gesellschaft seit Jahrzehnten gern mit werbekräftigen Slogans wie: „Freiheit den Gefangenen" oder „Wahre Freiheit unter der Königreichsherrschaft".[346] Fast immer liegt dabei der Nachdruck auf der *zukünftigen* Freiheit im irdischen Paradies, doch auch für die Gegenwart wird den Zeugen Jehovas und den noch zu gewinnenden Wachtturm-Lesern versprochen: „Alle, die die Wahrheit kennenlernen und danach leben, werden in Sinn und Herz eine große Freiheit verspüren."[347]

Wie aber, so ist zu fragen, kann es überhaupt zum „Verspüren einer großen Freiheit" kommen, wenn doch das ganze Leben eingeengt wird durch eine Unzahl von Ge- und Verboten einer menschlichen Zentrale?[348] Diese meint, alles, aber auch alles im

---

345 Sachverhalt und Briefwechsel ausführlich a.a.O., S. 111-130.

346 Der Wachtturm vom 15.7.1983, S. 16.

347 a.a.O., S. 21.

348 Der führende US-Experte in Fragen zur Psychologie der Zeugen Jehovas, der Soziologe und Psychologe Dr. Jerry Bergman, hat in seiner Studie „Jehovas Zeugen und das Problem der seelischen Gesundheit" (deutsch München 1994 in einer gekürzten Ausgabe), S. 43-45, eine 63 Punkte umfassende Liste von Ge- und Verboten der Zeugen Jehovas zusammengetragen.

Leben ihrer Anhänger nach dem Vorbild des jüdischen Talmud bis in alle nur denkbaren Einzelsituationen hinein genau festlegen zu müssen, und sie begreift nicht, daß die verheißene „Freiheit" dabei auf der Strecke bleibt oder zur bloßen Deklamation verkommt.

Raymond Franz sieht die Ursache dieser paradoxen Haltung darin, daß die Leitende Körperschaft nicht das *Vertrauen* zu den Zeugen Jehovas aufbringt, sie könnten aus der Glaubensbindung heraus freiwillig das geforderte Gute tun. „Die vorherrschende Meinung innerhalb der leitenden Körperschaft schien manchmal zu sein: Traue keinem außer dir selber."[349]

Das frühere Leitende Körperschafts-Mitglied beobachtete ferner eine Tendenz, daß „die Interessen einzelner geopfert werden müssen, wenn die Interessen der großen Organisation dies zu erfordern scheinen".

Zuviel Freiheit für den einzelnen könnte „sozusagen die Dämme brechen lassen und den Weg für viele Übertretungen ebnen". In einem konkreten Fall z.B., so erinnert sich Raymond Franz,

> „drängte Milton Henschel [heute – im Jahre 1995 – Wachtturm-Gesellschafts-Präsident!] mit großem Ernst zur Vorsicht und sagte: ‚Wenn wir den Brüdern *das erlauben*, wer weiß, wie weit sie dann noch gehen werden.' Andere äußerten sich ähnlich. Sicher glaubten sie aufrichtig, es sei nötig, bestimmte gewohnte Regeln ganz strikt einzuhalten, um die Gefolgschaft ‚auf Kurs' zu halten, damit sich niemand aus dem Schutzwall der Vorschriften hinaus verirrt."

Demgegenüber weist Raymond Franz darauf hin, daß dieser „Schutzwall" sich keineswegs in der Bibel findet, also offenbar nicht von Gott, sondern von Menschen ist. Darum habe er auf die oben zitierte Äußerung Henschels geantwortet:

> „... Meiner Meinung nach stünde es *uns* gar nicht zu, den Brüdern irgend etwas zu erlauben. Vielmehr sei es Gott, der es ihnen überläßt, manche Dinge zu tun ... Als sündige, irrende Menschen seien wir nie und nimmer von Gott befugt, zu entscheiden, was anderen erlaubt oder verboten sein solle. An alle im Kollegium richtete ich die Frage: ‚Warum sollten wir ver-

---

349 Raymond Franz, Gewissenskonflikt, S. 106.

suchen, Gott zu spielen, wenn doch die Bibel sich in dieser Frage nicht festlegt? Das kann doch nur schiefgehen ...'"[350]

Raymond Franz' Worte fanden, wie er selbst hinzufügt, wenig Resonanz, wie die Abstimmungsergebnisse zeigten.

Es blieb also dabei: Die Wachtturm-Gesellschaft/Leitende Körperschaft nimmt sich die Freiheit, „Gott zu spielen", und macht den einzelnen Zeugen Jehovas zum bloßen Befehlsempfänger und gefügigen Untertanen. Wer hat denn nun – entgegen allen schönen Theorien – tatsächlich „große Freiheit", und wer ist der *„Sklave"*? Eine ernüchterte Zeugin Jehovas spricht in einem Brief von den Zeugen Jehovas als den „Sklaven des ‚Sklaven'"!

Das ist keineswegs nur ein Wortspiel: Die „Neue-Welt-Übersetzung" hat das Pauluswort „Dient dem Herrn" (aus Röm. 12,11) verzerrend, aber ganz im Sinne der Watch Tower-Intentionen wiedergegeben mit: „Dient als Sklaven für Jehova."[351]

„Keine Klassenunterschiede"

Daß es bei den Zeugen Jehovas keine Privilegierten und keine Unterprivilegierten gibt, gehört zum festen Bestandteil ihrer werbekräftigen Haustürpredigten. Im „ERWACHET!" wird betont: Im Unterschied zur Situation in den Kirchen wird „in der Bibel ... den Christen empfohlen, keine ‚Klassenunterschiede unter sich zu haben' (Jak. 2,4)."[352]

Jedoch auch hierin ist die Wirklichkeit weit entfernt von der schönen Theorie: Schon in einem Brief des früheren Rechtsberaters

---

[350] a.a.O., S. 105.

[351] Dr. Werner Thiede stellt dazu fest: „Nicht nur, daß hier wie in der Regel auch sonst der neutestamentliche Begriff ‚kyrios' (Herr) fälschlich mit ‚Jehova' wiedergegeben wird, obwohl er dem Sinnzusammenhang nach für Jesus Christus steht! Vielmehr wird der griechische Ausdruck für ‚dienen', in dem der Begriff ‚Diener' oder ‚Sklave' mitschwingt, durch ausdrückliche Zusatznennung des Begriffs ‚Sklave' in dem der Organisationsleitung angenehmen Sinn verstärkt ..." – Sonderdruck 21 aus dem Materialdienst der EZW 9 und 10/1993, S. 16.

[352] Ausgabe vom 8. 10. 1969, S. 8.

der Wachtturm-Gesellschaft, Olin R. Moyle, vom 21. 7. 1939 ist von ungleicher Behandlung, ja sogar von Diskriminierung von Bethelmitarbeitern die Rede. Alle Bequemlichkeiten für den Präsidenten, aber unwürdige Wohnverhältnisse für die andern, stellt Moyle fest, und er wendet sich dabei an den Präsidenten Rutherford persönlich: „Du hast viele Heime, nämlich im Bethel, auf Staten Island, in Californien etc. Mir ist bekannt, daß sogar in der Königreichsfarm ein Haus für Deinen alleinigen Gebrauch freigehalten wird für die kurzen Zeitspannen, die Du dort zubringst. Und was erhalten die Brüder auf der Farm? Kleine Räume, ungeheizt während des bitter kalten Winterwetters ..."[353]

„Klassenunterschiede" auch zur Zeit der Präsidentschaft N.H. Knorrs: „Man unterschied fein säuberlich zwischen Leitenden und Untergebenen und achtete peinlich genau darauf, daß diese Rangordnung auch eingehalten wurde", berichtet Raymond Franz und schildert dann das Los der Mitarbeiter im Gegensatz zu dem der „Spitzenbeamten" der Wachtturm-Gesellschaft:

> „Viele kamen sich wie kleine Rädchen im Getriebe vor, die eben zu funktionieren hatten, aber nicht als Menschen angesehen wurden. Sie wußten, daß sie jederzeit an einen anderen Arbeitsplatz versetzt werden konnten, und zwar ohne vorherige Information und oft auch ohne Begründung, so daß sie ständig um ihren Arbeitsplatz bangten ...
>
> Die monatliche Zuwendung in Höhe von 14 Dollar reichte oft nicht einmal für das Fahrgeld zu den Zusammenkünften im Königreichssaal ihrer jeweiligen Versammlung. Wer von wohlhabenden Freunden und Verwandten unterstützt wurde, hatte keine Probleme, doch die anderen konnten sich oft kaum mehr als das zum Leben absolut Notwendige leisten. Mitarbeiter, die aus weit entfernten Landesteilen kamen, wie gerade aus dem Westen der USA, sahen sich oft außerstande, im Urlaub zu ihrer Familie nach Hause zu fahren, wenn daheim die Kasse knapp war. Und unterdessen mußten sie

---

353 Moyle's Original Letters, veröffentlicht von Roy D. Goodrich (verstorben) 517 N. E. Second Street, Fort Lauderdale, Florida. Goodrich erhielt eine Mappe mit Moyles Briefen an die Wachtturm-Gesellschaft vom Verfasser der Briefe im Jahre 1947, wie Goodrich in einem Nachwort ausführt.

ständig mit anhören, wie leitende Mitarbeiter durch das ganze Land und zu anderen Kontinenten reisten, dort Vorträge hielten und der Bethelfamilie ihre Grüße ausrichten ließen. Ihnen entging auch nicht, daß die Spitzenbeamten der Gesellschaft in neuen Wagen der Edelmarke Oldsmobile herumfuhren, die auf Kosten der Gesellschaft angeschafft worden waren und von Arbeitern wie ihnen gepflegt und gewartet wurden. Jeden Tag mußten sie acht Stunden und vierzig Minuten arbeiten, dazu noch vier Stunden an Samstagen, hatten an drei Abenden der Woche bei Zusammenkünften zu erscheinen und mußten obendrein noch jede Woche am ‚Zeugnisgeben' teilnehmen. Kein Wunder, daß ihr Leben bis zur letzten Minute verplant war, nur nach starrem Schema ablief und sie dadurch total erschöpft waren."[354]

Beim Nürnberger Kongreß 1955 fiel auf, daß die Masse der Kongreßteilnehmer in Massenquartieren auf ihren Luftmatratzen „dicht an dicht" schlafen mußten, während Nathan H. Knorr, der damalige Präsident, in einem First-Class-Hotel, im Grand-Hotel, wohnte. Diese Tatsache wurde dadurch bekannt, daß die *Nürnberger Zeitung* vom 13. August 1955, S. 12 unter der Rubrik „Nürnberger Gästebuch" die prominenten Gäste der Stadt ihren Lesern vorstellte (vgl. Seite 229).

Knorr war auch sonst einen standesgemäßen Lebensstil gewohnt. Zu seinem Penthouse – der Dachterrassenwohnung über dem Hauptquartier – führte ein nur von ihm selbst benutzter Fahrstuhl, und der allein dem Präsidenten zur Verfügung stehende Straßenkreuzer war mit einer gekühlten Bar – griffbereit vom Rücksitz her – ausgestattet.

Kein Vergleich zu den Armen unter den Zeugen Jehovas. Vor allem zu den Pionieren, die oft triefend vor Nässe und zitternd vor Kälte an den Herbst- oder Winterabenden nach vollbrachtem Dienst mit ihren klapprigen Fahrrädern in ihre meist armseligen und kalten Behausungen zurückkehren. Auch hierin also ein abgrundtiefer Kontrast zwischen Theorie und Praxis, zwischen Anspruch und Wirklichkeit!

---

354 a.a.O., S. 74f.

Seite 12 — NZ Nr. 186

Grand-Hotel: Dr. Fr. Forward, Professor, Vancover; Norton, Minister, Dublin; Präsident Sültemeier, Detmold; Graf und Gräfin Beroldingen, Lissabon; Dr. G. Bouguet, Professór, Casablanca; Comte de Billy, Minister, Paris; Präsident N. H. Knorr, Oklahoma.

Carlton-Hotel: Herbert Kirby, Direktor, London; C. Hufnagel, Diplomat, Niederländische Botschaft, Prag; Gordon Varney, Manager, Florida; Curt Steinweg, Direktor, Buenos, Aires; Andrè Poniatomsli, Industrieller, Paris; Haris Nanda, Großindustrieller, New Delhi; Günther von Hansemann, Ingenieur, Hongkong.

Hotel Deutscher Hof: Leo Huebner, Minister, Clinton; Alexander Maxmillian, Direktor, New York; Pablo Harms, Kaufmann, Venezuela; Daniel de Jonge, Exportkaufmann, Blomendahl; Gottfried Honnegger, Kaufmann, Zürich; Eugen Marchall, Professor, Fontainebleau.

Polizei

Verhandlunge
werden un

Zur Zeit sch
tung Nürnberg
Grundstück a
zu unser Münc
vor drei Jahre
das Referente
diums beraten.

Die „Standpunkte
nicht mehr recht we
klärte uns der zust
ministerium. Es wir
Ergebnis zustande
darum, das Objekt, c
maliges Reichsverm
gen des Kontrollrats
bayerischen Staat ü
lich in ihre Hand zu

In der Nürnberger Zeitung vom 13.8.1955 nennt das Grand-Hotel „Präsident N.H. Knorr, Oklahoma" als Gast.

Ob sich in der Zwischenzeit die Verhältnisse gebessert haben, läßt sich schwer feststellen. Ein positives „Zeichen" indes wurde gesetzt: Die früheren Vollzeitmitarbeiter des deutschen Zweigbüros werden jetzt nachträglich rentenversichert. Jutta Birlenberg, eine mutige Frau, die nie Zeugin Jehovas war, hat alle Hebel in Bewegung gesetzt – bei Behörden bis hinauf zu Ministerien –, um diesen Fortschritt zu erreichen. Weiter offen bleibt die Frage, inwieweit auch die Pioniere jetzt versichert bzw. nachversichert werden müssen.[355] Für eine würdige Unterbringung der Bethel- und Zweigbüromitarbeiter wird heute verstärkt gesorgt. Aber im Gegensatz zu den verhaßten Kirchen und Freikirchen schafft und unterhält die Wachtturm-Gesellschaft nach wie vor *keine* öffentlichen karitativen und sozialen Einrichtungen.

Unsoziales Vorgehen der Wachtturm-Gesellschaft

In diesem Zusammenhang seien einige Beispiele genannt, die Dr. Jerry Bergman anführt:[356]

> „Die Gesellschaft [gemeint: Wachtturm-Gesellschaft] ist extrem kostenbewußt. Sie ist bemüht, aus den vorhandenen Mitteln das Äußerste herauszuholen. Dabei ist es nicht ungewöhnlich, wenn die Weltzentrale und alle Zweigbüros vor allem ungelernte Kräfte einsetzen, um qualifizierte Tätigkeiten ausführen zu lassen. Ein Großteil der Elektriker-, Klempner- und Reparaturarbeiten an den Maschinen wird von verhältnismäßig ungeübten jungen Leuten ausgeführt, die zumeist von anderen Zeugen angelernt wurden (die das wiederum genauso gelernt haben).
>
> Nicht selten hat das tragische Folgen gehabt. Junge Bethelmitarbeiter wurden beauftragt, einen Aufzug zu reparieren, statt geeignete Techniker dafür kommen zu lassen. Einer der leitenden Mitarbeiter erhob Einwände dagegen, weil er der Meinung war, daß es für die jungen Neunzehnjährigen zu gefährlich sei, eine Arbeit zu tun, für die sie nicht ausgebildet waren. Doch der oberste Boß, der extrem auf die Kosten achtete, blieb dabei. Seiner Ansicht nach konnte es für sie nicht zu schwierig sein, da sie die Arbeit vorher auch schon gemacht hatten. Doch leider wurde dieses Mal ein junger Arbeiter schwer verletzt, als er den Aufzug reparieren wollte."

---

355 Sachstand und Kommentar ausführlicher in Nr. 113/114 der Quartalsschrift „Brücke zum Menschen" (1993 beim Bruderdienst Missionsverlag Itzehoe), S. 5f.

356 a.a.O., S. 56-58. Abgedruckt in der „Brücke zum Menschen" 109/110, S. 14-16.

Ein weiteres Beispiel, wie gefühllos und gleichgültig die Wachtturm-Oberen oft sind:

> „Ein junger Bethelbruder erhielt die Zuteilung, eine der großen Druckmaschinen zu bedienen. Als er anfing, hatte er überhaupt keine Ahnung, doch unter Anleitung seiner Kollegen erlernte er den Umgang mit der Maschine allmählich. Dabei geriet er einmal mit der Hand in die Maschine, wobei er mehrere Finger verlor. Eine menschliche Reaktion auf diesen Unfall wäre gewesen, diesen Arbeiter in eine Abteilung zu versetzen, in der er auch mit nur einer Hand noch arbeiten könnte, wie beispielsweise im Büro. Die Wachtturm-Gesellschaft allerdings reagierte nicht so menschlich: Sie teilte ihm mit, man habe keine Verwendung mehr für ihn und schickte ihn nach Hause.
>
> Inzwischen hat dieser fähige und helle Kopf Beiträge zum Hilfe-Buch geliefert, einem Bibellexikon der Wachtturm-Gesellschaft. Ganz offensichtlich hätte man seine Talente in einer anderen Abteilung nutzen können, doch der Wachtturm dachte nur an seinen Vorteil und meinte, jemand, der noch alle Finger an der Hand hatte, könne mehr für ihn tun."

Cetnar beschreibt im folgenden Beispiel, wie die Gesellschaft die Menschen ausbeutet:

> „Einem jungen Mann waren (im Papierschneider) vier Finger abgehackt worden. Weil er für die Fabrik keinen Wert mehr hatte, entließ man ihn (...), damit er für sich selbst sorge. Eine Entschädigung erhielt er nicht, da eine Versicherung für solche Arbeitsunfälle ‚zu teuer' war. Mit solch einer Begründung konnte ich mich nicht abfinden. Myron Quackenbush aus der obersten Etage hatte mir nämlich einmal erzählt, daß ein Buch wie *Gott bleibt wahrhaftig* (über 300 Seiten), das für 50 Cent verkauft wurde, in der Herstellung insgesamt nur sieben Cent kostete. Von diesen Büchern druckten wir jeden Tag einen Stapel, so hoch wie das Empire State Building. Ähnlicher Profit wurde bei den anderen Publikationen gemacht." (...)

Und hier ein weiteres Beispiel dafür, wie wenig Rücksicht auf den einzelnen genommen wird (William Cetnar, nach Gruss 1974: 79-81):

„Als ich Charlie kennenlernte, hatte er schon über 30 Jahre gearbeitet. Nun war er alt und schon etwas verkalkt, aber immer noch sehr tüchtig. Präsident Knorr zitierte ihn häufig als Beispiel dafür, wieviel man schaffen könne. Er war der beste Buchbinder auf der vierten Etage gewesen.

Wie allen anderen Bethelmitarbeitern war es ihm nicht gestattet zu heiraten, falls er im Bethel bleiben wollte. Knorr hatte dieses Prinzip häufig betont, und Charlie war damit ganz und gar nicht einverstanden. Doch im Jahr 1952 heiratete Präsident Knorr eine der Schwestern im Bethel, Audrey Mock, und brach damit die Regel. Einige Jahre nach der Heirat ging Charlie zu Präsident Knorr und sagte ihm, er habe seine eigene Regel gebrochen und solle deshalb zurücktreten. Und dann sagte er noch: ‚Du predigst mehr über Liebe als alle anderen (...) und zeigst sie doch selbst am wenigsten.‘

Zur Strafe wurde Charlie von seinem Platz im Eßsaal verwiesen und mußte hinten in einer Ecke Platz nehmen. Zur Begründung hieß es, er habe unanständige Sprache gebraucht (...). Er weigerte sich, den neuen Sitzplatz zu akzeptieren, und kehrte einfach an seinen alten Platz zurück. Man machte ihm das Leben im Bethel so schwer, daß er seine paar Habseligkeiten packte und das Haus verließ. Das Bethel war sein ganzer Lebensinhalt gewesen. Sogar seinen Urlaub hatte er dort verbracht. Er wußte nicht, wo er hingehen sollte. (...) Später lernte ich ihn kennen. Er wohnte gerade in einem schrecklichen Obdachlosenasyl für 50 Cent die Nacht. Als sein Geld alle war, bettelte er Bethelmitarbeiter und andere Zeugen an, damit er etwas Geld für Essen bekam. Ich habe ihm was gegeben (...), (aber) man sagte den Bethelmitarbeitern, sie sollten Charlie kein Geld geben, und an die umliegenden Versammlungen wurde ein Brief verschickt, in dem dasselbe stand. Damit wollte man ihn zur Rückkehr zwingen. Das letzte, was ich von Charles DeWilda hörte, war, daß er auf einer Parkbank gestorben war. Das ist der Lohn, den ein Mensch für vier Jahrzehnte treuen Dienst in ‚Gottes Organisation‘ bekommt, weil er auf eine ganz offensichtliche Unstimmigkeit hingewiesen hatte. Dieses Beispiel zeigt sehr gut, wie wenig Liebe in der Weltzentrale wirklich herrschte.“

Und noch ein Beispiel:

„Im Jahr 1956 oder 1957 kamen zwei junge Damen aus Thailand, um in der Gileadschule zu Missionaren ausgebildet zu werden. Der große Druck beim Erlernen der Sprache und der anderen Fächer führte bei einer von ihnen zu einem Nervenzusammenbruch. Anfallsweise wurde sie von einem inneren Drang überwältigt, alle Kleider auszuziehen und durch das Gebäude zu rennen. Man schickte sie ins Bethel, damit sie sich dort erhole. Doch der Zustand verschlimmerte sich nur, und sie wollte sich durch einen Sprung vom Dach des Bethelheims umbringen.

Präsident Knorr beauftragte den Leiter der Transportabteilung, Worth Thornton, die junge Frau sobald wie möglich auf dem billigsten Weg nach Thailand zurückzuschicken. So traf man Vorkehrungen, sie im Zug nach San Francisco zu schikken, von wo aus sie per Schiff nach Thailand reisen sollte. Als sie davon erfuhr, bat sie inständig darum, man möge sie mit dem Flugzeug reisen lassen oder wenigstens eine andere Missionarin als Begleitung mitgeben. Sie gab an, sie habe sich nicht unter Kontrolle, wenn die Anfälle kämen, und wenn sie auf dem Schiff sei, könne sie über Bord gehen. Beides wurde ihr verwehrt, da es zu viel koste. Worth Thornton war fassungslos darüber (wie die Gesellschaft so sehr am falschen Platz sparen konnte) (...).

Die Frau fuhr mit dem Schiff, (...) hatte einen Anfall und sprang über Bord. Das Schiff wendete und kreiste über der Stelle, doch man hat sie nicht wiedergefunden. (...) Das Schiff benachrichtigte die Gesellschaft per Funkspruch über das Geschehen, und Arthur Barnett in der Telefonzentrale empfing die Nachricht. Russell Kurzen, der am Empfang im Bethel tätig war, erfuhr ebenfalls von der Tragödie. Beide waren schockiert und erzählten die Neuigkeit anderen in der Bethelfamilie. Präsident Knorr regte sich schrecklich auf, daß die Nachricht verbreitet worden war, und enthob beide ihrer Ämter.

Dieser Vorfall belastete mich sehr. Es war genug Geld da, den Präsidenten der Gesellschaft Erster Klasse reisen und übernachten zu lassen und ihm allen möglichen Luxus zu bieten, aber wir konnten es uns nicht leisten, diese Glaubensschwester anständig und sicher in die Heimat zu bringen. Diese gefühllose Entscheidung hat sie das Leben gekostet" (von Dr. J. Bergman; zitiert nach: Gruss Edmund, Jehovahs Witnesses ... Nutley, New Jersey: Presbyterian and Reformed Pub. Co.).

... und das „liebe Geld"

Außenstehende zeigen sich an diesem Punkt zumeist besonders interessiert. Auf deren bohrende Fragen antworten Zeugen Jehovas dann gern mit der auch in der Satzung der deutschen Wachtturm-Gesellschaft von 1972 getroffenen Feststellung: Unsere Gesellschaft erstrebt *keinen Gewinn*. Damit jedoch, daß sie ihn nicht *anstrebt*, ist ja nicht gesagt, daß sie tatsächlich keine Gewinne macht.[357] Jedem gemeinnützigen Verein steht es frei, Spenden einzunehmen oder durch den Verkauf z.B. von Büchern oder Zeitschriften – in begrenzter Höhe sogar steuerfrei – Gewinne zu erzielen. Auch die Wachtturm-Gesellschaft hat davon Gebrauch gemacht, solange sie existiert, und sie hat – infolge der ungeheuren Steigerung ihrer Produktionsziffern – in Deutschland offenbar die Grenze der Steuerfreiheit überschritten: Anfang 1990 ging durch den deutschen Blätterwald die Meldung „Zeugen Jehovas weiter gemeinnützig – aber Steuern müssen sie jetzt zahlen" (und zwar rückwirkend ab 1988). Z.B. kommentierte die *Wetzlarer Neue Zeitung* diese Nachricht wie folgt:

> „... das Finanzamt Limburg ist laut einem Bericht unserer Zeitung nicht länger bereit, die den Zeugen Jehovas gehörende Deutschland-Zentrale der ‚Wachtturm Bibel- und Traktatgesellschaft' mit ihren 500 Mitarbeitern als gemeinnützig anzuerkennen, wie dies seit den 20er Jahren geschieht! Soll heißen, daß das Unternehmen wie eine normale Firma rückwirkend steuerlich veranlagt werden soll. In Selters beginnen die ersten schon von Millionen zu träumen.

---

357 In Deutschland ist die Wachtturm-Gesellschaft als selbständiger Verein ins Vereinsregister eingetragen; in der Schweiz dagegen als Zweigniederlassung der amerikanischen Körperschaft in das Handelsregister in Thun (FB 8/196 vom 21. 1. 1972).

Es war ja eigentlich auch nicht zu glauben: das hochmoderne, mit einem geschätzten Kostenaufwand von rund 150 Millionen Mark hochgezogene Unternehmen auf dem Steinfels an der B 8 mußte keinerlei Steuern abführen. Gleichwohl auf den Anlagen täglich bis zu 25 000 Bücher hergestellt und zweimal im Monat die Zeitschriften der Sekte, ‚Wachtturm' und ‚Erwachet', in Millionenauflage gedruckt werden.

Die Mitglieder der Religionsgemeinschaft, so sie denn zum Missionieren ausschwärmen, mußten bisher die Druckerzeugnisse, die sie ob Gewinnung höherer Einsichten verteilen, aus eigener Tasche bezahlen. Ein durchaus praktisches Verfahren, wie auch die Tatsache, daß den Spezialisten auf dem Steinfels keine Löhne gezahlt werden. Anders ausgedrückt: 100 Mark Taschengeld gibt es pro Nase, Unterkunft und Essen sind frei, Beiträge für Renten- und Krankenversicherung führt die Gesellschaft nicht ab. Dies bedeutet für die Gemeinde Selters, daß in ihre Kassen weder Gewerbesteuer noch Anteile an der Einkommensteuer fließen."[358]

Es war wohl eine Auswirkung dieser Bedrohung durch das Finanzamt, daß – im Unterschied zu den Zeugen Jehovas in anderen Ländern, etwa der Schweiz – die *deutschen* Zeugen Jehovas seit September 1991 alle Schriften kostenlos abgeben. Der Gratisempfang ist jedoch nur für solche Personen, die „echtes Interesse" erkennen lassen. So die Einschränkung, wie sie in einer Beilage zu ihrem internen Informationsblatt „Unser Königreichsdienst" von September 1991 vorgenommen wird.

Auf die Frage, wie denn die Mindereinnahmen ausgeglichen werden, antwortet Abs. 3 der genannten Beilage:

„... durch Spenden ... in erster Linie von den ergebenen Dienern Jehovas."

Öffentliche Spendenaufrufe und Sammlungen werden nicht durchgeführt, jedoch:

„Wenn ein Wohnungsinhaber von sich aus danach fragt, ist es passend, mit kurzen Worten klar darzulegen, wie unser welt-

---

358 Wetzlarer Neue Zeitung vom 27. 12. 1990.

weites biblisches Schulungsprogramm durch freiwillige Spenden unterstützt wird" (Abs. 4).

Anschließend wird ausführlich über Spendenmöglichkeiten und -verwendung geschrieben. Daß die neue Regelung in Zusammenhang steht mit drohenden Steuerlasten oder sogar mit einer Gefährdung ihrer „Gemeinnützigkeit", läßt die Beteuerung von Abs. 4 der Beilage zum „Königreichsdienst" nur ahnen:

> „Die ... Vorkehrung ... läßt jeden erkennen, daß unser biblisches Schulungsprogramm in keiner Weise kommerziell ist."

Auch das neue Geschichtswerk „Jehovas Zeugen, Verkündiger des Königreiches Gottes" betont dies unter der Überschrift „Wird an der Literatur verdient?", läßt aber die Frage letztlich unbeantwortet. Dagegen wird in der Selbstdarstellung „Jehovas Zeugen weltweit vereint, Gottes Willen zu tun" ausdrücklich geantwortet: „Die geringen Kostenbeiträge für die Literatur decken größtenteils nur die grundlegenden Kosten für Material, Herstellung und Verbreitung."[359]

Die Tatsache jedoch, daß die Wachtturm-Gesellschaft außer in ihrer Anfangszeit keine Rechenschaft ablegt über ihre Einnahmen und Ausgaben, löst die Frage aus, ob nicht tatsächlich doch „dran verdient" wird, und zwingt geradezu Insider und kritische Außenstehende, eine eigene „Hochrechnung" vorzunehmen. Dabei sollten sie die große Auflagenhöhe (Millionenauflagen) ihrer Bücher und Zeitschriften (Der Wachtturm: 16 100 000; „ERWACHET": 12 990 000) ebenso bedenken wie das, was die Wachtturm-Gesellschaft in ihrer Selbstdarstellung sagt: „Die gesamte ... Tätigkeit wird von freiwilligen Mitarbeitern ausgeführt, wodurch die Kosten niedrig gehalten werden ... Den Gliedern der leitenden Körperschaft und allen anderen, die ihre ganze Zeit ... einsetzen, wird nur die Unterkunft zur Verfügung gestellt, sowie die Mahlzeiten und ein geringes Taschengeld ..."[360]

Welcher Verlag kann so kostensparend so hohe Auflagen produzieren? Und dann auch noch die Zahlung von Fixum plus Provision für die Zeitschriftenwerber sparen: Die Wachtturm-Gesellschaft hat dafür ihre Zeugen Jehovas – weltweit fast 5 Millionen:

---

359 Jehovas Zeugen, Verkündiger, S. 347f.; Jehovas Zeugen weltweit, S. 28.

360 a.a.O., S. 28.

„Der Dienst von Haus zu Haus und die Verbreitung von Literatur erfolgt freiwillig durch Zeugen Jehovas. Sie bestreiten ihre Ausgaben selbst. Die [sie für ihre Aufgaben schulenden] Ältesten, die die Aufsicht in den Versammlungen führen, ... erhalten für ihre Dienste kein Entgelt. Sie kommen selbst für alle ihre Auslagen auf."[361]

In der Zeitschrift „Aus Christlicher Verantwortung" (1/1993) wird jedoch darauf hingewiesen, daß die Haupteinnahmequellen der Wachtturm-Gesellschaft andere sind: „Die Einkünfte kommen aus Spenden, aber in viel größerem Umfang aus den Subskriptionsrechten, die die Wachtturm-Gesellschaft Inc. von den einzelnen Länderorganisationen verlangt. Die Beträge für diese Rechte sind aber in Wirklichkeit der Gewinn, den die einzelnen Länder aus den Buchverkäufen erzielen"[362] (bzw. aus *den* Spenden, die als Ersatz für die frühere Bezahlung eingehen). Diese Spenden sind – wie kürzlich ausgetretene Zeugen Jehovas berichten –, in der Regel sogar höher als der frühere Verkaufspreis.

Besondere Beachtung verdient auch die Tatsache, daß die Wachtturm-Gesellschaft von Anbeginn an immer wieder Schenkungen erhalten hat „in Geld oder Sachwerten sowie Erbschaften, Vermächtnisse und Legate", wie sie auch in der Satzung der deutschen Wachtturm-Gesellschaft von 1965 ausdrücklich unter § 9 „Beiträge" aufgeführt sind.

Besonders in den Zeiten, als ihre Anhänger das „Ende dieses Systems" als unmittelbar bevorstehend erwarteten, flossen derartige „Beiträge" in ungeahntem Ausmaße.

Als der bisher letzte berechnete und genau datierte End-Termin 1975 näherrückte, wurden diejenigen besonders lobend hervorgehoben, die Haus und Hof verkauften und den Pionierdienst aufnahmen: Die US-Ausgabe des internen „Königreichsdienst" von Mai 1974 dazu: „Es gehen Berichte über Brüder ein, die Haus und Habe verkaufen, um die restliche Zeit in diesem alten System im Pionierdienst zu verbringen. Bestimmt ist dies eine vorzügliche

---

361 a.a.O., S. 28.
362 a.a.O., S. 15.

WIE EINIGE FÜR DAS KÖNIGREICHSPREDIGTWERK SPENDEN

☐ **SPENDEN FÜR DAS KÖNIGREICHSWERK:** Viele legen Geld beiseite oder planen eine bestimmte Summe ein, die sie in die Spendenkästen mit der Aufschrift „Freiwillige Spenden an die Gesellschaft zur Förderung des Königreichswerks" einwerfen (Matthäus 24:14). Die Versammlungen übersenden diese Spenden monatlich an die Gesellschaft.

☐ **SCHENKUNGEN:** Gelder, die aus freiem Entschluß der Gesellschaft geschenkt werden, können direkt an das Zweigbüro der Gesellschaft in dem Land, in dem der Spender wohnt, gesandt werden. Auch Eigentum, wie zum Beispiel Grundstücke, Schmuck oder andere Wertgegenstände, kann gespendet werden. Bei Spenden sollte immer ein kurzer Brief gesandt werden, in dem erklärt wird, daß es sich um eine Spende ohne Vorbehalt handelt.

☐ **BEDINGTE SCHENKUNGEN:** Geld kann der Gesellschaft unter dem Vorbehalt zur Verfügung gestellt werden, daß es im Fall des persönlichen Bedarfs dem Spender zu Lebzeiten zurückgezahlt wird.

☐ **VERSICHERUNGEN:** Die Gesellschaft kann als Begünstigte einer Lebensversicherung eingesetzt werden. In jedem Fall sollte die Gesellschaft davon unterrichtet werden.

☐ **TESTAMENTE:** Eigentum oder Geld kann der Gesellschaft durch ein rechtsgültig ausgefertigtes Testament vererbt werden. Eine Kopie des Testaments sollte an die Gesellschaft gesandt werden.

Weitere Informationen und Rat in dieser Angelegenheit kann man erhalten, wenn man an das jeweilige Zweigbüro der Gesellschaft schreibt. Die Gesellschaft hat für Zahlungen auch vorgedruckte Überweisungsformulare für ihr Konto, die auf Anforderung zugesandt werden.

DER WACHTTURM — 1. DEZEMBER 1994 19

Anregung, „für das Königreichspredigtwerk" zu spenden, aus dem Wachtturm vom 1.12.1994.

Art und Weise, die kurze Zeit, die bis zum Ende der verderbten Welt noch bleibt, zu verbringen ..."[363]

Daß in sehr vielen Fällen zumindest ein Teil des Erlöses „für die Gesellschaft" abgezweigt wurde, ist hier nicht ausdrücklich erwähnt, darf aber bei linientreuen Zeugen Jehovas angenommen werden. Von vielen Zeugen Jehovas, die nach dem Zweiten Weltkrieg eine Haftentschädigung erhielten als Wiedergutmachung für das unter der Nazidiktatur erlittene Unrecht, ist diese Vorgehensweise bekannt.

Nimmt man all diese Geldquellen zusammen, verwundert es nicht, daß die Wachtturm-Gesellschaft es zu einem erstaunlichen Gesamtvermögen gebracht hat, zu dem in erster Linie ihr Grundeigentum und ihre Gebäude gehören.[364] Die Zeitschrift „Comments from the Friends" brachte in der Ausgabe Sommer 1989 eine Aufstellung über diesen Teil des Watch Tower-Vermögens, zusammen mit einem Stadtplanauszug von Brooklyn, in dem sämtliche Watch Tower-Gebäude – die meisten mit 20 oder mehr Stockwerken – eingetragen sind. (Bis 1989 waren es mehr als 30 Gebäude, die übrigens teilweise durch unterirdische Gänge verbunden sind.)

Die Zeitschrift „Aus Christlicher Verantwortung" (ACV) kommt daher zu dem Schluß, daß die Watch Tower-Firmengruppe allein schon im Hinblick auf Brooklyn „am Ort einer der größten Großgrundbesitzer ist". Aber „große Liegenschaften in den USA sind noch die Wachtturmfarmen in Wallkill, die das Brooklyn-Hauptquartier mit allem versorgen, was benötigt wird".

Dann erinnert ACV an das in Europa herausragende deutsche Zweigbüro in Selters (Taunus), das 1979 und 1984 auf einem 30 ha

---

363 Zitiert in R. Franz, Gewissenskonflikt, S. 199.

364 Raymond Franz dazu: In einem Finanzbericht an die Leitende Körperschaft von 1978 „ist von Vermögenswerten ... in Höhe von 332 Millionen US-Dollar die Rede." Selbst unter den Mitgliedern der Leitenden Körperschaft „wußten nur wenige Genaueres über die Art der finanziellen Beteiligungen der Gesellschaft". A.a.O., S. 35, Anm. 30. – Die einzige Zahl, die die Wachtturm-Gesellschaft offiziell nennt, ist die Höhe der Ausgaben für Sonderpioniere, Missionare und reisende Aufseher. Sie betrug allein im Jahr 1993 knapp 49 Millionen Dollar (Der Wachtturm vom 1. 1. 1994, S. 15 ganz unten: 48 857 112,38 US-Dollar)!

großen Grundstück errichtet wurde und dessen Druckerei-, Personal- und Verwaltungsgebäude zehn Jahre später nochmals beträchtlich erweitert wurden, da die Kapazitäten wegen des zusätzlichen Schriftenbedarfs nach der „Wende" in Osteuropa nicht mehr ausreichten: „Der Bauwert allein in Selters beträgt Hunderte von Millionen D-Mark", stellt ACV fest und fragt dann: „Um dies alles finanzieren zu können, sollen einzig die Spenden der Zeugen Jehovas ausreichen? Nach Aussagen der Wachtturm-Gesellschaft dekken die Einnahmen aus dem Literaturverkauf nur die Druck- und sonstigen Unkosten. Anhand von konkreten Zahlen muß dies zurückgewiesen werden. Inzwischen wurden die Bilanzen des *britischen* Zweiges aus den Jahren 1983 bis 1987 veröffentlicht."[365]

ACV hat diese ausgewertet und kommt zu dem Schluß,

> „daß das Verhältnis von Druckkosten zum Ertrag aus der Literatur 1 zu 6 ist. D.h., für eine eingesetzte D-Mark erwirtschaftet die Wachtturm-Gesellschaft sechs D-Mark. In den Jahren 1983 – 1987 hat der britische Zweig 2,76 Mio. britische Pfund an Spenden eingenommen, aber über 18 Mio. Pfund aus dem Verkauf von Büchern, Bibeln und Zeitschriften. Der Ertrag aus dem Literaturverkauf liegt also 6,5 Mal höher als die Spendeneinnahmen.
>
> Die Ausgaben für die Druckkosten der Literatur lagen in derselben Zeit bei etwa 3 Mio. Pfund, bei einem Sechstel der Einnahmen! Bei ca. 15 Mio. Pfund liegt somit der Gewinn, der aus dem Literaturhandel in dieser Zeit entsteht, plus 2,76 Mio. Pfund aus den Spenden. Davon werden noch 1,4 Mio. Pfund für die Verpflegung des Bethels in Großbritannien ausgegeben und eine weitere Million für die Unterstützung der Missionare. Der Rest wird zum größten Teil nach Brooklyn an das Hauptquartier als Lizenzgebühr für die Literatur überwiesen.
>
> Das ist der eigentliche Trick, wie der Gewinn gefahrlos in die Zentrale nach Brooklyn/New York gelangt. Das sind

---

365 ACV bezieht sich auf das Buch Precauion! Testigos de Jehova, Robin de Ruiter, Chihushua Mexiko 1992, S. 435-440.

366 a.a.O., S. 17. – Daß Einzelpersonen der Wachtturm-Gesellschaft „Gewinne einfahren", wie manche vermuten, ist höchst unwahrscheinlich, läßt sich jedenfalls nicht belegen.

immerhin 10 Mio. Pfund aus Großbritannien, 3,3 Mio. gehen in dieser Zeit an die International Bible Students Association, die Repräsentationsgesellschaft der Wachtturm-Gesellschaft. Auf dieselbe Weise gelangen die Einnahmen der anderen Zweigbüros nach Brooklyn.

Damit konnte aufgezeigt werden, daß die Wachtturm-Gesellschaft ein Geschäftsunternehmen ist, das risikolos und konjunkturunabhängig mit einem zukünftigen Gewinn genauestens rechnen kann. Denn welches Verlagsunternehmen auf der Welt besitzt über 4 Mio. treue Kunden, die jede Publikation des Verlages sofort kaufen – und nicht nur einmal. Das gibt es wirklich nur bei der Wachtturm-Gesellschaft. Jedes Buch, das auf den Bezirkskongressen verbreitet wird als neue ‚Wahrheit', bringt ... der Wachtturm-Gesellschaft viele Millionen an materiellem Gewinn, ebenso die Zeitschriften."[366]

ACV fragt zu Recht, was denn nun daran „gemeinnützig" sei, wenn doch nicht einmal für die eigenen Mitarbeiter in sozialer Hinsicht gesorgt wird. Davon war hier bereits die Rede.

Wie es in diesem Punkt („Gewinne") mit Wachtturm-Gesellschafts-Anspruch und -Wirklichkeit steht, möge der Leser selbst beurteilen.

Präsident Fred Franz und die Wachtturm-Gesellschaft als „Prophet"

Propheten im biblisch-christlichen Sinne sind Menschen, die kraft göttlicher Vollmacht die *Gegenwart* eines Volkes oder der Welt im Lichte Gottes sehen und deuten, also nicht nur Zukünftiges ankündigen. Die Wachtturm-Gesellschaft dagegen ist – schon von ihrem adventistischen Ursprung her – ganz auf die Ankündigung und Datierung *künftiger* Ereignisse fixiert, obwohl sie, wie bereits deutlich wurde, damit bis heute wenig Glück hatte: Zu ihren öffentlich propagierten Endterminen hat sich „Jehova" nicht bekannt: Das Angekündigte blieb aus. Als auch 1925 „nichts passierte", schien es eine Zeitlang, als hätte die Wachtturm-Gesellschaft eine Einsicht gewonnen, die sie von den verhaßten Kirchen schon früher hätte übernehmen können:

> „Jehovas Getreue auf der Erde wurden in ihren Erwartungen für die Jahre 1914, 1918 und 1925 in etwa enttäuscht ... Später lernten die Treuen, daß ... sie ... keine Daten mehr für die Zukunft festsetzen und nichts voraussagen sollten."[367]

Diese späte Einsicht Rutherfords war leider nicht von Dauer. Ausgerechnet der Mann, der mit N.H. Knorr und H.C. Covington 1944 an Rutherfords Sterbebett gerufen und mit ihnen zusammen beauftragt wurde, das Werk nach seinem Tode in Einmütigkeit fortzuführen,[368] *Fred Franz*, wurde zum Initiator einer neuen Terminprognose: 1975!

Fred Franz und der „Prophetenmantel"

Der am 12.9.1893 in Covington, Kentucky (USA), geborene F.W. Franz studierte nach Beendigung der High School Geisteswissenschaften und lernte eifrig Griechisch, weil er presbyterianischer Pastor werden wollte, doch dann bekam sein Leben nach einer Begegnung mit Bibelforscher-Schriften eine neue Richtung. 1913 ließ er sich bei den Bibelforschern taufen, verließ 1914 die Universität und nahm gleich den Dienst als „Kolporteur" (heute: „Pionier") auf. Im Juni 1920 trat er in den Betheldienst ein und wurde schon unter dem Präsidenten Rutherford einer der Mitautoren der Watchtower-Schriften. Seit 1945 bekleidete er das Amt des Vizepräsidenten, nach Knorrs Tod 1977 das des Präsidenten der Wachtturm-Gesellschaft.[369] Er ist der erste Präsident, der mit einer Leitenden Körperschaft leben mußte, ausgerechnet er, der sie „als Idee" erschuf und sich ihr widersetzte, als sie Realität zu werden begann.

Unter Knorrs Präsidentschaft galt er als Chefideologe und bekam vom Präsidenten weitgehend freie Hand, die Lehrentwick-

---

367 J.F. Rutherford in „Rechtfertigung", Bd. 1, S. 332.

368 Wachtturm-Buch „Dein Name werde geheiligt" (1963), S. 324f. und Raymond Franz, Gewissenskonflikt, S. 87 oben.

369 Jehovas Zeugen, Verkündiger, S. 111.

lung zu bestimmen. Als auf dem Kongreß in Baltimore/USA 1966 ein neues Buch (in Englisch) freigegeben wurde: „Ewiges Leben in der Freiheit der Söhne Gottes“, trug es daher die Handschrift von Fred Franz.[370] Er war es denn auch, der das Buch den Kongreßbesuchern vorstellte und kommentierte. Der Wachtturm berichtet darüber:

> „... der Vorrat an Büchern war bald erschöpft. Sofort wurde der Inhalt untersucht. Es dauerte nicht sehr lange, bis man die Tabelle fand, die auf Seite 31 beginnt und die zeigt, daß 6 000 Jahre des Daseins des Menschen im Jahre 1975 enden. Erörterungen über dieses Jahr 1975 überschatteten nahezu alles andere.“

In dieser gespannten Atmosphäre kommentierte Fred Franz das Buch wie folgt:

> „Gerade bevor ich auf das Podium ging, kam ein junger Mann zu mir und sagte: ‚Sag, was bedeutet dieses Jahr 1975? Bedeutet es dieses oder jenes oder noch irgend etwas anderes?‘ Auszugsweise wiedergegeben, fuhr Bruder Franz fort zu sagen: ‚Ihr werdet die Tabelle auf den Seiten 31-35 in dem Buch gesehen haben. Sie zeigt, daß 6 000 Jahre menschlicher Geschichte im Jahre 1975, in ungefähr neun Jahren, enden werden. Was bedeutet das? Bedeutet es, daß Gottes Ruhetag 4026 v. u. Z. begann? Es könnte so gewesen sein. Das Buch ‚Life Everlasting‘ sagt nicht, daß es nicht so war. Das Buch gibt lediglich die Chronologie an. Ihr könnt sie annehmen oder ablehnen. Wenn es sich jedoch so verhält, was bedeutet das für uns?‘ (Er ging ausführlich auf Einzelheiten ein und zeigte, wie begründet das Jahr 4026 v. u. Z. als Datum für den Anfang des Ruhetages Gottes ist.)
>
> ‚Was ist nun mit dem Jahr 1975? Was wird es bedeuten, liebe Freunde?‘ fragte Bruder Franz. ‚Bedeutet es, daß Harmagedon dann vorüber und Satan bis zum Jahre 1975 gebunden ist? Es könnte das bedeuten! Es könnte das bedeuten! Alle Dinge sind bei Gott möglich. Bedeutet es, daß Babylon die Große

---

370 Engl. Originaltitel: „Life Everlasting – in Freedom of the Sons of God“ (Kurztitel: „Life Everlasting“).

bis 1975 beseitigt ist? Es könnte das bedeuten. Bedeutet es ...? Es könnte das bedeuten. Doch wir sagen das nicht. Alle Dinge sind bei Gott möglich. Doch wir sagen das nicht. Und möge auch niemand von Euch sich irgendwie bestimmt äußern und etwas sagen, was zwischen der Gegenwart und dem Jahre 1975 vor sich gehen soll."[371]

Fred Franz war überzeugt, derjenige zu sein, dem bei jener letzten Begegnung mit „Richter" Rutherford im Jahre 1944 der „Prophetenmantel" übergeben wurde.[372] Gleichwohl hat er bei der Kommentierung des neuen Buches und des darin „biblisch nachgewiesenen" Datums 1975 offenbar geheime Skrupel. Seine Rede läßt ein eindeutiges „Ja" oder „Nein" vermissen: „Das Buch ... sagt nicht, daß es nicht so war."

Franz legt ein mit mathematischer Genauigkeit berechnetes Datum vor und erklärt zugleich: „Doch wir sagen das nicht!"

Will er sich gleich ein Hintertürchen offenlassen für den Fall, daß wieder einmal „die Getreuen ... in etwa enttäuscht" werden?

Sein Neffe, Raymond Franz, ab 1971 – also gerade in den Jahren vor dem Endtermin 1975 – selbst Mitglied der Leitenden Körperschaft, berichtet, daß unter ihren Mitgliedern nach seinem Eindruck „die meisten ... erst mal eine abwartende Haltung" einnahmen. Einige von ihnen hatten 1914, 1918 und 1925 miterlebt, „ebenso, daß Anfang der vierziger Jahre große Erwartungen geweckt worden waren", aber niemand in der Leitenden Körperschaft hat sich „mit deutlicher Sorge über die hochfliegenden Erwartungen geäußert",[373] auch nicht, als die Ankündigungen für 1975 in den Wachtturm-Schriften eindeutig und sehr bestimmt klangen.

„... höchstens noch ein paar Jahre"

Im Buch „Ewiges Leben" war noch etwas zaghaft die Rede davon, „wie passend es für Jehova Gott sein würde", im Anschluß an die

---

[371] Der Wachtturm vom 1. 1. 1967, S. 18f.

[372] Diese Selbsteinschätzung des damaligen Vizepräsidenten wird näher belegt in Raymond Franz, Gewissenskonflikt, S. 86-89.

[373] a.a.O., S. 199.

1975 zu Ende gehenden 6000 Jahre Menschheitsgeschichte die „kommende siebente Periode von tausend Jahren zu einer Sabbatperiode der Ruhe und Befreiung zu machen ...", und: „Das würde für die Menschheit äußerst zeitgemäß sein. Es würde auch von Gott aus sehr zeitgemäß sein, denn ... die Menschheit hat nur noch das vor sich, was das letzte Buch der heiligen Schrift über die Tausendjahrherrschaft Jesu Christi ... sagt."[374]

Doch schon zwei Jahre später verläßt die Wachtturm-Gesellschaft die Rede in der Möglichkeitsform („... *würde* passend sein") und legt sich im „ERWACHET" fest: „Die Tatsache, daß wir uns dem Ende der ersten 6000 Jahre Menschheitsgeschichte nähern, ist von großer Bedeutung."

Die Berechnung wird nun mit großer Sicherheit vorgetragen:

> „Fällt Gottes Ruhetag mit der Zeit zusammen, die seit der Erschaffung des Menschen vergangen ist? Offenbar. Die zuverlässigsten Untersuchungen der biblischen Zeitrechnung, die mit vielen Daten, die die Weltgeschichte anerkennt, übereinstimmt, zeigen, daß Adam im Herbst des Jahres 4026 v. u. Z. erschaffen wurde. In jenem Jahr konnte auch Eva erschaffen worden sein, und gleich darauf mußte Gottes Ruhetag begonnen haben. In welchem Jahr wären dann die ersten 6000 Jahre Menschheitsgeschichte und auch die ersten 6000 Jahre des göttlichen Ruhetages zu Ende? Im Jahre 1975. Das ist beachtenswert, besonders wenn man bedenkt, daß im Jahre 1914 die ‚letzten Tage' begannen und daß die Geschehnisse unserer Tage, durch die sich biblische Prophezeiungen erfüllen, diese Generation als die letzte dieser bösen Welt kennzeichnen."

Die Vorhersage für 1975 wird eindeutig. Nicht mehr von dem, was „würde, wenn ..." ist die Rede, sondern:

> „Wir können daher erwarten, daß sich in naher Zukunft Dinge abspielen werden, die alle, die an Gott und seine Verheißungen glauben, begeistern werden. Es bedeutet, daß wir im Laufe verhältnismäßig weniger Jahre Zeugen von der Erfül-

374 Ewiges Leben, S. 30.

lung der restlichen Prophezeiungen sein werden, die mit der ‚Zeit des Endes' zu tun haben."[375]

Auch der Wachtturm spricht nicht mehr von dem, was sein „würde", sondern von den Ereignissen, die in allernächster Zeit schnell aufeinander folgen werden:

„In der unmittelbaren Zukunft werden sich die Ereignisse überstürzen, denn dieses alte System geht seinem vollständigen Ende entgegen. Es dauert höchstens noch ein paar Jahre, bis sich der letzte Teil der biblischen Prophezeiung über diese ‚letzten Tage' erfüllen wird und die Menschen, die dann noch am Leben sind, durch die herrliche Tausendjahrherrschaft Christi befreit werden. Schwere Zeiten, aber zugleich auch wunderbare Zeiten stehen uns bevor!"[376]

Schließlich wird Jesus Christus selbst beim Wort genommen, wenn er sich als „Herrn des Sabbats" bezeichnete, und dies in die Watchtower-Argumentationskette hineingepfercht, wobei deren suggestive Kraft für die Zeugen Jehovas – wie fast immer – auch hier stärker ist als die Kraft der inneren Logik:

„Vor einiger Zeit haben ernsthafte Erforscher der Bibel deren chronologische Angaben neu überprüft. Nach ihren Berechnungen wird die Menschheit um die Mitte der 1970er Jahre sechs Millennien auf der Erde sein. Das siebente Millennium nach Adams Erschaffung durch Jehova Gott würde somit in weniger als zehn Jahren beginnen.

Der Herr Jesus Christus kann nur ‚Herr über den Sabbat' sein, wenn die tausend Jahre seiner Herrschaft die siebente

---

375 „ERWACHET!" vom 22.4.1967, S. 27f; von „Tatsache" spricht auch „ERWACHET!" vom 8.4.1969, S. 13 und 14 unter der Überschrift „Was werden die 1970er Jahre bringen?": „Die Tatsache, daß mehr als vierundfünfzig Jahre der Zeitspanne, die als die ‚letzten Tage' bezeichnet wird, verflossen sind, ist hoch bedeutsam: im Höchstfall dauert es nur noch wenige Jahre, bis Gott das verderbte System der Dinge ... vernichten wird." „Die Tatsache, daß wir in den letzten paar Jahren dieser ‚Zeit des Endes' leben, kann noch auf eine andere Weise nachgewiesen werden. (Dan. 12:9) Die Bibel zeigt, daß 6 000 Jahre Menschheitsgeschichte bald abgelaufen sind."

376 Der Wachtturm vom 1. 8. 1968, S. 464.

> Periode einer Reihe von Tausendjahrperioden oder Millennien ist. (Matthäus 12:8) Dann ist seine Herrschaft nämlich eine Sabbatherrschaft.“[377]

Raymond Franz kommentiert diesen Schluß mit den Worten: Damit Christus „das sein kann, was er gesagt hat, nämlich ‚Herr über den Sabbat‘, muß seine Herrschaft das siebente in einer Folge von Millennien sein. Menschliches Denken schreibt das dem Sohn Gottes vor.“[378]

Mit der gleichen Vermessenheit setzt sich dieses menschliche Denken über klare Warnungen Jesu vor Terminberechnungen hinweg: „Die biblische Chronologie ... zeigt, daß 6000 Jahre Menschheitsgeschichte bald ... enden werden ... Es ist darum nicht an der Zeit, gleichgültig zu sein und in den Tag hineinzuleben. Es ist nicht an der Zeit, mit dem Gedanken zu spielen, Jesus habe ja gesagt: ‚Von jenem Tage und jener Stunde hat niemand Kenntnis, weder die Engel der Himmel noch der Sohn, sondern nur der Vater.‘ (Matth. 24:36) ...“[379] Raymond Franz dazu:

> „Wie könnte ein ‚treuer und verständiger Sklave‘ jemals etwas Derartiges sagen: Das hieß doch im Kern: ‚Schon recht, mein Herr sagt so und so, aber das braucht ihr nicht so ernst zu nehmen. Im Gegenteil, das was *ich* sage, soll euch als Richtschnur im Leben dienen.“[380]

Die Wachtturm-Gesellschaft nimmt dennoch sich dieses Recht heraus, denn sie betrachtet sich ja als Gottes Prophet in unserer Zeit – sich bzw. ihre Zeugen-Jehovas-Organisation:

> „Hat Jehova ... einen Propheten, der ihnen [gemeint ist: den Menschen] hilft, der sie vor Gefahren warnt und der Künftiges verkündet? ... Diese Fragen können bejaht werden. Wer ist dieser Prophet? ... Dieser ‚Prophet‘ war kein einzelner Mensch, sondern eine Körperschaft von Männern und Frauen. Es war die kleine Gruppe ... die damals als Internatio-

---

377 Wachtturm-Broschüre „Tausend Jahre Frieden nahen“ (1969), S. 25.26 (wird nicht mehr verbreitet).

378 a.a.O., S. 196.

379 Der Wachtturm vom 15. 11. 1968, S. 693.

380 a.a.O., S. 198.

Titelbild des Wachtturms vom 1.7.1979

nale Bibelforscher bekannt waren. Heute sind sie als christliche Zeugen Jehovas bekannt ...“[381]

Nach 1975: „... lediglich eine Möglichkeit“ und „wahrscheinlich“

Das Jahr 1975 kam und ging. Hat „Jehova“ sich 1975 zu den Prognosen und zum Anspruch dieses „Propheten“ bekannt? Die vielzitierten „Tatsachen“ sprechen dagegen. Der Wachtturm selbst sieht sich genötigt, den Irrtum einzugestehen, verschweigt aber, mit welcher *Bestimmtheit* die Wachtturm-Gesellschaft in manchen schriftlichen Verlautbarungen das Datum 1975 herausgestellt hat.

---

381 Der Wachtturm vom 1. 7. 1972, S. 389.

Fünf Jahre nach 1975 wagt sie es, ihren Lesern und -Zeugen einzureden, „lediglich eine Möglichkeit" aufgezeigt zu haben, die – leider – „in anderen Erklärungen" dahingehend ausgeweitet worden sei, daß das Erhoffte „eher wahrscheinlich als nur möglich sei". Wörtlich schreibt der Wachtturm vom 15.6.1980, S. 17, nachdem er an ähnliche Erwartungen „im ersten Jahrhundert" n.Chr. erinnerte (2.Thess. 2,1-3):

> „In der Neuzeit hat ein solcher Eifer, der an und für sich lobenswert ist, dazu geführt, daß man versucht hat, für die ersehnte Befreiung von den Leiden und Problemen, die die Menschen überall auf Erden plagen, ein Datum festzusetzen. Als das Buch *Ewiges Leben – in der Freiheit der Söhne Gottes* erschien und man darin lesen konnte, es sei sehr passend, wenn die Tausendjahrherrschaft Christi mit dem siebenten Millennium der Existenz des Menschen parallel liefe, wurden erhebliche Erwartungen bezüglich des Jahres 1975 geweckt. Es wurde damals und auch später erklärt, dies sei lediglich eine Möglichkeit. Unglücklicherweise wurden jedoch zusammen mit diesen vorsichtigen Äußerungen auch andere Erklärungen veröffentlicht, die durchblicken ließen, daß die Erfüllung solcher Hoffnungen in jenem Jahr eher wahrscheinlich als nur möglich sei. Es ist zu bedauern, daß diese späteren Erklärungen offensichtlich die vorsichtigen überschatteten und dazu beitrugen, daß die bereits geweckten Erwartungen noch gesteigert wurden."

Wer die kühnen Wachtturm-Prognosen für 1975 vorurteilsfrei nachliest, die im vorliegenden Buch auszugsweise vorgelegt wurden, kann sich über den neuerlichen Versuch der Wachtturm-Gesellschaft, ihre Falschprophezeiungen herunterzuspielen, nur wundern.[382] In den ersten Jahren nach 1975 wurden sogar – nach bewährter Methode – die eigenen Anhänger wegen falscher „Einstellung" getadelt:

---

[382] Weitere Texte, die beweisen, mit *welcher* Sicherheit die Wachtturm-Gesellschaft ihre 1975-Erwartungen ihren gutgläubigen Anhängern näherbrachte, hat der Verf. in der Quartalsschrift „Brücke zum Menschen" 112/1992 zitiert (Faksimile).

„Es kann sein, daß sich einige Diener Gottes bei ihren Planungen von einer verkehrten Ansicht darüber leiten ließen, was an einem gewissen Datum oder in einem bestimmten Jahr geschehen würde. Vielleicht haben sie aus diesem Grund gewisse Dinge aufgeschoben oder vernachlässigt, die sie sonst getan hätten. Aber sie haben den Sinn der biblischen Warnungen in bezug auf das Ende dieses Systems der Dinge verfehlt, da sie glaubten, die biblische Chronologie weise auf ein bestimmtes Datum hin."[383]

Hatten denn *sie* das geglaubt? Waren sie nicht in diesem Sinne durch ihren „Sklaven" belehrt worden? Jedenfalls rät der „Sklave" jetzt zum Umdenken:

„Es ist aber nicht ratsam, unser Augenmerk auf ein bestimmtes Datum zu richten und alltägliche Dinge zu vernachlässigen, die wir als Christen normalerweise tun würden oder die wir und unsere Familie wirklich brauchen. Wir vergessen vielleicht manchmal, daß der Grundsatz, daß Christen zu jeder Zeit alle ihre Verpflichtungen erfüllen müssen, nicht aufgehoben wird, wenn jener ‚Tag' kommt. Falls jemand enttäuscht worden ist, weil er nicht diese Einstellung hatte, sollte er sich jetzt bemühen, seine Ansicht zu ändern, und sollte erkennen, daß nicht das Wort Gottes versagt oder ihn betrogen und enttäuscht hat, sondern daß sein eigenes Verständnis auf falschen Voraussetzungen beruhte."[384]

Kritische Anfragen an die Leitende Körperschaft

Angesichts dieser Art von „Vergangenheitsbewältigung" überrascht es nicht, daß die Leitende Körperschaft 1976 und dann noch einmal 1979 sich unangenehmen kritischen Anfragen aus den Reihen der Bethelmitarbeiter stellen mußte. Raymond Franz zitiert einige solche Voten:

---

383 Der Wachtturm vom 15. 10. 1976, S. 632.
384 a.a.O., S. 633.

„Einer beschrieb 1975 als einen ‚Mühlstein', der uns um den Hals hänge. Robert Wallen, einer der Sekretäre der leitenden Körperschaft, schrieb:

‚Seit 39 Jahren bin ich getaufter Zeuge Jehovas, und ich werde mit Jehovas Hilfe auch weiterhin treu dienen. Ich wäre aber unehrlich, wollte ich behaupten, ich sei nicht enttäuscht. Denn wenn ich weiß, daß meine Gedanken über 1975 durch das hervorgerufen wurden, was ich in den Veröffentlichungen las, und mir dann letzten Endes gesagt wird, ich selbst hätte falsche Schlüsse gezogen, dann ist das meiner Ansicht nach weder anständig noch ehrlich. Wenn wir doch wissen, daß wir keine Unfehlbarkeit haben, dann ist es meines Erachtens nur angemessen, daß Fehler, die unvollkommene, doch gottesfürchtige Menschen gemacht haben, auch berichtigt werden.'

Raymond Richardson, Schreibabteilung:
‚Fühlen sich die Menschen nicht durch Demut angezogen und haben eher Vertrauen, wenn jemand *offen und ehrlich* ist? Die Bibel selbst gibt das beste Beispiel für Offenheit. Das ist einer der wichtigsten Gründe, weshalb wir sie für wahr halten.'

Fred Rusk, ebenfalls Schreibabteilung:
‚Wenn den Brüdern auch vielleicht ein paar mahnende Worte mit auf den Weg gegeben wurden, sie sollten nicht sagen, Harmagedon käme 1975, so bleibt doch die Tatsache bestehen, daß die Zeitschriften und die anderen Veröffentlichungen etliche Artikel enthielten, in denen mehr als nur angedeutet wurde, daß das alte System in der Mitte der siebziger Jahre durch Jehovas neues System ersetzt werden würde.'

Merton Campbell, Dienstabteilung:
‚Neulich rief eine Schwester aus Massachusetts von ihrer Arbeitsstelle aus an. Sie und ihr Mann arbeiten, weil sie krank waren und jetzt die sich anhäufenden Arztrechnungen begleichen müssen. Sie sagte, sie seien so zuversichtlich gewesen, 1975 käme das Ende, so daß sie jetzt Mühe hätten, mit der Last dieses alten Systems fertig zu werden. Dieser Fall ist typisch; ähnliches hören wir von vielen Brüdern, mit denen wir zu tun haben.'

Harold Jackson, gleichfalls Dienstabteilung:
‚Was wir jetzt brauchen, ist nicht eine Verlautbarung darüber, daß wir uns wegen 1975 geirrt haben, sondern eine Erklärung, weshalb wir so lange geschwiegen haben, wo doch das Leben so vieler Menschen davon betroffen war. Wir sehen uns inzwischen einem Vertrauensschwund gegenüber, und das kann verhängnisvoll werden. Wenn wir uns überhaupt äußern, dann ohne Umschweife, offen und ehrlich gegenüber den Brüdern.‘

Howard Zenke, dieselbe Abteilung:
‚Wir wollen doch auf keinen Fall, daß die Brüder etwas lesen oder hören und sich dann sagen, daß unser Vorgehen dem bei einem ›Watergate‹ gleichkommt.‘

Andere Kommentare lauteten ähnlich.“[385]

Aber die Forderung, sich „ohne Umschweife, offen und ehrlich“ zu äußern, wenn überhaupt, wurde nicht realisiert. Das im Wachtturm vom 15.6.1980 Veröffentlichte – Auszug oben zitiert! –, genügt diesem hohen Anspruch ebensowenig, wie das Gesamtvorgehen der Wachtturm-Gesellschaft bezüglich 1975 ihren Anspruch oder den der Zeugen-Jehovas-Organisation rechtfertigen könnte, „der Prophet Jehovas“ für unsere Zeit zu sein.

Selbstrechtfertigung der Wachtturm-Gesellschaft

In den letzten Jahrzehnten sind eine ganze Reihe kritischer Bücher und andere Veröffentlichungen über die Zeugen Jehovas erschienen, durch die eine breite Öffentlichkeit über die Wachtturm-Datenspekulationen informiert wurde. Zeugen Jehovas mußten sich – widerstrebend und häufig alles bestreitend – an den Türen aufgeklärter Zeitgenossen anhören, wie oft die Wachtturm-Gesellschaft „falschen Alarm“ ausgelöst hat, und sie gaben deren Anfragen an die Wachtturm-Gesellschaft weiter. Angesichts der erdrükkenden Wucht der Tatsachen kann sie heute auch den Zeugen Jeho-

---

385 a.a.O., S. 202f.

vas nicht mehr erklären: „Die Watch Tower Society der Zeugen für Jehova hatte recht ... Einzelne jedoch ... waren enttäuscht ...“[386]

Sie sieht sich jedoch zur Selbstrechtfertigung genötigt, und zwar jetzt dadurch, daß sie ihre Vorhersagen *herunterzuspielen* versucht zu bloßen „Vorstellungen“, wonach „die mit dem Anfang der Milleniumsherrschaft Christi verbundenen Ereignisse eventuell von 1975 an eintreten würden ...“[387]

Sie räumt aber auch ein, daß einige Erklärungen „wahrscheinlich etwas zu definitiv“ waren.[388]

In einem „ERWACHET“-Artikel unter der Überschrift „Warum so oft falscher Alarm“ verbreitet sich die Wachtturm-Gesellschaft über die nicht eingetretenen Enderwartungen *anderer* – von Martin Luther bis William Miller –, ohne die eigenen Weltende-Termine sogleich ausdrücklich zu nennen. Der Eingeweihte versteht sofort: Was den Großen der Kirchengeschichte recht ist, soll der Wachtturm-Gesellschaft billig sein. Erst in einer Fußnote – im Kleingedruckten – erwähnt sie: „Jehovas Zeugen haben in ihrem Enthusiasmus für Jesu zweites Kommen auf Daten hingewiesen, die sich als unkorrekt herausgestellt haben ... Wenn das Verständnis klarer wurde, war es deshalb hin und wieder notwendig, einige Ansichten zu korrigieren (Spr. 4:18).“[389]

Nun sind also die Wachtturm-Prognosen für 1914 usw. nur korrekturbedürftige *„Ansichten“*, als ob die Wachtturm-Gesellschaft ihre Lehren nie als von „Jehova und Jesus Christus“ empfangene „Wahrheit“ ausgegeben hätte (vgl. Illustration im Wachtturm vom 1. 10. 1987, S. 10 – dort mehrfarbig). Als ob nie die Rede gewesen wäre von Gottes „Prophet für die Nationen“[390] und von dem „Kanal ..., durch den der Menschenwelt eine Offenbarung des göttlichen Willens zuteil werden sollte“.[391]

---

386 Der Wachtturm vom 15. 5. 1955, S. 302, ausführlich zit. S. 76f.

387 Jehovas Zeugen, Verkündiger, S. 633.

388 ebenda, S. 104.

389 „ERWACHET!“ vom 22. 3. 1993, S. 3 und 4.

390 Der Wachtturm vom 1. 1. 1983, S. 26.27.

391 Vorhaben, S. 22. Daß die Watch Tower-„Wahrheiten“ den Zeugen Jehovas „direkt von Jehova und Jesus Christus“ über den „treuen und verständigen Sklaven“ zufließen sollen, wird auch durch die graphische Darstellung im Wachtturm vom 1. 4. 1977 deutlich. Vgl. Kap. S. 214.

Das sind also die Wachtturm-Lehren: bald göttliche Offenbarungen, bald korrekturbedürftige Ansichten. Je nach Bedarf. Wenn sich die kühnen Prognosen des „Propheten" nicht erfüllten, hält er es für klüger, nur von „Ansichten" zu sprechen. Um den Verdacht abzuwehren, es könnte sich bei ihm gar um einen *falschen* Propheten (im Sinne von 5. Mose 18,20-22) handeln, bestreitet die Wachtturm-Gesellschaft in der oben zitierten Fußnote u.a., je „im Namen Jehovas" prophezeit zu haben, noch überhaupt „die Gabe der Prophetie" zu haben, noch „inspiriert" zu sein. Richtig ist, daß sie nie beansprucht hat, daß ihre Schriften „inspiriert" seien wie die eines Paulus u.a., aber sie hat keine Bedenken, für den von ihr angeblich vertretenen „Überrest" zu verlangen, daß die zur „großen Volksmenge" zählenden Zeugen Jehovas sich vor ihm *„niederbeugen"*.[392] Das ist eine Verehrung, die selbst *„inspirierte"* Propheten und Apostel als Götzendienst zurückgewiesen hätten (Apg. 10,25.26; 14,11-18; Offbg. 19,10; 1. Joh. 5,21).

Präsident Milton Henschel und die 1914-Erblast

Als Fred Franz im Dezember 1992 im Alter von 99 Jahren starb, wurde nur wenige Tage später Milton G. Henschel (72) zum neuen Präsidenten gewählt. Henschel, fast allen anderen Leitenden Körperschafts-Mitgliedern um eines Hauptes Länge überragend, hat beim Antritt des Präsidentenamtes schon eine mehr als fünfzigjährige „theokratische" Laufbahn aufzuweisen. Außerdem entstammt der am 9.8.1920 in Ponoma, New Jersey (USA) Geborene einer alten Bibelforscher-Familie; schon seine Eltern und Großeltern waren „dabei".

1934 ließ er sich – damals vierzehnjährig – bei den Zeugen Jehovas taufen und stellte sich bald für den Dienst im „Bethel" zur Verfügung. Als Knorr das Präsidentenamt übernahm, wurde Milton

---

[392] Wachtturm-Buch „Die Offenbarung. Ihr großartiger Höhepunkt ..." (1988), S. 61 und 63. Nach der Wachtturm-Logik bildet ja der „Überrest" ein Teil „DES CHRISTUS" (jenes „geistigen" Organismus, in dem Jesus das Haupt, die 144 000 „Leibesglieder" die Glieder bilden (Vgl. S. 67f.).

Henschel dessen privater Sekretär und begleitete ihn auf seinen Dienstreisen, überwarf sich aber später mit ihm. In der Folgezeit hatte Henschel administrative Aufgaben in der Weltzentrale der Wachtturm-Gesellschaft, nach Gründung der Leitenden Körperschaft im Dienstkomitee und dem „Publishing Commitee". Hier oblag ihm die Oberaufsicht über die vielen Druckereien der Gesellschaft.

Wegen seiner administrativen Fähigkeiten sah Raymond Franz schon vor zehn Jahren in Henschel den „logischen Nachfolger" seines Onkels, Frederick Franz.[393] Bei Abstimmungen habe sich Milton Henschel in der Regel für die Bewahrung des Status quo eingesetzt.

Paradoxerweise, so meinen die „Comments from the Friends", stehe ausgerechnet die Präsidentschaft dieses *konservativen* Mannes ganz im Zeichen drängender großer Veränderungen, die bedeutsam genug seien, die Stabilität der Organisation in ihren Grundfesten zu erschüttern. Gemeint sind überfällige Änderungen in der Bewertung des Datums 1914. Demnach steht der Höhepunkt der nach 1914 zementierten Krise erst noch bevor. Für diese Erwartung sprechen zahlreiche Fakten:

Wachtturm-Gesellschaft erkennt 1914-Theorie als Verlegenheitslösung

Die Führungskräfte der Leitenden Körperschaft bzw. der Wachtturm-Gesellschaft sind so betagt, daß sie sich noch daran erinnern, wie in den 20er Jahren die heutige 1914-Lehre entstand: eine Verlegenheitslösung, geboren aus der Enttäuschung der damaligen Bibelforscher über das 1914 ausgebliebene Königreich Gottes auf Erden.[394]

Aus dem erhofften Untergang aller irdischen Regierungen der Nationen hatte man ein Ende ihres „Herrschafts*rechts*" gemacht.[395] Statt des erwarteten Reiches Gottes auf Erden war die

---

393 Nach „Comments from the Friends", Ausgabe 2 vom Frühjahr 1993, S. 3f.

394 Nachgewiesen S. 104ff.

395 Diese Nach-1914-Version geht auf Russells neues Vorwort zu Bd. II der „Schriftstudien" zurück (von Okt. 1916), Ausgabe von 1926, S. 6.

1993 veröffentlichte die Wachtturm-Gesellschaft in „Jehovas Zeugen – Verkündiger des Königreiches Gottes" öffentlich zugänglich Namen und Bilder der Leitenden Körperschaft, unterlegt von einer Weltkugel. Zu diesem Zeitpunkt war bereits Milton G. Henschel nach dem Tod von Frederick W. Franz zum neuen und derzeitigen Präsidenten der Wachtturm-Gesellschaft bestimmt worden.

„theokratische Organisation" gekommen mit ihrer Botschaft vom 1914 „geborenen Königreich *im Himmel*" – Kreationen der Krise.

Die Dürftigkeit ihrer Begründung ist bekannt

Spätestens seit Vorlage einer 20seitigen Abhandlung eines Zeugen Jehovas-Ältesten aus Schweden, „worin die Geschichte der Spekulationen zur Chronologie detailliert wiedergegeben und die eigentliche Quelle der 2520-Jahre-Berechnung und des Endzeittermins 1914 enthüllt wurde", weiß die Leitende Körperschaft, wie dürftig begründet die gesamte 1914-Berechnung ist.[396]

Ausgangspunkt der Berechnung nicht stichhaltig

In der Leitenden Körperschaft wurde, wie Raymond Franz berichtet, das 1914-Datum wiederholt lebhaft diskutiert (z.B. am 6.3. und 14.11.1979). Raymond Franz: „Ich verwies ... darauf, daß das Basisdatum der Gesellschaft, das Jahr 607 v.u.Z., keinerlei historische Grundlage habe."[397]

Wenn aber der Ausgangspunkt einer Berechnung nicht stimmt, wie kann ihr Ergebnis stimmen?!

Die „Generation von 1914" stirbt aus

Die Wachtturm-Gesellschaft hat Jahrzehnte hindurch die in Matth. 24 genannten „Zeichen" der Zeit des Endes in Zusammenhang gebracht mit dem errechneten Termin 1914 und demgemäß Jesu Worte: „Dieses Geschlecht wird nicht vergehen, bis dies alles geschieht" (Vers 34) auf die Generation bezogen, die 1914 bewußt miterlebt hat. Raymond Franz zitiert Jesu Worte nach der „Neuen-Welt-Übersetzung" der Wachtturm-Gesellschaft und legt deren Deutung im „ERWACHET" vom 8.4.1969, S. 13f. vor:

---

396 Raymond Franz, Gewissenskonflikt, S. 207.

397 a.a.O., S. 207.

„Jesus sprach offensichtlich von Personen, die alt genug waren, um das, was sich beim Beginn der ‚letzten Tage' ereignete, *mit Verständnis* zu verfolgen. Jesus sagte, daß einige der Personen, die lebten, als das ‚Zeichen der letzten Tage' in Erscheinung trat, noch leben würden, wenn Gott dieses böse System vernichten würde.

Wenn wir annehmen, daß fünfzehnjährige Jugendliche genügend Verständnis hatten, um die Bedeutung dessen zu begreifen, was 1914 geschah, wären die Jüngsten ‚dieser Generation' heute ungefähr siebzig Jahre alt. Die meisten der Generation, von der Jesus sprach, sind somit bereits gestorben. Die anderen, die noch leben, nähern sich dem Greisenalter. Und man denke daran, daß Jesus sagte, für diese böse Welt werde das Ende kommen, *ehe* alle, die zu dieser Generation gehören, gestorben seien. Das allein zeigt schon, daß es bis zu dem vorhergesagten Ende nicht mehr viele Jahre sein können."

Raymond Franz weist darauf hin, daß diese „ERWACHET!"-Darstellung noch ganz im Zeichen der 1975-Erwartung erfolgte.

„Der Akzent verschob sich, sobald 1975 vorbei war. Jetzt bemühte man sich, zu zeigen, daß die Lebensdauer der Generation von 1914 doch nicht so kurz war, wie man meinen könnte, und daß sie noch recht lange währen könne. So war im *Wachtturm* vom 1. Januar 1979 nicht mehr von denen die Rede, die das Geschehen im Jahr 1914 ‚mit Verständnis verfolgen' konnten, sondern von denen, die die Ereignisse damals ‚beobachten konnten'. Einfaches Sehen ist etwas anderes als Verstehen. Damit ließ sich logischerweise auch die Altersuntergrenze der Angehörigen ‚dieser Generation' herabsetzen ...

Durch unterschiedliche Berechnungsansätze kann man zwar hier und da noch ein Jahr herausschinden, doch ändert das nichts daran, daß die Generation der Zeit um 1914 im Aussterben begriffen ist. Unter alten Leuten ist die Sterblichkeit nun einmal am größten. Dessen war sich die leitende Körperschaft auch bewußt, denn das Thema wurde in ihren Sitzungen mehrfach behandelt.

So kam der ganze Komplex in der Sitzung am 7. Juni 1978 zur Sprache ...

Der Zentrale in Brooklyn war zu Ohren gekommen, daß

Schroeder während seiner Besuche in mehreren europäischen Ländern die Ansicht vertreten hatte, der Ausdruck ‚diese Generation', den Jesus in Matthäus, Kapitel 24 Vers 34, gebrauchte, beziehe sich auf die Generation der ‚Gesalbten', und diese sei so lange nicht vergangen, wie noch einige aus dieser ‚Generation' am Leben seien. Dies stand natürlich im Widerspruch zur Lehre der Organisation und war nicht von der leitenden Körperschaft gebilligt worden.

Als nach Schroeders Rückkehr die Angelegenheit zur Sprache kam, wurde seine Deutung zurückgewiesen. Man beschloß, in einer der nächsten *Wachtturm*-Ausgaben eine ‚Frage von Lesern' einzurücken, in der die gängige Lehrmeinung über ‚diese Generation' ausdrücklich bestätigt wurde."[398]

Präsident Knorr und führende Zeugen Jehovas zweifeln an 1914

Wie Raymond Franz berichtet, gab es damals schon „weltweit Zweifel", was 1914 angeht, „und das bei geachteten Männern in verantwortlicher Position". Vor der Leitenden Körperschaft erzählte er diesbezügliche persönliche Erfahrungen, die er bei seinem Besuch in Nigeria gemacht habe.

Zu denen, die an 1914 zweifelten, gehörte auch der damalige Präsident N.H. Knorr, der in einer Leitenden Körperschafts-Sitzung vom 19.2.1975 einräumte:

> „Bei manchen Dingen bin ich mir sicher: Ich weiß, daß Jehova unser Gott ist, daß Christus Jesus sein Sohn ist, daß Jesus sein Leben als ein Lösegeld für uns gab, daß es eine Auferstehung gibt. Bei anderen Dingen bin ich mir nicht so sicher. Zum Beispiel bei 1914. Davon reden wir schon sehr lange. Es mag sein, daß wir recht haben. Ich will es hoffen."[399]

Daß die 1914-Theorie von *vielen* angezweifelt wird, zeigt auch die geradezu überraschende Nennung eines Ersatzdatums: 1984! Und

---

398 a.a.O., S. 206f.; der beschlossene „Leserbrief" und die entsprechende Antwort erschienen in der Wachtturm-Ausgabe vom 1. 1. 1979.

399 Zitiert bei Raymond Franz, a.a.O., S. 209.

das innerhalb der Leitenden Körperschaft! Noch einmal Raymond Franz dazu:

> „Albert Schroeder berichtete, in der Gileadschule und in Schulungskursen für Zweigkomiteemitglieder sei 1984 als neues Datum zu hören, da dann siebzig Jahre seit 1914 verstrichen seien (wobei der Zahl siebzig offenbar besondere Bedeutung beigemessen wurde). Das Gremium beschloß, die Sache in der nächsten Sitzung weiter zu behandeln.
>
> Dabei legte das Komitee des Vorsitzenden, bestehend aus Albert Schroeder (Vorsitzender), Karl Klein und Grant Suiter, ein höchst ungewöhnliches Dokument auf den Tisch. Jedes Mitglied der leitenden Körperschaft erhielt ein Exemplar. Auf eine Kurzformel gebracht, schlugen die drei vor, den Ausdruck ‚diese Generation' solle sich nicht auf Menschen beziehen, die 1914 lebten, sondern erst ab 1957 zählen, also 43 Jahre später![400]
>
> Gestützt auf diese Deutung lautet die Schlußfolgerung des Komitees: ‚Dann würde sich ‚diese Generation' auf heute lebende Menschen beziehen, die 1957 in einem verständigen Alter waren.'
>
> Die drei schlugen nicht vor, 1914 fallenzulassen. Das Jahr würde auch weiterhin das ‚Ende der Zeiten der Nationen' bedeuten. Doch ‚diese Generation' wäre erst von 1957 ab zu rechnen ..."[401]

Es ist kaum zu fassen, welch abwegige Vorschläge in der Leitenden Körperschaft zur Sprache kommen, Gedanken, die ein gewöhnlicher Zeuge Jehovas nicht äußern dürfte, ohne seinen sofortigen Ausschluß zu riskieren. Gewiß, die Leitende Körperschaft hat die von ihren drei Mitgliedern vorgeschlagene Ersatzlösung für 1914 nicht befürwortet. Doch allein schon die Tatsache, daß diese als ernstgemeinter Vorschlag auf dem Tisch des Hauses lag, beweist, daß die drei Mitglieder von der geltenden Lehre über 1914 abzu-

---

400 Der von Raymond Franz vorgelegte Faksimile-Auszug aus dem Dokument des Komitees zeigt, daß der Beginn des *Raumfahrtzeitalters* (Sputnik) mit dem Jahre 1957 begonnen habe in Erfüllung der Worte Jesu über die „Himmelserscheinungen" (Matth. 24,29.30)!

401 a.a.O., S. 210-212.

rücken bereit waren, und daß die übrigen zumindest um die Fragwürdigkeit der bestehenden Auffassung wissen. Um so mehr überrascht es, was Raymond Franz wie folgt beschreibt:

„Bis zum heutigen Tage ... veröffentlicht die ‚prophetengleiche' Organisation selbstsicher markige und eindringliche Abhandlungen über 1914 und ‚diese Generation' als biblisch belegte Tatsachen, und alle Zeugen Jehovas werden angehalten, ihr volles Vertrauen darauf zu setzen und diese Botschaft weltweit zu verbreiten. Offenbar, um Besorgnis über die stark abnehmende Zahl der zur Generation von 1914 Gehörenden zu beschwichtigen, hieß es in demselben *Wachtturm* [vom 15. 1. 1981, S. 31], in dem angedeutet wurde, die Altersgrenze für diese Gruppe könne auf zehn Jahre herabgesetzt werden:

‚Und falls das böse System dieser Welt bis zur Jahrhundertwende bestehenbleiben würde – was aber in Anbetracht der Entwicklung der Weltverhältnisse und in Anbetracht der Erfüllung biblischer Prophezeiungen höchst unwahrscheinlich ist –, wären immer noch einige von der Generation, die den Ersten Weltkrieg erlebt hat, am Leben.'

Zur Jahrhundertwende werden die Zehnjährigen von 1914 sechsundneunzig Jahre alt sein. Doch einige von ihnen werden wohl noch am Leben sein, und offenbar meinte man, das sei alles, was für die Erfüllung der Worte Jesu nötig sei. Voraussetzung ist dabei allerdings die Annahme, Jesus habe seine Worte unmittelbar an zehnjährige Kinder gerichtet."[402]

Der Höhepunkt der 1914-Krise kommt erst

Wenn schon in den siebziger Jahren angesichts des *Aussterbens der „Generation von 1914"* die Leitende Körperschaft von den beschriebenen Irritationen heimgesucht wurde, wieviel mehr wird

[402] a.a.O., S. 212f.; als Beispiel für die Sicherheit, mit der die Wachtturm-Lehre über „diese Generation" als biblisch, ja als Gottes eigene Zusage dargestellt wird, sei hier an „UNSER KÖNIGREICHSDIENST" Nr. 4/1992, S. 1 erinnert: „... *Erwachet!* stärkt das Vertrauen in die Verheißung des Schöpfers, noch in unserer Generation eine friedliche, sichere neue Welt herbeizuführen."

sie heute – da wir uns dem Jahr 2000 nähern – unter dem Druck dieser Tatsache über ihre nicht aufrechtzuerhaltende 1914-Lehre neu nachdenken müssen. Wird sie diese ganz fallenlassen oder nur teilweise (wie es im Vorschlag von Schroeder, Klein und Suiter vorgesehen war)? Niemand kann das mit Bestimmtheit sagen.

Eines ist gewiß: Ein völliges Aufgeben des 1914-Datums würde den Fortbestand der Zeugen Jehovas-Organisation gefährden (ein Festhalten an der These von „dieser Generation ..." nicht minder!). Dieses Datum wurde ja mit einer ganzen Reihe von Vorstellungen befrachtet, von denen die Zeugen Jehovas „leben":

– „Geburt der neuen Nation" im Jahre 1914.

– „Kommen des Herrn zum Tempel" dreieinhalb Jahre später, im Jahre 1918, mit Inspektion der Christen und Kirchen, die zur Erwählung der Wachtturm-Anhänger und zur „Verwerfung der Namen-Christenheit" führte.

Woran soll sich ein Zeuge Jehovas noch halten, wenn dies alles fällt? Ein Vergleich drängt sich auf: Nach der „Wende" in der früheren DDR wurde beim Mauerschützenprozeß im Oktober 1991 ein Ex-General der Nationalen Volksarmee in den Zeugenstand gerufen. Er erklärte, er sehe sich nicht in der Lage, vor dem Gericht auszusagen: Er habe keine „Aussagegenehmigung" seines Staates, auf den er einen Eid geschworen habe ... Da belehrte – und verwirrte – ihn der vorsitzende Richter durch den Hinweis, *der* Staat sei mit all seinen Ministerien verschwunden, seine Armee aufgelöst.[403]

Welch eine Irritation wird es erst für Zeugen Jehovas bedeuten, wenn sie – früher oder später – erfahren: Die „neue Nation", die 1914 geborene „Theokratie" – die „Gottesherrschaft" – hat es nie gegeben. Die „Inspektion" von 1918 und die Erwählung der Wachtturm-Anhänger fanden nie statt! Sie, die gutgläubig meinten, „nur der Bibel" zu glauben, wurden Opfer einer willkürlichen Bibel-„*Ein*legung"! Und mit dieser, zur „Guten Botschaft" hochstilisierten 1914-Konstruktion, sollen sie von Haus zu Haus gehen ...[404]

---

403 DER SPIEGEL 24/1994, S. 74, im Beitrag von Peter Schneider: Die neuen Kameraden: ... Wie die NVA aufgelöst wurde.

404 Nach wie vor setzt die Wachtturm-Gesellschaft ihre „Gute Botschaft vom [1914] aufgerichteten Königreich" gleich mit dem *Evangelium vom Reich*, von dem Jesus sprach – etwa Matth. 24,14. So z.B. im Wachtturm vom 15. 8. 1994, S. 16.

Wie lange noch? Manches deutet darauf hin, daß die Wachtturm-Gesellschaft das Datum 1914 fallenlassen will – ganz oder teilweise – zumindest dessen inhaltliche Füllung. Ein wichtiges Indiz dafür dürfte sein, daß der Wachtturm, der sich sonst als alleiniger „Kanal" zur Vermittlung von „biblischen Wahrheiten" empfiehlt, nun plötzlich gesteht, den 1914-Termin von *anderen* übernommen zu haben: Bereits vor den Bibelforschern um Russell „hatten gewisse Personen verstanden, daß Christus unsichtbar ... wiederkommen würde ... Es gab sogar einige, die erkannt hatten, daß 1914 die Zeiten der Nationen zu Ende gehen sollten."[405]

Auch das neueste Geschichtswerk „Jehovas Zeugen – Verkündiger des Königreiches Gottes" schildert ausführlich, was Russell *anderen* verdankte. Und: „Russell schreckte vor biblischen Zeitprophezeiungen zurück" (!), habe dann aber nach einer Begegnung mit Barbour „viel von ihm in bezug auf die *Zeit* zu lernen" gehabt.[406]

Wird es den Zeugen Jehovas erst einmal richtig ins Bewußtsein treten, daß gar nicht die Wachtturm-Gesellschaft die Daten 1874 und 1914 erfand, sondern daß sie vom Barbour-Adventismus *übernommen* wurden, dürfte der Schock nicht ganz so groß sein, wenn das Datum 1914 „fällt" – sei's ganz oder teilweise ...

Trotz allem weitere Zunahme

Daß trotz der offensichtlichen Gegensätze zwischen Anspruch und Wirklichkeit immer wieder – und immer mehr – neue Anhänger gewonnen werden, macht betroffen. Zyniker werden an den alten lateinischen Satz erinnern: „Mundus vult decipi ...": Die Welt will betrogen werden, darum wird sie betrogen.

Zeugen Jehovas dagegen führen die „Mehrung der Theokratie" auf „Jehovas Segen" zurück. „Jeglicher Erfolg, den wir haben, ist

---

405 Der Wachtturm vom 1. 5. 1994, S. 24, Abs. 15. Die zitierten Sätze stehen in einem größeren Zusammenhang, in dem es um das „beharrliche Wachen" geht. Russell und seine „Gefährten" hätten sich dadurch ausgezeichnet. Doch sie wurden „dadurch ... auf die Probe gestellt", daß sie zwar „wußten", das Jahr 1914 wäre „biblisch gekennzeichnet ..., aber sie wußten nicht mit Bestimmtheit, was in jenem Jahr geschehen würde" (Abs. 16).

406 a.a.O., S. 46-47.

dem Geist oder der wirksamen Kraft Jehovas zuzuschreiben", verkündet der Wachtturm.[407] Außerdem sei ihre erfolgreiche Tätigkeit darauf zurückzuführen, daß sie „die bewährten Methoden Christi" nachahmen (gemeint ist: daß sie von Tür zu Tür gehen) und: „Sie gebrauchen die richtigen Hilfsmittel für eine wirkungsvolle Kommunikation."[408]

Dabei ist an die Veröffentlichungen gedacht, „die von der Watch Tower Bible and Tract Society gedruckt werden. Wir haben Bücher, Broschüren, Traktate und Zeitschriften, mit denen wir fast jeden aufrichtigen Fragesteller zufriedenstellen können."[409]

Daß eine solche Flut von Schriften und Büchern in Millionenauflage, verbreitet von mehr als 4,5 Millionen Zeugen Jehovas in etwa 230 Ländern, nicht ohne Auswirkung bleiben kann, ist einleuchtend.

Es sind jedoch weitere Ursachen des zahlenmäßigen Wachstums zu nennen, die der Wachtturm nicht erwähnt; sie sollen hier wenigstens angedeutet werden:

Weltweite Krisenstimmungen: Nach zwei furchtbaren Weltkriegen und einem jahrzehntelangen „kalten Krieg" unter der ständigen Bedrohung eines atomaren Holocausts für die gesamte Menschheit sind es heute vor allem ökologische, wirtschaftliche und soziale Ängste, die einen idealen Nährboden bilden für die „Mehrung der Theokratie". Sie, die selbst eine Kreation der Krise ist, wächst und wächst und wächst dank der regionalen, nationalen und globalen Krisen. Darum sprechen wir von der Wachtturm-Gesellschaft – in diesem doppelten Sinne – als von einem „Propheten der Krise"!

Zunehmende Entchristlichung und Entkirchlichung der Gesellschaft: Dieses, häufig mit dem Begriff „Säkularismus" bezeichnete Phänomen des „nachchristlichen Zeitalters" wirkt sich in der Praxis so aus, daß die der Bibel, der Kirche und dem Christentum Entfremdeten der Zeugen Jehovas-Agitation und -Argumentation

---

407 Ausg. vom 15.8.1994, S. 17, Abs. 4.

408 ebenda, S. 16, Abs. 2. Zur üblichen Argumentation, Jesus habe von Haus zu Haus gepredigt, sei auf das Faltblatt verwiesen: „Muß denn JEDER predigen?" (beziehbar beim „Bruderdienst", Anschrift am Schluß des Buches).

409 ebenda, S. 20, Abs. 18.

mehr oder weniger hilflos und schutzlos preisgegeben sind. Wie oft gestehen später enttäuschte Zeugen Jehovas: „Hätten wir die Bibel gekannt, wären wir im christlichen Glauben damals fest verankert gewesen, so hätten die Wachtturm-Vertreter nicht so ein leichtes Spiel mit uns gehabt!"

Somit verdankt die Wachtturm-Organisation ihr zahlenmäßiges Wachstum auch der zunehmenden Säkularisierung und trägt zugleich durch ihre seit 1917 kaum noch zu überbietende unentwegte antikirchliche Hetze ständig zur Säkularisierung und Entkirchlichung der Gesellschaft bei. „Wenn der Glaube stirbt, teilen sich Unglaube, Irrglaube und Aberglaube die Erbschaft" (Kurt Hutten).

Unsere heutige Gesellschaft ist zwar nicht leidenschaftlich antireligiös, sondern leidenschaftslos areligiös. Gleichwohl dürfte überzeugten „Kirchengegnern" die so intensiv verbreitete leidenschaftliche Antikirchlichkeit der Wachtturm-Schriften „wie gerufen" erscheinen, auch wenn viele von ihnen nicht im entferntesten daran denken, deren Angebot anzunehmen.

„Wie gerufen" dürfte das Watch Tower-Angebot auch manchen anderen vorkommen:

- den Politik- und Staatsverdrossenen – durch seine bissige Gesellschaftskritik;
- den ewigen Schwarzsehern – durch seine düsteren Weltendeprognosen;
- den religiös und geistig Anspruchslosen – durch sein *vereinfachtes* „Christentum";
- den Fans für Zucht und Ordnung – durch seine gesetzlich-moralistischen Verhaltensregeln;
- den nach einer starken Führung Verlangenden – durch sein Angebot einer Sicherheit und Geborgenheit bietenden „theokratischen Leitung";[410]
- denen, die nach Gemeinschaft verlangen – durch das Angebot der weltweiten Bruderschaft der Zeugen Jehovas.

---

[410] Dr. Werner Thiede spricht in diesem Zusammenhang von „religiösen Angeboten ..., die das menschliche Denken und Fühlen in konservativsichere, überschaubare Dimensionen zurücklenken. In tiefenpsychologischer Sicht handelt es sich dabei um eine Regression [„Zurückbewegung"] in kindliche, zum Teil frühkindliche Strukturschemata." – A.a.O., S. 4.

Auch persönliche Lebenskrisen (infolge von Krankheit, Trauer oder Vereinsamung usw.) können Herzen und Häuser für die Wachtturm-Religion aufschließen.

Zusammenfassend kann man sagen: „Angebot und Nachfrage" scheinen hier einander weitgehend zu entsprechen. Eine ganz andere Frage aber ist die, ob die Menschen mit einer wie auch immer gearteten Affinität zum Denken der Wachtturm-Gesellschaft tatsächlich bei ihr das finden, was sie suchen. Zu groß ist ja bei ihrer Organisation das Gefälle zwischen innen und außen, zwischen der vorgeführten „Schokoladenseite" und der ernüchternden Wirklichkeit.

Unter der Technokratie der Macht – Was gilt der Mensch?

Die Anhänger

Notwendige Unterscheidungen

Wie bereits im Einführungsteil angedeutet, muß zwischen Wachtturm-Gesellschaft und Zeugen Jehovas, zwischen Führung und Gefolgschaft deutlich unterschieden werden, wenngleich die enge Verbindung zwischen dieser Firmengruppe und der Religionsgemeinschaft Jehovas Zeugen nicht zu übersehen ist. Zusammen bilden sie eine Organisation „mit zwei Gesichtern“:

Es ist sicherlich davon auszugehen, daß die auf so mannigfaltige Weise gewonnenen Zeugen Jehovas trotz aller Unterschiedlichkeit – ja Gegensätzlichkeit – ihrer ursprünglichen Motive den Wunsch haben, wie sie es nennen: „wahre Christen“ zu werden und „Gottes Willen zu tun“. Einige unter ihnen sind überzeugt, in der „theokratischen Organisation“ genau das gefunden zu haben, was sie suchten. Andere sehen zwischen dem ursprünglich Erhofften und dem nun Erlebten einen mehr oder minder großen Unterschied, führen diesen aber auf die eigene, damalige Unreife oder gar menschliche, eigensüchtige Beweggründe zurück, die mit zunehmender „Reife“ korrigiert worden seien.

Es gibt aber auch unzählige Zeugen Jehovas, die ständig *leiden* unter der Diskrepanz zwischen dem, was die Wachtturm-Gesellschaft und ihre Zeugen versprechen, und der in der Organisation täglich erfahrenen Realität. Sie erleben den in diesem Buch aufgezeigten vielfachen Gegensatz zwischen Anspruch und Wirklichkeit hautnah und wundern sich, daß die Führung „nichts dagegen tut“, weil sie ganz offenkundig *andere* Interessen hat als der einzelne Zeuge Jehovas. Offenbar ist die Watch Tower-Firmengruppe als eine auf Expansion und Absatzsteigerung bedachte „Geschäftsfirma“ (C. T. Russell) bestimmten *Eigengesetzlichkeiten* unterworfen. Sie hat im Verfolgen ihrer Interessen nicht nur ihre eigenen Lehren – nach dem jeweiligen Nutzen – instrumentalisiert, sondern auch Bibel und Christentum, schließlich sogar die fast fünf

Millionen Menschen, die sich ihr – allzu gutgläubig! – auf Gedeih und Verderb anvertrauten.

Nun ist es offenbar schon sehr lange so, wie der Bethelaufseher 1975 feststellte: Es geht anscheinend „mehr um die Produktion als um die Menschen“.[411] Unter diesem fatalen Eindruck stand nicht nur der Bethelaufseher im Brooklyner Welthauptquartier; dies empfindet auch mancher „kleine“ Zeuge Jehovas. Eine ältere Zeugin spricht in einer Zuschrift von „durchweinten Nächten. Immer wieder hieß es: ‚Berichte, Berichte!‘ – ‚Brüder‘, hieß es, ‚Ihr werdet doch für Jehova mindestens zehn Stunden dienen wollen.‘ Es heißt auch dauernd: ‚Euer Vorrecht‘. [Uns] wurde ... gesagt, daß ‚die Gesellschaft wünscht‘, daß in diesem Monat mindestens fünf Paradies-Bücher verkauft werden sollen [pro Verbreiter]. Mich hat dieses ‚Wünschen‘ derart schockiert, daß ich nicht mehr hingehe.“

Das aber bringt diese Frau zugleich in innere Not: Sich von der Organisation zu trennen, wird angesehen als „Abgeschnittenwerden vom ewigen Leben“. Ein leitender Aufseher habe erklärt: „Das sei doch furchtbar, vom *Leben* abgeschnitten zu werden ...“[412]

Gefährdung der psychischen Gesundheit von Zeugen Jehovas

Viele Zeugen berichten, daß der permanente Leistungsdruck und dessen Auswirkungen (Frustration, Mißfallensäußerungen und dadurch ausgelöste Angst vor dem diskriminierenden Gemeinschaftsentzug) sie psychisch „völlig fertigmachen“.

Sie müssen sich für die wöchentlichen Zusammenkünfte vorbereiten, indem sie die dort verwendeten Wachtturm-Schriften vorher „studieren“, die jeweils richtigen Antworten Absatz für Absatz unterstreichen und dann natürlich diese Treffen auch besuchen (etwa fünf Stunden die Woche). Sodann ist es ihre Aufgabe, im „Predigtdienst“ von Tür zu Tür und auf den Straßen und Plätzen das Gelernte weiterzusagen und Wachtturm-Schriften zu verbreiten. Ferner stehen „Rückbesuche“ bei Neuinteressierten und soge-

---

[411] Zitiert in Raymond Franz, Gewissenskonflikt, S. 75.

[412] Veröffentlicht in Nr. 29/30 der Bruderdienst-Schriftenreihe, 1. Aufl. S. 10; 2. Aufl., S. 7. Die Regelung, daß alle Zeugen Jehovas über ihre Tätigkeit Berichte abzugeben haben, wurde schon 1920 eingeführt.

nannte „Heimbibelstudien“ auf ihrem Programm, in denen anhand von Wachtturm-Schriften Neulinge „in die Wahrheit“ eingeführt bzw. weiter unterwiesen werden, bis sie bereit sind, sich taufen zu lassen und dann selbst den „Predigtdienst“ aufzunehmen.

Dabei ist zu bedenken, daß Zeugen Jehovas wie jeder andere Bürger in unserer Leistungsgesellschaft schon voll ausgelastet sind, so daß die hohen Anforderungen der „Theokratie“ eine *zusätzliche* Dauerbelastung darstellen, die selbst gesunde Menschen kaum für längere Zeit durchhalten, ohne schwere psychische Schäden davonzutragen. Wieviel mehr kommen Menschen mit labiler psychischer Konstitution infolge dieser „Leistungsgesellschaft in der Leistungsgesellschaft“ – oft schon sehr bald – an den Rand eines Nervenzusammenbruchs.

Der amerikanische Psychologe Dr. Jerry Bergman weist jedoch darauf hin, daß „die hohe Anzahl psychischer Erkrankungen bei den Zeugen Jehovas ... wahrscheinlich auf einer *Reihe* von Faktoren“ beruht.[413] Er nennt in seinem Buch u.a. diese:

– Die fast ausschließliche Verplanung der Zeugen Jehovas durch ihre „theokratischen Tätigkeiten“ (neben Schule, Haushalt oder Beruf) läßt so gut wie keinen Raum für *Ausgleich* – etwa durch Sport oder durch kulturelle oder gesellige Veranstaltungen.

– Der zumeist recht eintönige Dienst von Tür zu Tür oder in einer Einkaufsstraße wirkt sich oft entmutigend aus; auf jeden Fall fehlen über weite Strecken Erfolgserlebnisse. Als Folge davon wird aus der anfänglichen Lust – Frust.

– Ähnliche Gefühle können auch dadurch entstehen, daß Zeugen Jehovas angesichts der Vielzahl von Ge- und Verboten, die auf die Dauer schwer zu halten sind, resignieren. „Werden nicht alle Verbote beachtet, so entsteht automatisch ein Schuldgefühl, das nach außen als Aggression sichtbar wird, und zwar in Form von

---

413 Jerry Bergman, Jehovas Zeugen und das Problem der seelischen Gesundheit. Vom Verf. autorisierte gekürzte Übersetzung aus dem Englischen von Helmut Lasarcyk, erschienen beim Evang. Presseverband für Bayern e.V., München 1994, S. 27-52. –Vgl. auch Nr. 107/108 der Quartalsschrift „Brücke zum Menschen“, in der unter der Überschrift „Eine Religion, die krank macht?“ dieses Büchlein Dr. Bergmans in Auszügen abgedruckt wurde (s. Literaturhinweise am Schluß).

offenen Konflikten entweder in den Reihen der Zeugen oder mit Außenstehenden. Wendet sich die Aggression aber nach innen, sind Depression, Nervosität und sogar Selbstmord die Folge, wenn der Betreffende wegen seiner Schuld von den anderen verstoßen wird."[414]

Das aber ist fast zwangsläufig der Fall. Denn in aller Regel besteht der Dienst der Ältesten nicht darin, daß ihm oder ihr der Weg zur Sündenvergebung durch den Glauben an Jesus Christus aufgezeigt wird, sondern darin, Tatsache und Ausmaß der Schuld genau zu ermitteln und zu *ahnden*: In vielen Fällen kommt es zum ächtenden „Gemeinschaftsentzug"; bei weniger schwerwiegender Schuld kann dem Übertreter eine „Frist gesetzt werden zur Bewährung unter Überwachung".[415]

Jedoch schon „wer dauernd Fragen stellt, die der Wachtturm-Führung nicht genehm sind, wird in vielen Fällen mit einem Gemeinschaftsentzug abgefertigt. Ist jemand ausgeschlossen, darf kein anderer Zeuge etwas mit ihm oder seinen Gedanken zu tun haben" – und darin könnte er ja auch seine eigenen Gedanken, Fragen und Zweifel gleichsam wiedererkennen ...

„Wer mit der Lehre der Wachtturm-Organisation nicht in voller Übereinstimmung ist, soll still sein und selbst sehen, wie er mit seinen Fragen klar kommt, oder die Gemeinde verlassen [In diesem Fall wird er den Ausgeschlossenen gleichgesetzt!]. Wenn aufrichtige Fragen nicht erwünscht sind, sehen sich viele Zeugen gezwungen, ihre Besorgnisse für sich zu behalten. Ehrliche Fragen dürfen nicht laut ausgesprochen, sondern sollen unterdrückt werden. Oft quälen sie die Zeugen im Unbewußten und rufen psychosomatische Symptome wie Asthma, Bluthochdruck, Geschwüre oder andere Störungen hervor."[416]

---

414 a.a.O., S. 46.

415 In der internen Broschüre „Königreichsdienstfragen" kommt der Begriff der „Bewährung unter Überwachung", ein Begriff, der von SS und GESTAPO des Nazistaates stammen könnte, allein auf den Seiten 28-31 sechzehnmal vor.

416 Bergman, a.a.O., S. 33.

Die Wachtturm-Gesellschaft hat – alarmiert durch die große Zahl psychischer Erkrankungen unter den Zeugen Jehovas – zwar wiederholt Artikel veröffentlicht, die den Erkrankten Hilfestellung bieten sollen, doch wird so gut wie nichts unternommen, die hier exemplarisch genannten *Ursachen* dieser Leiden zu erforschen und zu überwinden.[417] Statt dessen ist leider dem zuzustimmen, was Dr. Bergman schreibt: „Man ist der Meinung, es komme vor allem auf das Predigen an ... Alles was über eine wirkungsvolle Verkündigung der Botschaft hinausgeht, ... eine soziale oder sonstige Veränderung, sehen die Zeugen nicht als ihre Aufgabe an. Diese einseitige Zielsetzung führt auch dazu, daß man sich nicht bemüht, dem einzelnen Zeugen beizustehen, mit seinen Schwierigkeiten fertigzuwerden."[418] (Zum Beweis dafür hat Bergman mehrere Fallgeschichten angeführt.)

Der einzelne ist nichts, der Apparat alles. Der Apparat – das ist das gut funktionierende weltweite System der „theokratischen Organisation" unter der Führung der Leitenden Körperschaft und ihres Watch Tower-Konzerns sowie deren Verkündigungswerk.

Das Verhalten der Führung läßt auf diesem wie auf den anderen im vorliegenden Buch untersuchten Gebieten erkennen: Menschlich – allzu menschlich ist das alles, aber von göttlicher („theokratischer") Überwaltung fehlt jede Spur.

Es sei nur daran erinnert,

- wie die Wachtturm-Führung ihrem „Fußvolk" gegenüber ihre eigene Geschichte „frisierte",
- wie sie ihnen die Schuld für die gescheiterten Datenberechnungen anlastete,
- wie sie es jahrzehntelang täuschte über die tatsächlichen Machtverhältnisse in Brooklyn,
- wie sie genau das zu verhindern versuchte, was sie im Wachtturm als Realität beschrieben hatte.

Um so ungeheuerlicher ist ihr Absolutheitsanspruch und ihre Schwarzweiß-Darstellung, wonach nur ihre eigenen Anhänger das

---

417 Z.B.: Wachtturm vom 15.10.1988; 15.11.1988; 1.3.1990; 15.3.1990; Erwachet: 8.9.1986; 22.10.1987; 8.11.1987.

418 a.a.O., S. 58.

Weltende überleben, alle anderen Menschen aber – mit Einschluß der Kinder! – grausam „vernichtet“ werden! Trifft nicht auch hier zu, was der Schriftsteller Eugen Roth in einem seiner humorvollen Verse sagt:

> „Ein Mensch erlebt den krassen Fall:
> Es menschelt – deutlich – überall,
> und doch entdeckt man weit und breit
> auch nicht die Spur von Menschlichkeit.“

Gerade in ihrem krampfhaften Bemühen, sich als übermenschliche, „göttliche“ Einrichtung darzustellen und durch rigorose Maßnahmen und drastische Drohungen dem Nachdruck zu verleihen, entwickelte die Wachtturm-Gesellschaft einen Zug zum *Inhumanen*:

Tod den Andersdenkenden

„... sehen, wie unsere Feinde Staub lecken“

Solange Andersdenkende noch gewonnen werden sollen, lockt die Wachtturm-Gesellschaft sie gleichsam mit dem „Zuckerbrot“ der Hoffnung auf „eine bessere Welt“.[419] Oder sehr persönlich und direkt: „Sichere dir eine schöne Zukunft.“[420]

Folgen sie aber dieser Einladung nicht, so gelten sie als „Gegner“, deren „Vernichtung“ in Wort und Bild in grellen Farben geschildert wird. Manchmal vermitteln solche Bilder und Texte den Eindruck sadistischer „Lust am Untergang“: „Wir werden sehen, wie unsere Feinde Staub lecken“, triumphiert der Wachtturm.[421]

Das Buch „Die neue Welt“ begnügte sich nicht nur mit dem „Sehen“, sondern sprach davon, daß die Angehörigen der himmlischen wie der irdischen „Klasse“ der Zeugen Jehovas, „wenn die große Schlachtung des Feindes in Harmagedon stattgefunden hat

---

419 Der Wachtturm vom 1. 4. 1994 (Titelüberschrift).
420 „ERWACHET!“ vom 8. 4. 1969, S. 31.
421 Der Wachtturm vom 15. 3. 1978, S. 27.

... gleich Adlern kommen und sich voll Freude laben an Jehovas glorreichem Triumph zur Rechtfertigung seines Namens ...“[422]

Rettung durch Überleben für die eigenen Anhänger – „Vernichtung“ für alle anderen! Die Begründung:

„Auf Erden ist heute die Neue-Welt-Gesellschaft die einzige Bewegung, die wahre Aufbauarbeit tut. Alle anderen, die ein Teil dieser Welt sind und an ihren Plänen, Programmen und Werken teilhaben, werden ihr Schicksal mit jenen teilen, ‚die die Erde verderben‘, ... sich Ruin und Verderben zuziehen am Tage des Zornes Gottes in Harmagedon.“[423]

Untergang der Kirchen – „ein schauriges Szenario“

„Ruin und Verderben“ der Kirchen wird im Wachtturm besonders genüßlich ausgemalt: „... wenn die riesigen Sakralbauten ... der Christenheit krachend zusammenstürzen“[424], „Ein wahrhaft schauriges Szenario!“[425] Entgegen der ausdrücklichen Weisung Jesu fordert der Wachtturm seine Leser sogar buchstäblich zum *Haß* auf: „Wenn wir gesetzlose religiöse Heuchelei wirklich hassen, werden wir Babylon die Große, das Weltreich der falschen Religion, freimütig entlarven.“[426]

Für die „abtrünnigen“ Zeugen Jehovas – „Abschneidung vom Leben“

Der geforderte Haß gegen die christlichen Kirchen wird ausgeweitet auf die eigenen Ketzer: „Die Verpflichtung, Gesetzlosigkeit zu hassen, bezieht sich darüber hinaus auf sämtliche Aktivitäten Abtrünniger. Zu Abtrünnigen sollten wir so eingestellt sein wie David, der erklärte: „Hasse ich nicht die, die dich, o Jehova, aufs

---

422 a.a.O., S. 311. Sie werden „Gottes ... Sieg mit Musik und Gesang feiern“ – Der Wachtturm vom 1. 2. 1968, S. 85, Abs. 25.

423 Buch „Neue Himmel und eine neue Erde“ (deutsch 1955), S. 326, Abs. 23.

424 Der Wachtturm vom 1. 3. 1994, S. 19.

425 a.a.O., S. 22.

426 Der Wachtturm vom 15. 7. 1992, S. 12.

tiefste Hassen ... Mit vollendetem Hasse hasse ich sie ... (Psalm 139:21,22)."[427]

Die Zeugen Jehovas sollen sie grundsätzlich als *schlechte* Menschen betrachten, die „Ekel" und „Abscheu" verdienen, denn „Abtrünnigkeit ist in Wahrheit Rebellion gegen Jehova".[428] Im oben zitierten Buch „Neue Himmel ..." verdammt die Wachtturm-Gesellschaft sie daher zur Vernichtung:

> „Die Abtrünnigen, welche zur Klasse des ‚schlechten Sklaven' werden, lassen ihren Namen zum Fluchwort zurück und werden hinausgeworfen, um ihr Teil mit den Heuchlern zu haben, die in Harmagedon schließlich hingerichtet werden ...
>
> Weil der Fluch sie trifft wegen ihrer Heuchelei und Rebellion und wegen ihres Ungehorsams, werden sie von allem künftigen Leben abgeschnitten."[429]

Eigentlich, so sollen wohl die unsicheren Kantonisten unter den Zeugen Jehovas lernen, müßte dieses Urteil schon jetzt und hier vollstreckt werden, denn ihnen wird unter Anspielung auf Hinrichtungen von Verrätern im alten Israel versichert: „Sünder vom Leben abzuschneiden, war grundsätzlich gut und richtig."[430]

Aber warum bringen denn die Zeugen Jehovas ihre „Abtrünnigen" und Kritiker nicht jetzt gleich um? Auf eine diesbezügliche Leserfrage gibt der Wachtturm die Bände sprechende, ja entlarvende Antwort: „Das Gesetz des Landes und das Gesetz Gottes durch Jesus Christus verbietet uns, Abgefallene zu töten, auch wenn sie Glieder unserer eigenen Blutsverwandtschaft sind."[431]

---

427 Der Wachtturm vom 15. 7. 1992, Abs. 19.

428 Der Wachtturm vom 1. 10. 1993, S. 19, Abs. 15. Die in Anführungszeichen gesetzten Begriffe stehen in diesem Absatz – das Wort „schlecht" bzw. „das Schlechte" und „Schlechtigkeit" gleich dreifach! Gleichsam nach der Methode „Haltet den Dieb" unterstellt der Wachtturm seinen „Abtrünnigen" Haßmotive (auch Abs. 15).

429 a.a.O., S. 325f.

430 Der Wachtturm vom 15. 4. 1988, S. 27, Abs. 9.

431 Der Wachtturm vom 15. 1. 1953, S. 63 unter „Fragen von Lesern".

Nun wird aber in diesem Satz – und das ist geradezu ein Lichtblick – entgegen der üblichen Auslegungspraxis eingeräumt, daß Jesus Christus *nicht* alles gelten läßt, was im Alten Testament steht und für das alttestamentliche Gottesvolk Gültigkeit hatte. Jesus hat ja elementaren jüdischen und allgemein üblichen Verhaltensregeln sein vollmächtiges „Ich aber sage euch!" entgegengeschleudert und die damals und unter Zeugen Jehovas heute noch gängige *„gesetzliche"* Auslegung göttlicher Gebote ad absurdum geführt (Matth. 5,20-48). Darum können wir nicht mehr nach Art der Wachtturmschreiber die Bibel wie eine eingeebnete Fläche behandeln, auf der jede Stelle von gleichem Rang und gleicher Verbindlichkeit wäre, so daß Texte aus ganz unterschiedlichen Zusammenhängen willkürlich miteinander kombiniert werden könnten. Wir dürfen die Bibel jetzt nur noch *„von Christus her"* lesen.

Innerhalb der Bibel gibt es für Christen eine deutliche Abstufung: Was auch immer Gott früher „zu den Vätern geredet" hat – er hat nunmehr „am Ende der Tage zu uns geredet *durch den Sohn*" (Hebr. 1,1.2; Joh. 1,17). Gott hat sich in ihm endgültig geoffenbart und damit alles Frühere zu etwas Vorläufigem und u.U. Zweitrangigem gemacht.[432]

Wenn also ein Zeuge Jehovas den oben zitierten Wachtturmsatz konsequent zuende denkt, so kann dies gleichsam eine Initialzündung bedeuten, die – wie schon in ungezählten Fällen geschehen – zu einer großartigen *Befreiung* führt im persönlichen Glauben und Leben:

– zur Befreiung von dem finsteren Bild eines auf Strafe und „Vernichtung" bedachten Rachegottes und zur Hinwendung zum liebenden *Vater* unseres Herrn Jesus Christus (Röm. 8,15);[433]

---

[432] Ausführlicher in: H.-J. Twisselmann, Hilfe in Bibelnot, Bruderdienst-Missionsverlag Itzehoe 1986.

[433] Über das christliche Gottesbild Näheres in: „Halt im Heil", Heft 109/110 der Quartalsschrift „Brücke zum Menschen", Bezugsadresse im Anhang: Literaturverzeichnis.

– zur Befreiung von jenem moralistisch-gesetzlichen talmudartigen Katalog von Ge- und Verboten und zur Hinwendung zum „Glauben, der in der Liebe tätig ist“ (Gal. 5,6);

– zur Befreiung schließlich von der „theokratischen“ Diktatur der Wachtturm-Gesellschaft und ihren höchsten und niederen Unterführern und zum Ergreifen der *„Freiheit,* zu der uns Christus befreit hat“ (Gal. 5,1).

Auf diese Weise verwirklicht sich noch einmal ganz neu und ganz anders die der Bibel entlehnte frühere Wachtturm-Werbeparole, von der im Eingangsteil dieses Buches die Rede ist:

Freiheit den Gefangenen!

Ein ganz im Anpassungsstil verfaßtes Begleitschreiben der Wachtturm-Gesellschaft an den „Sehr verehrten Herrn Reichskanzler" Adolf Hitler. Kopie, Faksimile. Unterstreichungen vom Autor vorliegenden Buches. Vgl. S. 148.

WATCH TOWER

BIBLE AND TRACT SOCIETY

PUBLISHERS OF THE BIBLE STUDENTS ASSOCIATION

GENERAL OFFICES:
117 ADAMS STREET
BROOKLYN
NEW YORK, U.S.A.

GERMAN BRANCH:
WACHTTURMSTR. 1–19
MAGDEBURG
POSTSCH.-K.: MAGDEBURG 4042

TELEPHONE: MAGDEBURG 40556, 40557, 40558
RADIO AND CABLE ADDRESS: WATCHTOWER MAGDEBURG

Sehr verehrter Herr Reichskanzler!

Am 25. Juni 1933 tagte in Berlin in der Sporthalle Wilmersdorf eine ca. 5000 Personen umfassende und mehrere Millionen Deutscher repräsentierende Vertreterkonferenz der Bibelforscher Deutschlands (Zeugen Jehovas), welche bereits seit vielen Jahren Freunde und Anhänger dieser Bewegung sind. Der Zweck dieser, von den Abgeordneten der einzelnen Bibelforschergemeinden Deutschlands besuchten Tagung war, Mittel und Wege zu finden, um dem Herrn Reichskanzler und den übrigen hohen Regierungsbeamten des Deutschen Reiches sowohl, als allen Länderregierungen Kenntnis zu geben von folgendem:

Gegen eine auf dem Boden positiven Christentums stehende Vereinigung ernster, christlicher Männer und Frauen wurden und werden in einzelnen Landesteilen Massnahmen ergriffen, die in ihrem Ursprung lediglich als die Verfolgung von Christen durch, andere Christen anzusprechen sind, weil die – diese Massnahmen auslösenden – gegen uns erhobenen Anschuldigungen meistens von klerikaler, besonders katholischer Seite aus erhoben wurden und unwahr sind.

Absolut überzeugt von der völligen Objektivität der die Angelegenheit bearbeitenden Regierungsstellen und Beamten, ersehen wir trotz allem, dass – einerseits wohl wegen des Umfanges unserer Literatur und andererseits wegen starker Inanspruchnahme der betreffenden Sachbearbeiter – der Inhalt unserer Literatur und der Sinn unserer Bewegung grösstenteils falsch beurteilt wird, und zwar nach dem, was unsere religiösen Gegner – Vorurteil bewirkend – gegen uns vorbringen.

Darum ist das auf dieser Konferenz Besprochene in beigefügter Erklärung der Watch Tower Bible and Tract Society niedergelegt, um es Ihnen, Herr Reichskanzler, sowie den hohen Regierungsstellen des Deutschen Reiches und der Länder zu überreichen als Dokumentierung der Tatsache, dass die Bibelforscher Deutschlands als einziges Ziel ihrer Arbeit nur beabsichtigen, die Menschen zu Gott zurückzuführen und den Namen Jehovas, des Allerhöchsten, des Vaters unseres Herrn und Erlösers Jesus Christus, auf Erden zu bezeugen und zu ehren. Wir wissen bestimmt, dass Sie, Herr Reichskanzler, solche Tätigkeit nicht stören lassen werden.

Die Bibelforschergemeinden Deutschlands und ihre Glieder sind allgemein bekannt als Hort wahrhafter Ehrfurcht vor dem Allerhöchsten und als eifrige Pfleger sorgsamer Bibelforschung. Örtliche Polizeibehörden werden immer bestätigen müssen, dass Bibelforscher absolut zu den ordnungliebenden und -erhaltenden Elementen des Landes und Volkes zu zählen sind. Ihre einzige Mission ist Werbung der Menschenherzen für Gott.

Die Watch Tower Bible and Tract Society ist die organisierende Missionszentrale der Bibelforscher (für Deutschland: Sitz Magdeburg).

Das Brooklyner Präsidium der Watch Tower-Gesellschaft ist und war seit jeher in hervorragendem Masse deutschfreundlich. Aus diesem Grunde wurden im Jahre 1918 der Präsident der Gesellschaft und die sieben Glieder des Direktoriums in Amerika zu 80 Jahren Zuchthaus verurteilt, weil der Präsident sich weigerte, zwei von ihm in Amerika geleitete Zeitschriften zur Kriegspropaganda gegen Deutschland zu gebrauchen. Diese zwei Zeitschriften „The Watch Tower" und „Bible Student" waren die beiden einzigen Zeitschriften Amerikas, die eine Kriegspropaganda gegen Deutschland verweigerten und darum während des Krieges in Amerika auch verboten und unterdrückt wurden.

In gleicher Weise hat sich das Präsidium unserer Gesellschaft in den letzten Monaten nicht nur geweigert, an der Greuelpropaganda gegen Deutschland teilzunehmen, sondern hat sogar dagegen Stellung genommen, wie dies auch in der beigefügten Erklärung unterstrichen wird durch den Hinweis, dass die Kreise, welche diese Greuelpropaganda in Amerika leiteten (Geschäftsjuden und Katholiken), dort auch die rigorosesten Verfolger der Arbeit unserer Gesellschaft und ihres Präsidiums sind. Durch diese und andere in der Erklärung enthaltenen Feststellungen soll die Zurückweisung der Verleumdung, Bibelforscher würden durch die Juden unterstützt, erfolgen.

Die Vertreterkonferenz dieser fünftausend Delegierten nahm mit grosser Befriedigung Kenntnis von der durch den Herrn Regierungspräsidenten zu Magdeburg erfolgten Feststellung, dass die von unseren kirchlichen Gegnern behauptete Beziehung zwischen Bibelforschern und Kommunisten oder Marxisten nicht erweisbar sei (also auch eine Verleumdung ist). Ein diesbezüglicher Pressebericht, enthalten in der Magdeburger Tageszeitung Nr. 104 vom 5. Mai 1933, lautet:

> Eine Erklärung der Regierung zur Besetzung des Bibelforscher-Hauses. — Die Pressestelle der *Regierung teilt mit:* „Die polizeiliche Besetzung des Grundstücks der „Vereinigung der ernsten Bibelforscher" in Magdeburg ist am 29. April aufgehoben worden, weil kein belastendes Material hinsichtlich der behaupteten kommunistischen Betätigung gefunden worden ist."

Ferner: Magdeburger Tageszeitung Nr. 102 vom 3. Mai 1933:

> „Vom Büro der Bibelforschervereinigung wird uns mitgeteilt, dass die Aktion, die von der Polizei gegen die Wachtturmgesellschaft und Bibelforschervereinigung eingeleitet wurde, inzwischen *gänzlich aufgehoben* worden ist. Ferner wurde alles freigegeben, da die sorgfältig durchgeführte Durchsuchung ergab, dass sich die Gesellschaften weder in politischer noch in krimineller Hinsicht irgend etwas zuschulden kommen liessen, und weil weiter festgestellt wurde, dass die beiden Gesellschaften absolut unpolitisch und streng religiös sind. —
> Von der Regierung wurde uns auf Anfrage die Richtigkeit dieser Angaben *bestätigt*."

Die Vertreterkonferenz dieser fünftausend Delegierten betonte, dass sie es nach dieser Sachlage unter ihrer Würde halte, sich fernerhin überhaupt noch gegen die verächtliche Verdächtigung marxistischer oder gar kommunistischer Betätigung verteidigen zu müssen. Diese widerlegten Verleumdungen unserer religiösen Gegner tragen eindeutig das Signum religiöser Konkurrenz, die einen ehrlichen Mahner statt mit Gottes Wort, mit dem wenig schönen Mittel der Verleumdung erdrosseln möchte.

Weiter wurde auf dieser Konferenz der fünftausend Delegierten - wie in der Erklärung ausgedrückt - festgestellt, dass die Bibelforscher Deutschlands für dieselben hohen ethischen Ziele und Ideale kämpfen, welche die nationale Regierung des Deutschen Reiches bezüglich des Verhältnisses des Menschen zu Gott proklamierte, nämlich: Ehrlichkeit des Geschöpfes gegenüber dem Schöpfer!

Auf der Konferenz wurde festgestellt, dass in dem Verhältnis der Bibelforscher Deutschlands zur nationalen Regierung des Deutschen Reiches keinerlei Gegensätze vorliegen, sondern dass im Gegenteil - bezüglich der rein religiösen, unpolitischen Ziele und Bestrebungen der Bibelforscher - zu sagen ist, dass diese in völliger Übereinstimmung mit den gleichlaufenden Zielen der nationalen Regierung des Deutschen Reiches sind.

Unter Berufung auf die angeblich harte Sprache unserer Literatur erfolgten einige Verbote unserer Bücher. Die Konferenz der fünftausend Delegierten verwies dazu auf den Umstand, dass der beanstandete Inhalt der Bücher doch nur Bezug nimmt auf Zustände und Handlungen im Anglo-Amerikanischen Weltreich, und dass dieses - speziell England - doch für den Völkerbund und die auf Deutschland gelegten ungerechten Verträge und Lasten verantwortlich zu machen ist. Das im obigen Sinne unserer Literatur Gesagte richtet sich also doch - einerlei, ob in finanzieller, politischer oder ultramontaner Beziehung - gegen die Bedrücker des deutschen Volkes und Landes, aber doch nicht gegen das sich gegen diese Lasten sträubende Deutschland, so dass die erfolgten Verbote absolut unverständlich sind.

Für diejenigen deutschen Ländergruppen, in denen sogar Verbote der Bibelforscher-Gottesdienste, Verbote ihrer Gebetsversammlungen usw. vorliegen, und die seit vielen Wochen auf eine gerechte Lösung dieses, ihr religiöses Leben knebelnden Zustandes warten, wurde folgendes ausgedrückt:

Wir wollen auch weiterhin den erlassenen Verbotsanordnungen Folge leisten; denn wir sind gewiss, dass der Herr Reichskanzler bzw. die einzelnen hohen Landesregierungen diese Massnahmen – durch welche zehntausende christliche Männer und Frauen schliesslich einem dem Urchristen-Leiden vergleichbaren Märtyrertum verfallen müssten – nach Kenntnis der wirklichen Sachlage aufheben werden.

Endlich bekundete diese Konferenz der fünftausend Delegierten, dass die Bibelforscher- bzw. die Watch-Tower-Organisation eintritt für die Aufrechterhaltung von Ordnung und Sicherheit des Staates, sowie für die Förderung der vorerwähnten, auf religiösem Gebiet liegenden hohen Ideale der nationalen Regierung. Um hiervon vor allen Dingen dem Herrn Reichskanzler, als dem Führer des Volkes, und den übrigen hohen Regierungsbeamten des Deutschen Reiches und der Länder Kenntnis zu geben, wurde das vorstehend kurz Gesagte in anliegender Erklärung ausführlich niedergelegt.

Diese beigefügte Erklärung wurde vom Sekretär der fünftausend Delegierten der Bibelforscherkonferenz vorgelesen und von dieser einstimmig gebilligt und angenommen mit dem Auftrag, je ein Exemplar dieser Erklärung zusammen mit diesem Versammlungsbericht dem Herrn Reichskanzler und den übrigen hohen Regierungsbeamten des Reiches und der Länder zu überreichen.

Dies geschieht hierdurch mit der ergebenen Bitte, dem in der Erklärung zum Ausdruck gebrachten Ansuchen geneigtest entsprechen zu wollen:

Nämlich, einer Kommission aus unserer Mitte Gelegenheit zu geben zur verantwortlichen Darlegung des wahren Sachverhalts vor dem Herrn Reichskanzler oder dem Herrn Reichsminister des Innern persönlich. Andernfalls wolle der Herr Reichskanzler eine Kommission von Männern bestimmen, die nicht durch religiöse Vorurteile gegen uns eingenommen sind, also von Männern, die selbst nicht beruflich religiös interessiert sind, sondern die wirklich nur – den für solche Fälle geltenden gerechten und vom Herrn Reichskanzler selbst aufgestellten Grundsätzen entsprechend – unsere Angelegenheit vorurteilslos prüfen würden. Mit diesen Grundsätzen meinen wir das in Punkt 24 des Programms der Nationalsozialistischen Deutschen Arbeiterpartei Gesagte:

„Wir fordern die Freiheit aller religiösen Bekenntnisse im Staat, soweit sie nicht dessen Bestand gefährden oder gegen das Sittlichkeits- und Moralgefühl der germanischen Rasse verstossen.

Die Partei als solche vertritt den Standpunkt eines positiven Christentums, ohne sich konfessionell an ein bestimmtes Bekenntnis zu binden. Sie bekämpft den jüdisch-materialistischen Geist in und ausser uns und ist überzeugt, dass eine dauernde Genesung unseres Volkes nur erfolgen kann von innen heraus – – –"

Wir sind fest überzeugt, dass – wenn man uns religiös vorurteilslos erstens nur nach Gottes Wort und zweitens diesen angeführten Programmpunkten nach beurteilt – die nationale Regierung Deutschlands keinerlei Ursache finden wird, unsere Gottesdienste oder unsere Missionstätigkeit zu hindern.

In Erwartung einer baldigen gütigen Zusage, und mit der Versicherung unserer allergrössten Hochachtung, sind wir, sehr verehrter Herr Reichskanzler,

ergebenst

Watch Tower Bible and Tract Society
Magdeburg

Verzeichnis der Abkürzungen

a.a.O.	am angeführten Ort Bei Literaturangaben in Fußnoten Hinweis auf eine bereits früher angeführte Quelle.
Abk.	Abkürzung
Abs.	Absatz
ACV	Aus christlicher Verantwortung
Anm.	Anmerkung
Apg.	Apostelgeschichte des Lukas, im Neuen Testament.
Art.	Artikel
Aufl.	Auflage
Ausg.	Ausgabe
Bd.	Band
Dan.	Daniel (Name eine der alttestamentlichen Schriften)
ders.	derselbe
ebenda	In Fußnoten: Bezugnahme auf die jeweils letzte Literaturangabe.
EZW	Evangelische Zentralstelle für Weltanschauungsfragen.
f. oder ff.	folgende (Seite) bzw. die folgenden Seiten.
Gal.	Galater(-brief des Apostels Paulus an die Christen in Galatien).
GESTAPO	Geheime Staatspolizei im „Dritten Reich".
GZ	Das Goldene Zeitalter (heute: „ERWACHET!").
Hebr.	Hebräer(-brief) im Neuen Testament.
IBV	Internationale Bibelforscher-Vereinigung
Jak.	Jakobus. Brief des Jak. im Neuen Testament.
Jes.	Jesaja (Name einer der alttestamentlichen Schriften).
J.F.R.	Joseph Franklin Rutherford, früherer Präsident der Wachtturm-Gesellschaft.
Joh.	Johannes(-evangelium), Schrift des Neuen Testaments.
Kap.	Kapitel. Bei Bibelstellen-Angaben wurde die deutsche Schreibweise angewandt, z.B. Luk. 12,42 (= Lukasevangelium Kapitel 12, Vers 42). In Zitaten aus den Schriften der Wachtturm-Gesellschaft dagegen findet sich die in England und Amerika übliche Schreibweise: Luk. 12:24.
Kol.	Kolosser(-brief des Apostels Paulus an Christen in Kolossä).

1. Kor./2. Kor.	1. bzw. 2. Korinther(-brief des Apostels Paulus an die Christen in Korinth).
Luk.	Lukas(-evangelium), Schrift des Neuen Testaments.
Mark.	Markus(-evangelium), Schrift des Neuen Testaments.
Matth.	Matthäus(-evangelium), Schrift des Neuen Testaments.
Mio.	Million(en)
NS	National-Sozialistische(r) – z.B. in Verbindung mit Partei oder Staat: NS-Partei, NS-Staat.
Offb.	Offenbarung des Johannes, letztes Buch des Neuen Testaments (in Zitaten gelegentlich auch abgekürzt: Off).
1. Petr.	1. Petrus(-brief) im Neuen Testament.
Phil.	Philipper(-brief) des Apostels Paulus an die Christen in Philippi.
Röm.	Römer(-brief) des Apostels Paulus an die Christen in Rom.
S.	Seite. In Zitaten aus anderen Werken kann die Seitenangabe direkt dem Namen der Quelle folgen (ohne „S“).
s.o.	siehe oben.
Spr.	Sprüche (Salomos), Name einer der alttestamentlichen Schriften.
1.Tim./2.Tim.	1. bzw. 2. Brief an Timotheus, zwei der neutestamentlichen „Pastoralbriefe“.
vergr.	vergriffen
Vf.	Verfasser

Literaturverzeichnis

1. Verzeichnis der zitierten bzw. eingesehenen Schriften der Wachtturm-Gesellschaft

a) Maßgebliche Lehrschriften der Wachtturm-Gesellschaft (ohne Verfasserangabe 1942 bis 1994)

- Auch du kannst Harmagedon überleben und in Gottes neue Welt gelangen, Brooklyn 1958, engl. 1955.
- Babylon die Große ist gefallen! Gottes Königreich herrscht! Wiesbaden 1965, engl. 1963.
- Blut, Medizin und das Gesetz Gottes, Wiesbaden 1961, engl. 1961.
- Dann ist das Geheimnis Gottes vollendet, Wiesbaden 1970, engl. 1969.
- Das Leben hat doch einen Sinn, Wiesbaden 1977, engl. 1977.
- Das Königreich ist herbeigekommen, Bern 1944.
- Das Paradies für die Menschheit durch die Theokratie wiederhergestellt, Wiesbaden 1973, engl. 1972.
- Dein Wille geschehe auf Erden, Wiesbaden 1960, engl. 1958.
- Der größte Mensch, der je lebte, Selters/Taunus 1991, engl. 1991.
- Der Weg zu wahrem Glück, Wiesbaden 1980, engl. 1980.
- Die Bibel – Gottes oder Menschenwort? Selters 1989, engl. 1989.
- Die gute Botschaft, die Menschen glücklich macht, Wiesbaden 1976, engl. 1976.
- Die neue Welt, Bern 1946, engl. 1942.
- Die Offenbarung, ihr großartiger Höhepunkt ist nahe, Selters und Brooklyn 1988.
- Die Suche der Menschheit nach Gott, Selters und Brooklyn 1990.
- Die Wahrheit, die zum ewigen Leben führt, Wiesbaden und Brooklyn 1968.
- Die Wahrheit wird euch frei machen, Brooklyn 1946, engl. 1943.
- Einsichten über die Heilige Schrift, Bibellexikon in 2 Bd., Brooklyn und Selters 1990.
- Ewiges Leben in der Freiheit der Söhne Gottes, Wiesbaden 1967, engl. 1966.
- Fragen junger Leute/praktische Antworten, Selters und Brooklyn 1989.
- Gott bleibt wahrhaftig, Wiesbaden 1948, engl. 1946.

- Hat sich der Mensch entwickelt oder ist er erschaffen worden, Wiesbaden 1968, engl. 1967.
- Hilfe zum Verständnis der Bibel, Bd. 1-6, Bd. 6 Selters 1984, engl. 1971.
- Ist die Bibel wirklich Gottes Wort? Wiesbaden und Brooklyn 1969.
- Jehovas Zeugen in Gottes Vorhaben, Wiesbaden 1960, engl. 1959 (Abk.: „Vorhaben").
- Jehovas Zeugen und die Blutfrage, Wiesbaden 1977.
- Jehovas Zeugen und die Schule, Wiesbaden 1983, engl. 1983.
- Jehovas Zeugen – Verkündiger des Königreiches Gottes, Selters und Brooklyn 1993 (Abk.: „Jehovas Zeugen, Verkündiger").
- Kommentar zum Jakobusbrief, Wiesbaden und Brooklyn 1979.
- Neue Himmel und eine neue Erde, Bern 1955, engl. 1953.
- Organisation zum Predigen und Jüngermachen, Wiesbaden und Brooklyn 1972.
- Organisiert, unseren Dienst durchzuführen, Wiesbaden und Brooklyn 1983.
- Unterredungen anhand der Schriften, Selters und Brooklyn 1985.
- Vergewissert euch über alle Dinge, rev. Ausg. von 1957, engl. 1953.
- Was hat die Religion der Menschheit gebracht? Wiesbaden 1953, engl. 1951.

*b) Als „überholt" geltende Lehrschriften von J. F. Rutherford oder dessen Mitarbeitern (1917-1941)**

- Befreiung, Magdeburg 1926, engl. 1926.
- Der Weg zum Paradiese. E. W. Van Amburgh, Bern 1924.
- Die Harfe Gottes, Barmen 1922, engl. 1921.
- Feinde, Bern 1937, engl. 1937.
- Jehova, Bern und Brooklyn 1934.
- Kinder, Bern 1941, engl. 1941.
- LICHT. Bd. 1 und 2, Magdeburg, Bern und Brooklyn 1930.
- Millionen jetzt Lebender werden nie sterben (Abk.: „Millionenbroschüre"), deutsch 1920 und später in unterschiedlichen Ausgaben.
- Prophezeiung, Magdeburg 1929, engl. 1929.
- Rechtfertigung. Bd. 1-3, Magdeburg 1931 bzw. 1932, engl. 1931 und 1932.

---

* Wo nichts anderes vermerkt, zeichnet in diesen Büchern J. F. Rutherford als Verfasser.

- Trost für die Juden, Magdeburg 1925, engl. 1925.
- Was sagt die Heilige Schrift über die Hölle? Brooklyn-Pittsburgh, Barmen, Zürich 1919 (ohne Verfasserangabe).

c) Als „überholt" geltende Lehrschriften aus der Feder C. T. Russells (1884-1916)

- A Conspiracy Exposed (Eine Verschwörung aufgedeckt), Sonderausgabe von Zion's Watch Tower vom 25.4.1894, erschienen in der TOWER PUBLISHING Co. in Allegheny, PA., USA (nur in engl).
- Beröer Handbuch zum Bibelunterricht, Barmen 1912, engl. 1908.
- Das Foto-Drama der Schöpfung in Wort und Bild, Brooklyn und Barmen 1914.
- Himmlisches Manna, Erscheinungstermin unbekannt.
- SCHRIFTSTUDIEN, Bd. 1-6 (engl. Originaltitel bis 1904: „Millenial Dawn [„Tagesanbruch"]):
  Bd. 1: Der göttliche Plan der Zeitalter, deutsch 1888, engl. 1886.
  Bd. 2: Die Zeit ist herbeigekommen, deutsch 1900, engl. 1889.
  Bd. 3: Dein Königreich komme, deutsch 1898, engl. 1890.
  Bd. 4: Der Tag der Rache (später: Der Krieg von Harmagedon), 1897.
  Bd. 5: Die Versöhnung des Menschen mit Gott, 1903, engl. 1899.
  Bd. 6: Die neue Schöpfung, 1920, engl. 1904.
  Ein Bd. 7: „Das vollendete Geheimnis" erschien 1917 als posthumes Werk C. T. Russells aus seinem literarischen Nachlaß, bearbeitet im Geiste Rutherfords von J. Woodworth und G. H. Fisher.
- Three Worlds or Plan of Redemption. Von N. H. Barbour und C. T. Russell, Rochester, N.Y., 1877 (nur in engl.).

Die unter b und c aufgeführten Bücher und Schriften Rutherfords und Russells liefert die Wachtturm-Gesellschaft heute aus erklärlichen Gründen nicht mehr aus. Einzelseiten und ganze Schriften können aber als Kopie bezogen werden bei der Firma Bethel-Kopierservice, Postfach 69, D-34326 Morschen.

2. Zitierte und eingesehene Bücher von Außenstehenden über die Zeugen Jehova-Organisation

- J.R. Bergman, Jehovas Zeugen und das Problem der seelischen Gesundheit, gekürzte deutsche Ausgabe, Claudius-Verlag 1994.
- E. Brüning, Sind Jehovas Zeugen Christen? Bad Liebenzell 1990.
- M. Cole, Jehovas Zeugen. Die Neue-Welt-Gesellschaft. Geschichte und Organisation einer Religionsbewegung, Frankfurt/M. 1956 (Original: Jehova's Witnesses, New York 1956). Das einzige Buch zu diesem Thema, das ein unkritischer Zeuge Jehovas – offenbar mit Wissen und Billigung der Wachtturm-Gesellschaft – in einem Verlag außerhalb der Watch Tower-Firmengruppe veröffentlichen durfte. Es gehört daher nur bedingt in diese Aufstellung.
- J. Doyon, Hirten ohne Erbarmen. Zehn Jahre Zeugin Jehovas. Der Bericht eines Irrweges, Zürich 1990[4].
- R. Franz, Der Gewissenskonflikt (Bericht des ehem. Mitglieds der Leitenden Körperschaft der Zeugen Jehovas), deutsch 1988, Claudius-Verlag München, 2. Aufl. 1991.
- D. Garbe, Zwischen Widerstand und Martyrium. Die Zeugen Jehovas im „Dritten Reich", in der Reihe Studien zur Zeitgeschichte, R. Oldenbourg, München 1993.
- F.-W. Haack, Jehovas Zeugen. Münchener Reihe, 14. aktualis. Aufl., München 1992.
- D. Hellmund, Geschichte der Zeugen Jehovas in der Zeit von 1870-1920. Dissertation zur Erlangung der Doktorwürde. Nur in Universitäten und deren Leihsystem angeschlossenen öffentl. Büchereien. Hamburg 1972.
- E. Köppel, Die Zeugen Jehovas. Eine psychologische Analyse (Material-Edition 21, Arbeitsgemeinsch. für Religions- und Weltanschauungsfragen 1985, 2. Auflage, München 1990.
- F. Loofs, Die „Internationale Vereinigung Ernster Bibelforscher", Leipzig 1921. Vergr.
- L. Neidhard, Die Zeugen Jehovas, Akademische Bibliothek, Altenberge 1986. Vergr.
- R. Nobel, Falschspieler Gottes. Die Wahrheit über Jehovas Zeugen, Hamburg 1985. Vergr.
- G. Pape, Ich war Zeuge Jehovas, Pattloch-Verlag, Aschaffenburg, 19. Aufl., 1993.
- Ders., Die Wahrheit über Jehovas Zeugen, Rottweil 1970. Vergr.
- A. Rogerson, Viele von uns werden niemals sterben. Geschichte und

Geheimnis der Zeugen Jehovas. London 1969, deutsch Furche-Verlag, Hamburg, und Theol. Verlag Zürich 1971.
- E. u. O. Sadlack, Die Verwüstungen des Heiligtums. Mahnruf an alle Bibelforscher, Angerburg (Ostpreußen) 1928. Vergr.
- W. J. Schnell, Falsche Zeugen stehen wider mich. 30 Jahre Sklave des Wachtturms. Christl. Verlagsanstalt, Konstanz 1959.
- E. v. Süßkind, Zeugen Jehovas, Anspruch und Wirklichkeit der Wachtturm-Gesellschaft, Stuttgart 1987². Vergr.
- F. Stuhlhofer, Charles T. Russell und die Zeugen Jehovas. Der unbelehrbare Prophet. Schwengeler-Verlag, Berneck, 2. Aufl. 1990.
- H.-J. Twisselmann, Jehovas Zeugen – die Wahrheit, die frei macht? 1985, als Taschenbuch 1991, Brunnen Verlag Gießen/Basel.
- Ders., Vom „Zeugen Jehovas" zum Zeugen Jesu Christi, 10., überarbeitete Aufl. 1991, Brunnen, Gießen/Basel.
- Ders., Die „Zeugen Jehovas" – Erwählte oder Verführte? 8. Aufl., R. Brockhaus, Wuppertal u. Zürich 1991.
- Ders., Zum Stichwort Sekten: Sieben Glaubensgemeinschaften, Kiel 1993, beziehbar beim Bruderdienst, Postfach 30, 25764 Wesselburen.
- B. Wass, Leben „in der Wahrheit". 12 Jahre Zeugin Jehovas, O. Müller, Salzburg 1989.
- G. Wunderlich, Jehovas Zeugen, die Paradies-Verkäufer, 3. Aufl., München 1992.

3. Weitere Literatur

- *Brücke zum Menschen*, seit 1965 erscheinende Zeitschrift (seit 1993 vierteljährlich), bemüht sich um Beantwortung der von Zeugen Jehovas und ähnlichen Gruppen aufgeworfenen Fragen. Der Träger dieser Arbeit, der *Bruderdienst*, ist konfessionell nicht gebunden. Sein verzweigtes Mitarbeiternetz berät Suchende und Fragende. Schriftleiter: H.-J. Twisselmann, Postfach 30, D-25764 Wesselburen. – Ähnliche Ziele verfolgt die
- Zeitschrift *Aus Christlicher Verantwortung*. Sie will „Menschen helfen, die durch Zeugen Jehovas angesprochen und betroffen sind ..." Redaktion: K. D. Pape. Christliche Dienste e.V., Mönchhütteweg 23, D-72070 Tübingen.

– H. Gasper u.a.: Lexikon der Sekten, Sondergruppen und Weltanschauungen. Herder, Freiburg, 3. Aufl. 1991.
– K. Hutten, Seher, Grübler, Enthusiasten. Das Buch der traditionellen Sekten und relig. Sonderbewegungen. 14. Aufl. Stuttgart 1989.
– H. Reller u.a. (Hrsg.) Handbuch Religiöse Gemeinschaften, 4. Aufl. Gütersloher Verlagshaus 1993.
– J. Tibusek, Auf der Suche nach dem Heil. Religiöse Sondergemeinschaften. Wer sie sind und was sie wollen. 2. Aufl. Brunnen Verlag, Gießen 1991.

Hans-Jürgen Twisselmann

Vom „Zeugen Jehovas"
zum Zeugen Jesu Christi

140 Seiten. ABCteam Paperback. 11. Auflage
Bestell-Nr. 3-7655-2212-0

Hans-Jürgen Twisselmann hat selbst fünf Jahre aktiv am Leben der „Zeugen Jehovas" teilgenommen und ihre Entwicklung durch Jahrzehnte beobachtet. Er bezeugt, wie er durch die Heilige Schrift selbst zur Wahrheit und in die Freiheit geführt wurde.
Das Buch setzt sich gründlich mit der Lehre der „Zeugen Jehovas" auseinander. Man kann es dem Autor abspüren, daß er nicht verurteilen will, sondern mithelfen, auch „Zeugen Jehovas" die Wahrheit des Evangeliums erkennen zu lassen. Darum eignet sich dieses Buch vorzüglich zur Weitergabe an „Zeugen Jehovas".

BRUNNEN VERLAG GIESSEN

Hans-Jürgen Twisselmann

Jehovas Zeugen – die Wahrheit, die frei macht?

Eine Orientierungs- und Entscheidungshilfe

144 Seiten. ABCteam-Taschenbuch. 3. Auflage
Bestell-Nr. 3-7655-3428-5

„Jehovas Zeugen" gelten als die aktivsten unter allen Glaubensgemeinschaften. Ihr Hauptziel ist, noch mehr Menschen für ihre Sache zu gewinnen. Von der Zugehörigkeit zu ihrer Organisation soll ja das Überleben abhängen.
Fragt man nach der Begründung für diesen Anspruch, so sagen sie u.a.: „Wir haben die Wahrheit" oder: „Wir sind in der Wahrheit". Aber ist dieses selbstbewußte Denk- und Organisationssystem der Zeugen Jehovas wirklich die freimachende Wahrheit, von der Jesus Christus gesprochen hat?
Hans-Jürgen Twisselmann, der selbst „Zeuge Jehovas" war – davon einige Jahre „Versammlungsaufseher" –, hat sich dieser Herausforderung gestellt.
In seinem Buch werden die Besonderheiten der „Zeugen Jehovas" behandelt, z.B. ihre Art des Umgangs mit der Bibel, das Bluttransfusionsverbot, ihr Felddienstverständnis, das Problem der „Dreieinigkeit".

BRUNNEN VERLAG GIESSEN